CB143151

A ESCRITA OU A VIDA

JORGE SEMPRUN

A ESCRITA OU A VIDA

Tradução:
ROSA FREIRE D'AGUIAR

COMPANHIA DAS LETRAS

Título original:
L'écriture ou la vie

Capa:
Hélio de Almeida

Preparação:
Márcia Copola

Revisão:
Berenice Haddad Aguerre
Ana Maria Barbosa

Dados Internacionais de Catalogação na Publicação (CIP)
(Câmara Brasileira do Livro, SP, Brasil)

Semprun, Jorge, 1923-
A escrita, ou, A vida / Jorge Semprun ; tradução Rosa Freire D'Aguiar. — São Paulo : Companhia das Letras, 1995.

Título original: L'écriture ou la vie.
ISBN 85-7164-491-8

1. Ficção francesa I. Título. II. Título: A vida.

95-3720 CDD-843-91

Índices para catálogo sistemático
1. Ficção : Século 20 : Literatura francesa 843.91
2. Século 20 : Ficção : Literatura francesa 843.91

1995

EDITORA SCHWARCZ LTDA.
Rua Tupi, 522
01233-000 — São Paulo — SP
Telefone: (011) 826-1822
Fax: (011) 826-5523

Para Cécilia,
pela maravilha do
seu olhar maravilhado

Quem quer se lembrar deve se confiar ao esquecimento, a esse risco que é o esquecimento absoluto e a esse belo acaso que a lembrança então passa a ser.

Maurice Blanchot

...busco a região crucial da alma onde o Mal absoluto opõe-se à fraternidade.

André Malraux

ÍNDICE

PRIMEIRA PARTE

1. O olhar 13
2. O kaddish 34
3. A linha branca 64
4. O tenente Rosenfeld 83
5. O pistom de Louis Armstrong 109

SEGUNDA PARTE

6. O poder de escrever 143
7. O guarda-chuva de Bakunin 193

TERCEIRA PARTE

8. O dia da morte de Primo Levi 219
9. Ó, estações, ó, castelos... 245
10. Retorno a Weimar 269

PRIMEIRA PARTE

1
O OLHAR

Eles estão na minha frente, olho arregalado, e subitamente me vejo nesse olhar de espanto: o pavor deles.

Fazia dois anos que eu vivia sem rosto. Nenhum espelho em Buchenwald. Via meu corpo, sua progressiva magreza, uma vez por semana, no chuveiro. Nenhum rosto, em cima daquele corpo irrisório. Às vezes, com a mão, eu tocava de leve uma arcada de sobrancelha, maçãs do rosto saltadas, uma face chupada. Poderia ter conseguido um espelho, com certeza. Encontrava-se qualquer coisa no mercado negro do campo, em troca de pão, de fumo, de margarina. Até de ternura, ocasionalmente.

Mas esses pormenores não me interessavam.

Eu via meu corpo, cada vez mais precário, debaixo da ducha semanal. Magro mas vivo: o sangue ainda circulava, nada a temer. Bastaria isso, esse corpo definhado mas disponível, apto a uma sobrevivência sonhada, embora pouco provável.

A prova, aliás: estou aqui.

Eles me olham, o olhar aflito, repleto de horror.

Meu cabelo rente não pode estar em causa, ser a causa. Jovens recrutas, modestos camponeses, outros mais usam inocentemente cabelo rente. Banal, esse gênero. Isso não perturba ninguém, um corte rente. Não tem nada de apavorante. Meu traje, então? Sem dúvida, pode ser intrigante: uns andrajos descombinados. Mas estou calçando botas russas, de couro macio. Carrego uma metralhadora alemã atravessada no peito, sinal evidente de autoridade nos tempos que correm. Isso não assusta, a autoridade, até tranqüiliza. Minha magreza? Já devem ter visto pior. Se estão seguindo os exércitos aliados que se embrenham pela Alemanha, nesta primavera, já viram coisa pior. Outros campos, cadáveres vivos.

Podem espantar, intrigar, esses detalhes: meu cabelo rente, meus trapos disparatados. Mas não estão espantados, nem intrigados. É pavor que leio em seus olhos.

Resta apenas meu olhar, concluo, para intrigá-los tanto. É o horror do meu olhar que o deles revela, horrorizado. Se seus olhos são um espelho, afinal, devo ter um olhar alucinado, devastado.

Eles saíram do carro neste instante, há um instante. Deram uns passos no sol, para esticar as pernas. Viram-me, então, aproximaram-se.

Três oficiais, com a farda britânica.

Um quarto militar, o motorista, ficou perto do automóvel, um grande Mercedes cinza que ainda está com as placas alemãs.

Caminharam na minha direção.

Dois tendo uns trinta anos, louros, meio rosados. O terceiro, mais moço, moreno, exibe um escudo com a cruz de Lorena na qual está escrita a palavra *França.*

Eu me lembro dos últimos soldados franceses que vi, em junho de 1940. Do exército regular, entenda-se. Pois irregulares, franco-atiradores, desde então eu tinha visto: numerosos. Quer dizer, relativamente numerosos, o suficiente para guardar alguma lembrança.

No Tabou, por exemplo, no maqui borgonhês, entre Laignes e Larrey.

Mas os últimos soldados regulares do exército francês, foi em junho de 1940, nas ruas de Redon. Eram uns miseráveis, recuando em desordem, em meio à tristeza, à vergonha, cinzentos de poeira e de derrota, derrotados. Este, cinco anos depois, debaixo de um sol de abril, não tem cara de derrotado. Arvora uma

França em cima do coração, em cima do bolso esquerdo de seu blusão militar. Triunfalmente, alegremente, pelo menos.

Deve ter a minha idade, uns anos mais. Eu poderia me dar bem com ele.

Olha-me, assombrado de susto.

— Que é? — digo eu, irritado, ríspido com certeza. — É o silêncio da floresta que o espanta tanto?

Ele vira a cabeça para as árvores, ao redor. Os outros também. Apuram o ouvido. Não, não é o silêncio. Não tinham percebido nada, escutado o silêncio. Sou eu que os apavoro, mais nada, visivelmente.

— Acabaram os passarinhos — digo, prosseguindo minha fala. — A fumaça do crematório os expulsou, dizem. Passarinhos nesta floresta, nunca...

Eles escutam, atentos, tentando me entender.

— Cheiro de carne queimada, é isso!

Eles se assustam, olham-se mutuamente. Num mal-estar quase palpável. Uma espécie de soluço, de engulho.

"Estranho cheiro", escreveu Léon Blum.

Deportado em abril de 1943, com Georges Mandel, Blum viveu dois anos em Buchenwald. Mas estava trancado fora do recinto propriamente dito do campo: do outro lado da barreira de arame farpado eletrificado, num casarão da vila dos oficiais SS. Nunca saía de lá, ninguém entrava a não ser os soldados a serviço. Duas ou três vezes, foi levado ao dentista. Mas era de carro, à noite, por estradas desertas da floresta de faias. Os SS, ele contou nas suas memórias, circulavam sem parar de metralhadora a tiracolo e cães na coleira, pelo estreito caminho da ronda aberto entre a cerca de arame farpado e a casa. "Como sombras impassíveis e mudas", escreveu Léon Blum.

É a rigidez dessa cerca que explica sua ignorância. Léon Blum não sabia sequer onde estava, para que região da Alemanha havia sido deportado. Viveu dois anos num casarão da zona dos quartéis ss de Buchenwald ignorando tudo da vida do campo de concentração, tão perto, no entanto.

"O primeiro indício que percebemos", escreveu na volta, "foi o estranho cheiro que com freqüência nos chegava à noite, pelas janelas abertas, e que nos perseguia a noite inteira quando o vento continuava a soprar na mesma direção: era o cheiro dos fornos crematórios."

Pode-se imaginar Léon Blum, naquelas noites. De primavera, provavelmente: janelas abertas para o ar fresco da primavera que chegara, para os eflúvios da natureza. Momentos de nostalgia, de vazio na alma, na dilacerante incerteza da vida nova. E de repente, levado pelo vento, o estranho cheiro. Adocicado, insinuante, com relentos acres, propriamente repugnantes. O cheiro insólito, que se revelaria ser o do forno crematório.

Estranho cheiro, na verdade, obsessivo.

Bastaria fechar os olhos, ainda hoje. Bastaria, não um esforço, muito pelo contrário, uma distração da memória repleta até a borda de bobagens, de felicidades insignificantes, para que ele reaparecesse. Bastaria distrair-se da opacidade cintilante das coisas da vida. Um breve instante bastaria, a qualquer instante. Distrair-se de você mesmo, da existência que o habita, o investe obstinadamente, obtusamente também: obscuro desejo de continuar a existir, de perseverar nessa obstinação, seja qual for o acerto, o desacerto. Bastaria um instante de verdadeira distração de si, de outrem, do mundo: instante de não-desejo, de quietude do lado de cá da vida, no qual poderia aflorar a verdade desse episódio antigo, originário, no qual pairaria o cheiro estranho sobre a colina do Ettersberg, pátria estrangeira à qual sempre retorno.

Bastaria um instante, qualquer um, ao acaso, de improviso, de surpresa, à queima-roupa. Ou uma decisão amadurecidamente pensada, justo o contrário.

O estranho cheiro logo surgiria, na realidade da memória. Nele eu renasceria, morreria de nele reviver. Eu me abriria, permeável, ao cheiro de lama desse estuário de morte, enjoativo.

No entanto, eu andava mais com vontade de rir, antes do aparecimento desses três oficiais. De saltitar ao sol, soltando gritos de animal — xofrango? como é o xofrango? —, correndo de uma árvore a outra pela floresta de faias.

Isso me fazia muito bem, em suma, estar vivo.

Na véspera, por volta do meio-dia, soara uma sirene de alarme. "*Feindalarm, Feindalarm!*", gritava uma voz rouca, tomada de pânico, no circuito dos alto-falantes. Esperávamos por esse sinal desde alguns dias, desde que a vida do campo se imobilizara, ao se aproximarem as vanguardas blindadas do general Patton.

Acabou-se a saída, de madrugada, para os kommandos externos. Última chamada geral dos deportados no dia 3 de abril. Acabou-se o trabalho, a não ser nos serviços internos de manutenção. Uma expectativa surda reinava em Buchenwald. O comando SS reforçara a vigilância, dobrara os plantões nos miradouros. Eram cada vez mais freqüentes as patrulhas no caminho da ronda, do lado de lá da cerca de arame farpado eletrificado.

Uma semana, assim, na expectativa. O ruído da batalha se aproximava.

Em Berlim, tomou-se a decisão de evacuar o campo, mas a ordem só foi cumprida em parte. O comitê internacional clandestino logo organizou uma resistência passiva. Os deportados não se apresentaram às chamadas destinadas a juntá-los para a partida. Então, destacamentos SS foram soltos nas profundezas do campo, armados até os dentes, mas amedrontados com a imensidão de Buchenwald. Com a massa resoluta e impalpável de dezenas de milhares de homens ainda válidos. Os SS às vezes atiravam em rajadas cegas, tentando obrigar os deportados a se reunir na praça de chamada.

Mas como aterrorizar uma multidão determinada pelo desespero, e que se encontra além do limiar da morte?

Dos cinqüenta mil detidos de Buchenwald, os SS mal conseguiram evacuar a metade: os mais fracos, os mais idosos, os menos organizados. Ou os que, como os poloneses, tinham coletivamente preferido aventurar-se pelas estradas da evacuação a esperar uma batalha indefinida. Um provável massacre de última hora. Sabia-se que grupos de SS armados de lança-chamas tinham chegado a Buchenwald.

Não vou contar nossas vidas, não tenho tempo. Pelo menos, não este de entrar nos detalhes, que são a graça do relato. Pois os três oficiais com farda britânica estão ali, plantados na minha frente, olhar exorbitado.

Esperam sei lá o quê, mas o fazem sem arredar pé.

Dia 11 de abril, na véspera, portanto, para encurtar a história, pouco antes de meio-dia, soara a sirene de alarme, mugindo com ruídos breves, repetidos de forma lancinante.

"*Feindalarm, Feindalarm!*"

O inimigo estava às portas: a liberdade.

Então, os grupos de combate reuniram-se nos pontos combinados previamente. Às três horas da tarde, o comitê militar clandestino deu ordens de se passar à ação. Companheiros surgiram de repente, com os braços carregados de armas. Fuzis automáticos, metralhadoras, algumas granadas de mão, parabéluns, bazucas, já que não existe palavra francesa para essa arma antitanque. *Panzerfaust*, em alemão. Armas roubadas dos quartéis SS, no momento do tumulto causado pelo bombardeio aéreo de agosto de 1944, em particular. Ou abandonadas por sentinelas nos trens que trouxeram os sobreviventes judeus de Auschwitz, em pleno inverno. Ou então saídas em peças avulsas das usinas Gustloff, montadas em seguida nas oficinas clandestinas do campo.

Armas pacientemente reunidas ao longo dos longos anos para este dia improvável: hoje.

O grupo de choque dos espanhóis estava concentrado numa ala do térreo do block 40, o meu. Na alameda, entre esse block e o 34 dos franceses, apareceu Palazón, seguido pelos que portavam as armas, em passo rápido.

— *Grupos, a formar!*, berrava Palazón, o responsável militar dos espanhóis.

Tínhamos pulado pelas janelas abertas, berrando também.

Cada um sabia que arma lhe estava destinada, que caminho pegar, que objetivo atingir. Desarmados, misturados na multidão atarantada, esfaimada, desorientada, das tardes de domingos, nós já tínhamos ensaiado esses gestos, percorrido esse itinerário: o entusiasmo tornara-se reflexo.

Às três e meia da tarde, a torre de controle e os miradouros haviam sido ocupados. O comunista alemão Hans Eiden, um dos decanos de Buchenwald, podia dirigir-se aos presos por intermédio dos alto-falantes do campo.

Mais tarde, marchávamos para Weimar, armados. Caída a noite, os blindados de Patton nos agarraram na estrada. Suas guarnições descobriam, de início atônitas, exultantes após nossas explicações, aqueles bandos armados, aqueles estranhos soldados maltrapilhos. Trocávamos palavras de agradecimento em todas as línguas da velha Europa, sobre a colina do Ettersberg.

Nenhum de nós, nunca, teria se atrevido a sonhar com isso. Nenhum suficientemente vivo ainda para sonhar, para se arriscar a imaginar um futuro. Sob a neve das chamadas, enfileirados em linha reta aos milhares para assistir ao enforcamento de um companheiro, nenhum de nós teria se atrevido a levar esse sonho até o final: uma noite, armados, marchando para Weimar.

Sobreviver, simplesmente, mesmo desbulhado, diminuído, destroçado, já seria um sonho um pouco alucinante.

Ninguém teria se atrevido a sonhar com isso, é verdade. No entanto, era como um sonho, de repente: era verdade.

Eu ria, estar vivo me fazia rir.

A primavera, o sol, os colegas, o maço de Camel que nessa noite me dera um jovem soldado americano do Novo México, com um castelhano cantado, isso me fazia rir.

Talvez não devesse. Talvez seja indecente rir, com a cara que pareço estar. A observar os olhares dos oficiais de farda britânica, devo estar com uma cara de não rir.

Tampouco de fazer rir, aparentemente.

Estão a uns passos de mim, calados. Evitam me olhar. Um deles está com a boca seca, é visível. O segundo tem um tique na pálpebra, nervoso. Quanto ao francês, procura alguma coisa num bolso do blusão militar, o que lhe permite desviar o rosto.

Continuo a rir, dane-se se é inoportuno.

— O crematório parou ontem — digo. — Fumaça na paisagem, nunca mais. Os passarinhos talvez voltem!

Eles fazem uma careta, vagamente enojados.

Mas não podem compreender de verdade. Captaram o sentido das palavras, provavelmente. Fumaça: a gente sabe o que é, acha que sabe. Em todas as memórias humanas há chaminés que fumegam. Rurais ocasionalmente, domésticas: fumaças dos lugares-lares.

Esta fumaça, porém, eles não conhecem. E jamais conhecerão de verdade. Nem estes, neste dia. Nem todos os outros, desde então. Nunca saberão, não podem imaginar, sejam quais forem as suas boas intenções.

Fumaça sempre presente, em forma de penacho ou em volutas, em cima da chaminé acachapada do crematório de Buchenwald, nas redondezas do barracão administrativo do serviço do trabalho, o *Arbeitsstatistik*, onde eu havia trabalhado naquele último ano.

Bastava-me inclinar um pouco a cabeça, sem sair do meu local de trabalho no fichário central, olhar por uma das janelas dando para a floresta. O crematório estava lá, maciço, rodeado por um tapume alto, coroado de fumaça.

Ou de chamas, à noite.

Quando as esquadrilhas aliadas avançavam para o centro da Alemanha, para bombardeios noturnos, o comando SS pedia que se apagasse o forno crematório. De fato, as chamas, ultrapassando a altura da chaminé, eram um ponto de referência ideal para os pilotos anglo-americanos.

"*Krematorium, ausmachen!*", gritava então uma voz lacônica, impaciente, no circuito dos alto-falantes.

"Crematório, apaguem!"

Nós dormíamos, a voz surda do oficial SS de plantão na torre de controle nos acordava. Ou melhor: primeiro, ela participava do nosso sono, ressoava nos nossos sonhos, antes de nos acordar. Em Buchenwald, durante as curtas noites em que nossos corpos e nossas almas aferravam-se em recobrar vida — obscuramente, com uma esperança tenaz e carnal que a razão desmentia, assim que o dia voltava —, essas duas palavras, *Krematorium, ausmachen!*, que explodiam demoradamente nos nossos sonhos, enchendo-os de ecos, traziam-nos de imediato à realidade da morte. Arrancavam-nos do sonho da vida.

Mais tarde, ao retornarmos dessa ausência, quando elas eram ouvidas — não necessariamente num sonho noturno: a um devaneio em pleno dia, a um momento de desespero, mesmo no meio de uma conversa afável, também se prestariam perfeitamente —, mais tarde, essas duas palavras alemãs — foram sempre essas duas palavras, apenas elas, *Krematorium, ausmachen!*, a serem ouvidas —, mais tarde, elas também nos remeteriam à realidade.

Assim, no sobressalto do despertar, ou do retorno a si, acontecia-nos suspeitar que a vida fora apenas um sonho, às vezes agradável, desde o retorno de Buchenwald. Um sonho do qual essas duas palavras nos acordavam de repente, atirando-nos numa angústia estranha por sua serenidade. Pois não era a realidade da morte, de súbito lembrada, que era angustiante. Era o sonho da vida, mesmo sossegada, mesmo cheia de pequenas alegrias. Era o fato de estar vivo, mesmo em sonho, que era angustiante.

"Ir embora pela chaminé, partir em fumaça" eram locuções habituais no jargão de Buchenwald. No jargão de todos os campos, não faltam testemunhos. Nós as empregávamos em todos os modos, em todos os tons, inclusive no do sarcasmo. Sobretudo, mesmo entre nós, pelo menos. Os SS e os contramestres civis, os *Meister*, empregavam-nas sempre em tom de ameaça ou de previsão funesta.

Eles não podem compreender, realmente não podem, esses três oficiais. Teria que contar-lhes a fumaça: densa às vezes, um preto de fuligem no céu variável. Ou leve e cinza, quase vaporosa, vogando ao sabor dos ventos sobre os vivos reunidos, como um presságio, um adeus.

Fumaça para uma mortalha tão vasta quanto o céu, último vestígio da passagem, corpos e almas, dos companheiros.

Seriam necessárias horas, estações inteiras, a eternidade do relato, para mais ou menos se explicar.

Haverá sobreviventes, com certeza. Eu, por exemplo. Eis-me aqui, sobrevivente de serviço, oportunamente surgido diante daqueles três oficiais de uma missão aliada para contar-lhes a fumaça do crematório, o cheiro de carne queimada sobre o Ettersberg, as chamadas sob a neve, as corvéias mortais, o esgotamento da vida, a esperança inesgotável, a selvageria do animal humano, a grandeza do homem, a nudez fraterna e devastada do olhar dos companheiros.

Mas pode-se contar? Poder-se-á contar?

Vem-me a dúvida desde esse primeiro instante.

Estamos em 12 de abril de 1945, dia seguinte da libertação de Buchenwald. A história está fresca, em suma. Nenhuma necessidade de um esforço especial de memória. Nenhuma necessidade tampouco de uma documentação fidedigna, verificada. Ainda está no presente, a morte. Acontece sob os nossos olhos, basta olhar. Eles continuam a morrer, às centenas, os famintos do Pequeno Campo, os judeus sobreviventes de Auschwitz.

Basta se entregar. A realidade está ali, disponível. A palavra também.

No entanto, vem-me uma dúvida sobre a possibilidade de contar. Não que a experiência vivida seja indizível. Ela foi invivível, o que é outra coisa, como se compreenderá facilmente. Outra coisa que não se refere à forma de um relato possível, mas à sua substância. Não à sua articulação, mas à sua densidade. Só alcançarão essa substância, essa densidade transparente os que souberem fazer de seu testemunho um objeto artístico, um espaço de criação. Ou de recriação. Só o artifício de um relato que se possa controlar conseguirá transmitir parcialmente a verdade do testemunho. Mas isso não tem nada de excepcional: é o que acontece com todas as grandes experiências históricas.

Em síntese, sempre se pode dizer tudo. O inefável com o qual vão nos martelar os ouvidos não passa de um álibi. Ou sinal de preguiça. Sempre se pode dizer tudo, a linguagem contém tudo. Pode-se dizer o amor mais louco, a mais terrível crueldade. Pode-se designar o mal, seu gosto de papoula, suas alegrias deletérias. Pode-se dizer Deus, o que quer dizer muito. Pode-se dizer a rosa e o rocio, no espaço de uma manhã. Pode-se dizer a ternura, o oceano tutelar da bondade. Pode-se dizer o futuro, no qual os poetas se aventuram de olhos fechados, boca fértil.

Pode-se dizer tudo dessa experiência. Basta pensar nela. E a ela se dedicar. Ter o tempo, decerto, e a coragem de um relato ilimitado, provavelmente interminável, iluminado — circunscrito também, é claro — por essa possibilidade de se prosseguir ao infinito. Arriscando-se a cair no repetitivo e no maçante. Arriscando-se a não conseguir terminá-lo, a prolongar a morte, se necessário, a fazê-la reviver permanentemente nos cantos e recantos do relato, a não ser mais do que a linguagem dessa morte, a viver às suas custas, mortalmente.

Mas pode-se tudo ouvir, tudo imaginar? Poder-se-á ouvir, se imaginar? Terão eles a paciência, a paixão, a compaixão, o rigor necessários? Vem-me a dúvida, desde esse primeiro instante, esse primeiro encontro com os homens de antes, de fora — vindos da vida —, ao ver o olhar apavorado, quase hostil, desconfiado ao menos, dos três oficiais.

Eles estão calados, evitam me olhar.

Enxerguei-me no olhar horrorizado deles pela primeira vez em dois anos. Estragaram essa minha primeira manhã, aqueles três sujeitos. Eu pensava ter me safado, vivo. Retornado à vida, pelo menos. Nada garante. A pressentir meu olhar no espelho do deles, não parece que eu esteja do lado de lá de tanta morte.

Veio-me uma idéia, de repente — se é que se pode chamar idéia essa onda de calor, revigorante, esse afluxo de sangue, esse orgulho de um saber do corpo, pertinente —, quando nada, a sensação repentina, muito forte, de não ter escapado da morte, mas de tê-la atravessado. Ou melhor, de ter sido por ela atravessado. De tê-la vivido, de certa maneira. De ter retornado como se retorna de uma viagem que nos transformou: transfigurado, talvez.

Compreendi de súbito que eles tinham razão de se apavorar, aqueles militares, de evitar meu olhar. Pois eu não havia propriamente sobrevivido à morte, não a tinha evitado. Não havia escapado dela. Antes, percorrera-a, de um extremo a outro. Percorrera seus caminhos, onde havia me perdido e me reencontrado, imensa região por onde flui a ausência. Eu era uma assombração, em suma.

Isso sempre amedronta, as assombrações.

De súbito, intrigara-me, excitara-me até, o fato de que a morte não estivesse mais no horizonte, bem em frente, como o paredão imprevisível do destino, aspirando-me para a sua indescritível certeza. Que ela já estivesse no meu passado, gasta até a lona, vivida até a última gota, seu bafo cada dia mais fraco, mais longe de mim, na minha nuca.

Era excitante imaginar que, daqui para a frente, o fato de envelhecer, a contar desse dia de abril fabuloso, não ia me aproximar da morte, mas, muito pelo contrário, me afastar.

Talvez eu não tivesse pura e simplesmente sobrevivido à morte, mas tivesse ressuscitado dela: talvez eu fosse imortal, daqui para a frente. Um sursis ilimitado, quando nada, como se eu tivesse nadado no rio Estige até a outra margem.

Esse sentimento não se extinguiu nos ritos e nas rotinas do retorno à vida, durante o verão desse retorno. Eu não estava apenas seguro de estar vivo, estava convencido de ser imortal. A salvo, em todo caso. Tudo me acontecera, nada mais podia me suceder. Nada a não ser a vida, para ser mordida com todas as forças. Foi com essa certeza que atravessei, mais tarde, dez anos de clandestinidade na Espanha.

Naquela época, toda manhã, antes de mergulhar na aventura cotidiana das reuniões, dos encontros marcados às vezes com semanas de antecedência, dos quais a polícia franquista podia ter tomado conhecimento por alguma imprudência ou por uma denúncia, eu me preparava para uma possível detenção. Para uma tortura certa. Toda manhã, porém, eu dava de ombros, após esse exercício espiritual: nada podia me acontecer. Eu já havia pago o preço, despendido a parte mortal que trazia em mim. Eu era invulnerável, provisoriamente imortal.

Direi na sua hora, quando a desordem concertada deste relato o permitir — ou por outra, o exigir —, quando, por que e como a morte deixou de estar no passado, no meu passado cada vez mais longínquo. Quando e por que, por ocasião de que episódio, ela voltou a surgir no meu futuro, inevitável e sorrateira.

Mas por vezes a certeza de ter atravessado a morte dissipava-se, mostrava seu avesso nefasto. E aí, essa travessia tornava-se a única realidade pensável, a única experiência verdadeira. Todo o resto fora apenas um sonho, desde então. Uma peripécia fútil, na melhor das hipóteses, mesmo quando era agradável. Apesar dos gestos cotidianos, de sua eficácia instrumental, apesar do testemunho dos meus sentidos, que me possibilitavam orientar-me no labirinto das perspectivas, apesar da profusão dos utensílios e das imagens alheias, vinha-me então a impressão aterradora e nítida de viver apenas em sonho. De ser eu mesmo um sonho. Antes de morrer em Buchenwald, antes de partir em fumaça sobre a colina do Ettersberg, eu teria tido esse sonho de uma vida futura na qual eu me encarnaria por equívoco.

Mas ainda não cheguei lá.

Ainda estou na luz do olhar sobre mim, horrorizado, dos três oficiais com farda britânica.

Fazia quase dois anos que eu vivia cercado de olhares fraternos. Quando havia olhar: a maioria dos deportados não o possuía. Apagado, o olhar deles, obnubilado, ofuscado pela luz crua da morte. A maioria só vivia ainda por inércia: luz enfraquecida de uma estrela morta, o olhar deles.

Passavam, caminhando com um andar de autômatos, contido, medindo o impulso, contando os próprios passos, salvo nos momentos do dia em que justamente tinham de marcá-lo, o passo, marcial, durante o desfile à frente dos ss, de manhã e de noite, na praça de chamada, ao partir e ao voltar dos kommandos de trabalho. Andavam de olhos semicerrados, resguardando-se assim das fulgurâncias brutais do mundo, protegendo das correntes de ar gélido a pequena chama trêmula de sua vitalidade.

Mas era fraterno, o olhar que sobrevivia. Por ser alimentado com tanta morte, provavelmente. Alimentado de forma tão rica e partilhada.

Eu chegava ao block 56, domingo, no Pequeno Campo. Duplamente fechada, essa parte interna do recinto, reservada para o período de quarentena dos recém-chegados. Reservada para os inválidos — o block 56, em especial — e para todos os deportados que ainda não tinham sido integrados no sistema produtivo de Buchenwald.

Eu chegava lá no domingo à tarde, todas as tardes de domingo daquela primavera, em 1944, depois da chamada do meio-dia, depois da sopa de macarrão dos domingos. Dava bom-dia a Nicolai, meu amigo russo, o jovem bárbaro. Conversava um pouco. O melhor era ir com a cara dele. Ou por outra, que ele fosse com a minha cara. Ele era chefe do *Stubendienst*, o serviço de intendência do block 56. Era também um dos chefões das turmas de adolescentes russos, selvagens, que controlavam os contrabandos e as divisões de poder no Pequeno Campo.

Ele ia com a minha cara, Nicolai. Acompanhava-me até o estrado onde se consumiam Halbwachs e Maspero.

De semana em semana eu vira raiar, irromper em seus olhos a aurora negra da morte. Partilhávamos isso, essa certeza, como um pedaço de pão. Partilhávamos essa morte que se aproximava, obscurecendo-lhes os olhos, como um pedaço de pão: sinal de fraternidade. Como se partilha a vida que nos resta. A morte, um pedaço de pão, uma espécie de fraternidade. Ela atingia a todos nós, era a substância de nossas relações. Não éramos mais nada, nada mais — nada menos, tampouco — do que essa morte que se aproximava. Única diferença entre nós, o tempo que nos separava dela, a distância a percorrer ainda.

Eu punha a mão que desejava fosse leve no ombro pontudo de Maurice Halbwachs. Osso praticamente friável, no limite da fratura. Falava com ele de suas aulas na Sorbonne, antigamente. Em outro lugar, lá fora, numa outra vida: na vida. Falava de seu curso sobre o *potlatch*. Ele sorria, morrendo, seu olhar em mim, fraterno. Falava de seus livros, longamente.

Nos primeiros domingos, Maurice Halbwachs ainda se expressava. Preocupava-se com o curso dos acontecimentos, com as notícias da guerra. Perguntava-me — zelo pedagógico último do professor de quem eu fora aluno na Sorbonne — se eu já tinha encontrado um caminho, descoberto minha vocação. Eu respondia que a história me interessava. Ele balançava a cabeça, por que não? Talvez tenha sido por isso que Halbwachs me falou então de Marc Bloch, do encontro de ambos na universidade de Estrasburgo, depois da Primeira Guerra Mundial.

Mas em pouco tempo não teve mais forças para proferir a menor palavra. Podia apenas me ouvir, e só às custas de um esforço sobre-humano. O que por sinal é próprio do homem.

Ouvia-me falar da primavera terminando, dar-lhe boas notícias sobre as operações militares, recordar-lhe páginas de seus livros, lições de seu ensinamento.

Sorria, morrendo, seu olhar em mim, fraterno.

No último domingo, Maurice Halbwachs não teve nem mais forças para escutar. Mal-e-mal para abrir os olhos.

Nicolai me acompanhara até o estrado onde Halbwachs se consumia, ao lado de Henri Maspero.

— O senhor seu professor vai embora pela chaminé hoje mesmo — murmurou.

Nesse dia, Nicolai estava com um humor particularmente jovial. Interceptou-me, pândego, assim que pisei na soleira do block 56 para mergulhar na fetidez irrespirável do barracão.

Percebi que estava tudo bem com ele. Devia ter conseguido um negócio daqueles.

— Viu meu casquete? — disse-me Nicolai.

Descobriu-se, entregou-me seu casquete. Eu não podia deixar de vê-lo. Um casquete de oficial do exército soviético, era isso.

Nicolai passava o dedo, num gesto de afago, no galão azul de seu bonito casquete de oficial.

— Viu? — ele insistia.

Eu tinha visto, e daí?

— Um casquete do NKVD! — ele exclamava, radiante. — Um de verdade! Eu o organizei hoje mesmo!

Sacudi a cabeça, não estava entendendo direito.

Sabia o que queria dizer "organizar" no jargão dos campos. Era o equivalente a roubar, ou conseguir alguma coisa por uma tramóia qualquer, troca ou extorsão, no mercado paralelo. Também sabia o que era o NKVD, claro. Primeiro, tinha se chamado Tchéka, depois, GPU, agora, NKVD, Comissariado do Povo para os Negócios Internos. Mais ou menos nessa época, aliás, os comissariados do povo tinham desaparecido, tinham se tornado ministérios, pura e simplesmente.

Em suma, eu sabia que o NKVD era a polícia, mas não percebia direito a importância que, visivelmente, Nicolai dava ao uso de um casquete de policial.

Mas ele iria na mesma hora me dar uma explicação.

— Assim — exclamou —, logo se vê que eu sou um mestre!

Eu o olhava, ele pusera de novo o seu casquete. Estava todo prosa, marcial, talvez. Via-se que era um mestre.

Nicolai dissera *Meister*. O jovem russo falava correntemente, com desembaraço até, um alemão bastante primário, mas expressivo. Se lhe faltava uma palavra, ele a improvisava, fabricava-a a partir dos prefixos e das formas verbais germânicas que conhecia. Desde que eu o encontrara, por ocasião de minhas visitas dominicais a Maurice Halbwachs, tínhamos nos entendido em alemão.

Mas a palavra *Meister* me dava arrepio na espinha. Assim eram chamados os chefetes, contramestres civis alemães, às vezes mais duros do que os próprios SS, em todo caso mais duros do que os sujeitos da Wehrmacht, que às custas de gritos e pauladas reinavam sobre o trabalho exaustivo dos deportados nas fábricas de Buchenwald. *Meister*: mestres-de-obras, mestres de mão-de-obra escrava.

Disse a Nicolai que a palavra *Meister* não me alegrava.

Ele riu com um riso selvagem, soltando um palavrão russo que dizia algo sobre ir foder minha mãe. Sugestão freqüente nos palavrões russos, deve-se dizer.

Em seguida, deu-me um tapinha no ombro, condescendente.

— Você prefere que eu diga *Führer* em vez de *Meister*, por exemplo? Todas as palavras alemãs para dizer "chefe" são sinistras!

Dessa vez, ele disse *Kapo* para dizer "chefe". Todas as palavras alemãs para dizer *Kapo*, ele tinha dito.

E continuava a rir.

— E em russo? Você acha que as palavras russas para dizer *Kapo* são engraçadas?

Eu meneava a cabeça, não sabia russo.

Mas ele parou de rir, abruptamente. Um véu de estranha aflição turvou seus olhos, logo desaparecendo.

Tornou a pousar a mão no meu ombro.

A primeira vez que vi Nicolai, ele tinha sido menos íntimo. Ainda não usava o seu casquete de galão azul do NKVD, mas já tinha um jeito de chefete.

Pulara em cima de mim.

— Que é que você procura aqui?

Estava plantado no meio do corredor do block 56, entre as altas fileiras de estrados, proibindo a entrada em seu território. Eu via brilhar na penumbra o couro bem lustrado de suas botas de montaria. Pois ele ainda não usava o casquete das tropas especiais do Comissariado do Povo para os Negócios Internos, mas já as botas e calças de montaria, com uma túnica militar bem cortada.

Resumindo, o perfeito chefete.

Convinha cortar-lhe as asas de uma vez, caso contrário eu ia me dar mal. Dois meses de campo tinham me ensinado isso.

— E você? — disse eu. — Está querendo briga? Sabe lá de onde eu venho?

Ele vacilou um instante. Olhou minha roupa, atentamente. Eu estava usando uma japona azul, quase nova. Calças de lã cinza e botas de couro em perfeito estado. Razão de sobra para que ele vacilasse, claro. Refletisse, pelo menos.

Mas seu olhar voltava sem parar ao número de matrícula costurado no meu peito e à letra S logo acima, num triângulo de pano vermelho.

Essa indicação de minha nacionalidade — S de *Spanier,* "espanhol" — não parecia impressioná-lo, muito pelo contrário. Já se tinha visto um espanhol fazer parte dos privilegiados de Buchenwald? Dos círculos do poder no campo? Não, pensando bem, ele achava graça disso, daquele S no meu peito.

— Briga, com você? — disse de um jeito arrogante.

Então, latindo as palavras, tratei-o de *Arschloch*, de "buraco do cu", e mandei-o ir chamar seu chefe de block. Eu trabalhava no *Arbeitsstatistik*, disse. Será que ele queria ir parar numa lista de transferência?

Eu me via falando assim com ele, ouvia-me gritando-lhe tudo isso e achava-me um tanto ridículo. Um tanto infecto, até, por ameaçá-lo com uma transferência. Mas era a regra do jogo e não fora eu que havia instaurado essa regra em Buchenwald.

Seja como for, a alusão ao *Arbeitsstatistik* fez milagres. Era o escritório do campo onde se distribuía a mão-de-obra pelos diversos kommandos de trabalho. Onde se organizavam também as transferências para os campos externos, geralmente mais duros do que o próprio Buchenwald. Nicolai pressentiu que eu não estava blefando, que de fato trabalhava ali. Amansou na mesma hora.

Desde esse primeiro dia, ele foi com a minha cara.

Por isso pôs a mão no meu ombro.

— Vá por mim — dizia com uma voz breve e brutal. — É melhor usar o casquete do NKVD se a gente quiser ficar com cara de *Kapo* russo!

Eu não entendia perfeitamente o que ele queria dizer. O que entendia era um tanto desconcertante. Mas não perguntei nada. Ele não diria mais que isso, aliás, era evidente. Rodava os calcanhares e me acompanhava até o estrado de Maurice Halbwachs.

— *Dein Herr Professor* — ele cochichava — *kommt heute noch durch's Kamin!*

Eu pegava a mão de Halbwachs que não tivera forças para abrir os olhos. Sentia apenas uma resposta de seus dedos, uma leve pressão: mensagem quase imperceptível.

O professor Maurice Halbwachs chegara ao limite das resistências humanas. Esvaziava-se lentamente de sua substância, atingira o estágio último da disenteria que o levava embora, em meio à fetidez.

Um pouco mais tarde, quando eu estava lhe contando uma coisa qualquer, simplesmente para que ouvisse o som de uma voz amiga, ele abriu os olhos, de repente. O desespero imundo, a vergonha de seu corpo em deliqüescência eram visíveis. Mas também uma chama de dignidade, de humanidade derrotada porém intacta. O vislumbre imortal de um olhar que observa a aproximação da morte, que sabe a que se ater, que a conhece por dentro e por fora, que avalia cara a cara os seus riscos e as suas implicações, livremente: soberanamente.

Então, num pânico repentino, sem saber se posso evocar algum Deus para acompanhar Maurice Halbwachs, consciente da necessidade de uma prece, porém, com um nó na garganta, digo em voz alta, tentando controlá-la, modulá-la como convém, alguns versos de Baudelaire. É a única coisa que me vem ao espírito:

Ô mort, vieux capitaine, il est temps, levons l'ancre...

O olhar de Halbwachs fica menos turvo, parece se espantar. Continuo a recitar. Quando chego a

*... nos coeurs que tu connais sont remplis de rayons**

(*) Ó morte, velho capitão, é hora, icemos a âncora/nossos corações que conheces estão repletos de raios. (Todas as notas de rodapé são da tradutora.)

um tênue estremecimento esboça-se nos lábios de Maurice Halbwachs.

Ele sorri, morrendo, seu olhar em mim, fraterno.

Havia também os ss, é verdade.

Mas não se podia facilmente captar-lhes o olhar. Estavam longe: maciços, acima, além. Nossos olhares não podiam se cruzar. Passavam, atarefados, arrogantes, destacando-se contra o céu pálido de Buchenwald onde pairava a fumaça do crematório.

Contudo, algumas vezes consegui olhar nos olhos o *Obersturmführer* Schwartz.

Tinha que se ficar em posição de sentido, tirar o chapéu, bater os calcanhares com cuidado, de modo claro e distinto, anunciar com voz forte — ou melhor, berrar — a matrícula. Com o olhar no vazio, era preferível. Com o olhar cravado no céu onde pairaria a fumaça do crematório, era preferível. Em seguida, com um pouco de audácia e astúcia, podia-se tentar encará-lo. Então, o olho de Schwartz, por breve que fosse o instante em que eu conseguia captar seu olhar, só expressava ódio.

Obtuso, é verdade, atormentado por um desespero perceptível. Como o de Nicolai em outras circunstâncias, mas por motivos comparáveis, Schwartz ficava de olho grudado no S da minha identificação nacional. Também devia estar pensando como um vermelho espanhol chegara ao topo da hierarquia da administração interna de Buchenwald.

Mas ele inspirava serenidade, ele confortava a alma, esse ódio do *Obersturmführer* Schwartz, por mais desnorteado que se revelasse o olhar carregado de tal ódio. Era uma razão de viver, de tentar sobreviver, até.

Assim, paradoxalmente, pelo menos à primeira e rápida vista, o olhar dos meus, quando lhes restava, por fraterno que fosse — porque o era —, remetia-me à morte. Esta era substância de nossa fraternidade, chave de nosso destino, sinal de pertencer à comunidade dos vivos. Vivíamos juntos essa experiência da morte, essa compaixão. Nosso ser era definido por isso: estar com o outro na morte que se aproximava. Ou melhor, que amadurecia dentro de nós, que nos invadia como um mal luminoso, como uma luz aguda que nos devoraria. Nós todos que íamos morrer havíamos escolhido a fraternidade dessa morte por gosto de liberdade.

Eis o que me ensinava o olhar de Maurice Halbwachs, agonizando.

Em compensação, o olhar do ss, carregado de ódio inquieto, assassino, remetia-me à vida. Ao louco desejo de durar, de sobreviver: de lhe sobreviver. À vontade ferrenha de conseguir.

Mas hoje, neste dia de abril, depois do inverno na Europa, depois da chuva de ferro e de fogo, a que me remete o olhar horrorizado, aflito, dos três oficiais de farda britânica?

A que horror, a que loucura?

2

O KADDISH

Uma voz, de repente, atrás de nós.

Uma voz? Lamento desumano, bem mais. Gemido desarticulado de animal ferido. Melopéia fúnebre, congelando o sangue.

Tínhamos ficado parados no batente do barracão, na hora de sair para o ar livre. Imóveis, Albert e eu, petrificados, na fronteira entre a penumbra fétida de dentro e o sol de abril, fora. Um céu azul, levemente encarneirado, diante de nós. A massa predominantemente verde da floresta, em volta, para lá dos barracões e das tendas do Pequeno Campo. As montanhas da Turíngia, ao longe. A paisagem, em suma, eterna, que devem ter contemplado Goethe e Eckermann durante seus passeios pelo Ettersberg.

Era uma voz humana, porém. Uma cantoria gutural, irreal.

Permanecíamos imóveis, Albert e eu, impressionados.

Albert era um judeu húngaro, indestrutível e atarracado, sempre de bom humor. Positivo, pelo menos. Eu o acompanhava, naquele dia, para uma última turnê de inspeção. Fazia dois dias que reuníamos os sobreviventes judeus salvos de Auschwitz, dos campos da Polônia. Crianças e adolescentes, em particular, eram agrupados num prédio da zona SS.

Albert era o responsável por essa operação de resgate.

Tínhamos nos voltado para a penumbra inominável, com o sangue gelado. De onde surgia aquela voz desumana? Pois ali não havia sobreviventes, acabávamos de verificar. Acabávamos de percorrer todo o corredor central do barracão. Os rostos estavam virados para nós, que andávamos por aquele corredor. Os corpos descarnados, cobertos de farrapos, estavam deitados nos três níveis superpostos da armação de madeira. Imbricavam-se uns nos outros, às vezes parados numa imobilidade aterradora. Os olhares estavam cravados em nós, no corredor central, freqüentemente às custas de uma violenta torção do pescoço. Dezenas de olhos exorbitados tinham nos olhado passar.

Olhado sem nos ver.

Não havia mais sobreviventes naquele barracão do Pequeno Campo. Os olhos esbugalhados, arregalados para o horror do mundo, os olhares saltados, impenetráveis, acusadores, eram olhos apagados, olhares mortos.

Tínhamos passado, Albert e eu, com um nó na garganta, andando com a maior leveza possível no silêncio pegajoso. A morte se pavoneava, exibindo o fogo de artifício glacial de todos aqueles olhos abertos para o avesso do mundo, para a paisagem infernal.

Às vezes, Albert debruçava-se — eu mesmo não tive coragem — sobre os corpos amontoados, misturados em cima das tábuas dos estrados. Os corpos mexiam-se inteiriços, como cepas. Albert afastava aquele bosque morto com mão firme. Inspecionava os interstícios, os vãos formados entre os cadáveres, na esperança de encontrar alguém ainda vivo.

Mas não parecia haver sobrevivente, naquele dia em questão, 14 de abril de 1945. Todos os deportados ainda válidos deviam ter fugido do barracão desde o anúncio da libertação do campo.

Posso ter certeza dessa data de 14 de abril, afirmá-la com segurança. No entanto, o período de minha vida que se estende entre a libertação de Buchenwald e o meu regresso a Paris é confuso, invadido por brumas de esquecimento. De imprecisão, em todo caso.

Muitas vezes fiz a conta dos dias, a conta das noites. Chego sempre a um resultado desconcertante. Entre a libertação de Buchenwald e meu regresso a Paris passaram-se dezoito dias, seguramente. No entanto, só me restam na lembrança raríssimas imagens. Brilhantes, sem dúvida, iluminadas por uma luz crua, mas cercadas por uma auréola espessa de sombra nebulosa. O suficiente para encher breves horas de uma vida, não mais.

O dia do início desse período é fácil estabelecer. Está nos livros de história: 11 de abril de 1945, dia da libertação de Buchenwald. O de minha chegada a Paris é possível calcular, mas vou poupá-los das referências utilizadas. É a antevéspera de 1º de maio: 29 de abril, portanto. Foi na tarde de 29 de abril que cheguei a Paris, à rua de Vaugirard, num comboio da missão de repatriamento do padre Rodhain.

Dou todos esses pormenores, provavelmente supérfluos, descabidos até, para mostrar que minha memória é boa, que não é por falha de memória que praticamente me esqueci das duas longas semanas de existência anteriores ao meu retorno à vida, ao que se chama vida.

O fato aí está, porém: só guardo desse período recordações esparsas, desconchavadas, suficientes apenas para encher algumas horas dessas duas longas semanas. Recordações que brilham com um fulgor cru, decerto, mas que estão cercadas pelo cinzento do não-ser. Do apenas perceptível, ao menos.

Estávamos em 14 de abril de 1945.

De manhã, eu havia pensado que era um dia marcante de minha infância: a república foi proclamada na Espanha nessa data, em 1931. A malta dos subúrbios afluía para o centro de Madri, sob uma floresta ondulante de bandeiras. "Mudamos de regime sem quebrar uma só vidraça!", exclamavam, radiantes, um tanto surpresos também, os chefes dos partidos republicanos. A história foi à forra, cinco anos depois, por meio de uma longa e sangrenta guerra civil.

Mas não havia sobreviventes, no dia 14 de abril de 1945, naquele barracão do Pequeno Campo de Buchenwald.

Só havia olhares mortos, arregalados para o horror do mundo. Os cadáveres, contorcidos como as figuras de El Greco, pareciam ter reunido suas últimas forças para rastejar pelas tábuas do estrado até o mais perto possível do corredor central do barracão, por onde poderia surgir um derradeiro socorro. Os olhares mortos, gelados pela angústia da espera, certamente espreitaram até o fim alguma chegada súbita e salvadora. O desespero que neles se lia era proporcional a essa espera, a essa derradeira violência da esperança.

De súbito, eu compreendia o espanto suspicaz, horrorizado, dos três oficiais aliados, na antevéspera. De fato, se meu olhar refletia, quando nada, um centésimo do horror perceptível nos olhos mortos que tinham nos contemplado, a Albert e a mim, era compreensível que os três oficiais de farda britânica tivessem ficado horrorizados.

— Está ouvindo? — disse Albert num murmúrio.

Não era uma pergunta, a bem da verdade. Eu não podia deixar de ouvir. Ouvia aquela voz desumana, aquele soluço entoado, aquele estertor estranhamente ritmado, aquela rapsódia do além.

Olhei para fora: a brisa tépida de abril, o céu azul. Sorvi um bom gole de primavera.

— É o quê? — perguntou Albert, com voz lívida e baixa.

— A morte — disse-lhe. — Quem mais?

Albert fez um gesto de irritação.

Era a morte que cantarolava, com certeza, em algum lugar no meio do amontoado de cadáveres. A vida da morte, em suma, que se fazia ouvir. A agonia da morte, sua presença fulgurante e funebremente loquaz. Mas para que insistir nessa evidência? O gesto de Albert parecia dizer isso. De fato, para quê?

Calei-me.

Fazia três dias que o forno crematório não funcionava mais. Quando o comitê internacional do campo e a administração militar norte-americana restabeleceram os serviços essenciais de Buchenwald, a fim de alimentar, medicar, vestir, reunir as poucas dezenas de milhares de sobreviventes, ninguém pensou em pôr novamente o crematório para funcionar. Era impensável, na verdade. A fumaça do crematório tinha de desaparecer para sempre: impensável que ainda a víssemos pairando sobre a paisagem.

Mas, se ninguém mais partia em fumaça, nem por isso a morte cruzara os braços. O fim do crematório não era o fim da morte. Esta, simplesmente, deixara de nos sobrevoar, densa ou leve, dependendo dos casos. Ela não era mais fumaça, às vezes quase imaterial, cinza cinzenta praticamente impalpável sobre a paisagem. A morte voltava a ser carnal, encarnava-se de novo nas dezenas de corpos descarnados, atormentados, que ainda constituíam a sua colheita diária.

Para prevenir os riscos de epidemia, as autoridades militares norte-americanas resolveram proceder ao ajuntamento dos cadáveres, à sua identificação e a seu sepultamento nas valas comuns. Era justamente tendo em vista essa operação que fazíamos, Albert e eu, naquele dia, uma última inspeção no Pequeno Campo, com a esperança de ainda encontrar algum sobrevivente, fraco demais para ter se juntado, por si só, à vida coletiva retomada desde a libertação de Buchenwald.

Albert ficou lívido. Apurou o ouvido, apertou-me o braço a ponto de me machucar, subitamente frenético.

— Ídiche! — exclamou. — Ela fala ídiche!

Assim, a morte falava ídiche.

Albert estava em melhor situação do que eu para escutar, ou seja, deduzir, a partir das sonoridades guturais, para mim sem nenhum sentido, daquela melopéia-fantasma.

Pensando bem, não era nada surpreendente que a morte falasse ídiche. Eis uma língua que ela foi de fato forçada a aprender, nesses últimos anos. Se é que não a soubesse desde sempre.

Mas Albert me segura pelo braço, que aperta com muita força. Arrasta-me de novo para o barracão.

Damos uns passos pelo corredor central, paramos. Prestamos atenção, tentando localizar de onde vem a voz.

A respiração de Albert é ofegante.

— É a oração dos mortos — ele murmura.

Dou de ombros. Evidente que é um canto fúnebre. Ninguém espera que a morte nos martele com canções engraçadas. Nem tampouco com letras de amor.

Deixamo-nos guiar por essa oração dos mortos. Por vezes, somos obrigados a aguardar, imóveis, prendendo a respiração. A morte calou-se, já não há como orientar-se rumo à fonte dessa melopéia. Mas ela sempre recomeça: inexaurível, a voz da morte, imortal.

De repente, viramos, tateando, num curto corredor lateral, e me parece que chegamos ao objetivo. A voz, dilacerada, rouca, murmurada, agora está bem perto.

Albert acorre ao estrado de onde se eleva o estertor cantarolado.

Dois minutos depois, extraímos de um amontoado de cadáveres o agonizante, pela boca de quem a morte nos recita seu canto. Sua oração, melhor dizendo. Nós o transportamos até o pórtico do barracão, até o sol de abril. Nós o deitamos sobre um monte de trapos que Albert juntou. O homem mantém-se de olhos fechados, mas não parou de cantar, com uma voz rouca, apenas audível.

Nunca vi figura humana que parecesse tanto com a do Crucificado. Não com a de um Cristo romano, severa mas serena, e sim com a figura atormentada dos cristos góticos espanhóis. Por certo, em geral o Cristo na cruz não entoa a oração dos mortos judaica. É um detalhe: nada impediria, presumo, de um ponto de vista teológico, que Cristo cantasse o kaddish.

— Espere-me aqui — diz Albert, peremptório. — Vou correndo ao *Revier* pegar uma maca!

Dá uns passos, volta-se para mim.

— Cuide dele, hein?

Acho isso tão idiota, inclusive tão inoportuno, que reajo com violência.

— E, a seu ver, vou fazer o que com ele? Bater um papo? Cantar uma música, eu também? "La paloma", quem sabe?

Mas Albert não se abala.

— Fique perto dele, só isso!

E corre para a enfermaria do campo.

Viro-me para o agonizante. De olhos fechados, ele continua a cantarolar. Mas sua voz se esgota, parece-me.

Essa história de "La paloma" me veio assim, de supetão. Mas me lembra alguma coisa que não recordo. Lembra-me, pelo menos, que eu devia recordar alguma coisa. Que eu poderia me recordar, buscando um pouco. "La paloma"? O início da música vem-me à memória. Por mais estranho que pareça, é em alemão que esse início me vem.

Kommt eine weisse Taube zu Dir geflogen...

Recito entre os dentes o início de "La paloma" em alemão. Agora sei de que história eu poderia me recordar.

Recordo-me de verdade, já que é para recordar, deliberadamente.

O alemão era jovem, era alto, era louro. Era totalmente conforme à idéia de alemão: um alemão ideal, em resumo. Foi um ano e meio antes, em 1943. Foi no outono, para os lados de Semur-en-Auxois. Num cotovelo do rio, havia uma espécie de barragem natural que represava a água. Nesse local, a superfície era quase imóvel: espelho líquido sob o sol do outono. A sombra das árvores mexia-se sobre esse espelho de estanho translúcido.

O alemão aparecera no alto da ribanceira, de motocicleta. O motor de sua máquina roncava baixinho. Pegou a trilha que descia até o nível da água.

Nós o aguardávamos, Julien e eu.

Quer dizer, não aguardávamos aquele alemão exatamente. Aquele garoto louro de olhos azuis. (Cuidado: estou fabulando. Não pude ver a cor de seus olhos naquele momento. Só mais tarde, quando ele morreu. Mas levava todo o jeito de ter olhos azuis.) Aguardávamos um alemão, alemães. Quaisquer. Sabíamos que os soldados da Wehrmacht tinham se habituado a vir em grupo, lá pelo final da tarde, refrescar-se naquele lugar. Viemos, Julien e eu, sondar o terreno, ver se seria possível montar uma emboscada com a ajuda dos maquis das redondezas.

Mas aquele alemão parecia estar sozinho. Nenhuma outra motocicleta, nenhum outro veículo surgira atrás dele no caminho do alto da ribanceira. Convém dizer que tampouco era a hora habitual. Era lá pelo meio da manhã.

Andou até a beira d'água, desceu de sua máquina, e calçou-a no descanso. De pé, respirando o frescor da França profunda, desabotoou o colarinho de sua túnica. Estava relaxado, visivelmente. Mas ficara de sobreaviso: sua metralhadora barrava-lhe o peito, pendurada na bandoleira que ele passara em volta do pescoço.

Julien e eu nos olhamos. Tivemos a mesma idéia.

O alemão estava sozinho, carregávamos nossos Smith and Wesson. A distância que nos separava do alemão era boa, ele estava bem ao alcance de nossas armas. Havia uma motocicleta a pegar, uma metralhadora.

Estávamos ao abrigo, à espreita: era um alvo perfeito. Tivemos, portanto, a mesma idéia, Julien e eu.

Mas, de repente, o jovem soldado alemão levantou os olhos para o céu e começou a cantar:

Kommt eine weisse Taube zu Dir geflogen...

Levei um susto, quase fiz barulho, batendo o cano do Smith and Wesson no rochedo que nos protegia. Julien me fulminou com o olhar.

Talvez aquela música não lhe lembrasse nada. Talvez nem soubesse que era "La paloma". Mesmo se soubesse, talvez "La paloma" não lhe lembrasse nada. A infância, as empregadas que cantam na copa, as músicas dos coretos, nas pracinhas à sombra durante as vilegiaturas, "La paloma"! Como eu não teria levado um susto ao ouvir aquela música?

O alemão continuava a cantar, com uma bela voz loura.

Minha mão começara a tremer. Tornara-se impossível para mim atirar naquele jovem soldado que cantava "La paloma". Como se o fato de cantar aquela melodia de minha infância, aquele refrão repleto de nostalgia, transformasse-o de súbito em inocente. Não pessoalmente inocente, de toda maneira talvez o fosse, ainda que nunca tivesse cantado "La paloma". Talvez não tivesse nada a se recriminar, aquele jovem soldado, nada além de ter nascido alemão na época de Adolf Hitler. Como se de repente tivesse se tornado inocente de um modo totalmente diverso. Inocente não só de ter nascido alemão, na época de Hitler, de fazer parte de um exército de ocupação, de encarnar involuntariamente a força brutal do fascismo. Tivesse se tornado essencialmente inocente, portanto, na plenitude de sua existência, porque cantava "La paloma". Era absurdo, eu bem sabia. Mas eu era incapaz de atirar naquele jovem alemão que cantava "La paloma" à vista de todos, na candidez de uma manhã de outono, na mais secreta amenidade profunda de uma paisagem da França.

Baixei o cano comprido do Smith and Wesson, pintado com mínio vermelho-vivo contra ferrugem.

Julien viu meu gesto, dobrou o braço também.

Observa-me com expressão aflita, na certa indagando o que está me acontecendo.

Está me acontecendo "La paloma", só isso: a infância espanhola em plena face.

Mas o jovem soldado virou-se de costas, vai voltando a passo miúdo para a sua moto, imobilizada em cima de sua muleta.

Então, empunho minha arma com as duas mãos. Miro as costas do alemão, aperto no gatilho do Smith and Wesson. Ouço a meu lado os disparos do revólver de Julien, que atirou várias vezes, também.

O soldado alemão dá um pulo para a frente, como se tivesse levado um brutal empurrão nas costas. Mas é que de fato levou um empurrão nas costas, com o impacto brutal dos projéteis.

Seu corpo desaba.

Eu desmorono, com o rosto na relva fresca, dou socos raivosos no rochedo achatado que nos protegia.

— Merda, merda, merda!

Grito cada vez mais alto, Julien se aflige.

Sacode-me, uiva que não é hora de ter uma crise de nervos: temos que fugir. Pegar a moto, a metralhadora do alemão e fugir.

Tem razão, não há mais nada a fazer.

Levantamos, atravessamos o rio, correndo, por cima das pedras que formam uma espécie de represa natural. Julien apanha a metralhadora do morto, depois de virar seu corpo. E é verdade que ele tem olhos azuis, arregalados pelo espanto.

Fugimos na motocicleta, que pega de primeira.

Mas é uma história que já contei.

Não a do sobrevivente judeu que encontramos, Albert e eu, porque ele entoava em ídiche a oração dos mortos. Essa história aí, é a primeira vez que conto. Faz parte das histórias que ainda não contei. Eu precisaria de várias vidas para contar toda essa morte. Contar essa morte até o fim, tarefa infinita.

É a história do alemão que já contei. Do jovem soldado alemão, bonito e louro, que matamos, Julien e eu, nos arredores de Semur-en-Auxois. Não me lembro do nome do rio, talvez nunca tenha sabido. Lembro-me que era no mês de setembro, que fazia setembro de um extremo a outro da paisagem. Lembro-me da amenidade de setembro, da amenidade de uma paisagem tão harmonizada com as felicidades serenas, no horizonte do trabalho humano. Lembro-me que a paisagem me fizera pensar em Jean Giraudoux, em suas emoções diante das belezas da França.

Contei essa história do soldado alemão num curto romance que se chama *L'évanouissement*. É um livro que quase não teve leitores. Decerto é por isso que me permiti contar mais uma vez a história do jovem alemão que cantava "La paloma". Mas não só por isso. Também para retificar a primeira versão dessa história, que não era totalmente verídica. Quer dizer, tudo é verdade nessa história, inclusive na sua primeira versão, a de *L'évanouissement*. O rio é verdadeiro, Semur-en-Auxois não é uma cidade que eu tenha inventado, o alemão cantou mesmo "La paloma", nós o matamos mesmo.

Mas eu estava com Julien, nesse episódio do soldado alemão, e não com Hans. Em *L'évanouissement*, falei de Hans, coloquei esse personagem de ficção no lugar de um personagem real. Julien era um personagem real: um jovem da Borgonha que sempre dizia "os patriotas" para se referir aos resistentes. Essa sobrevivência da linguagem jacobina me encantava. Julien era meu companheiro de andanças pelos maquis da região, onde distribuíamos as armas jogadas de pára-quedas para o Jean-Marie Action, a organização de resistentes de Henri Frager na qual eu trabalhava. Julien dirigia os trações-dianteiras e as motocicletas com o pé na tábua, pelas estradas da Yonne e da Côte-d'Or, e era uma alegria partilhar com ele a emoção dos passeios noturnos. Com Julien, as patrulhas da *Feld* ficavam como barata tonta. Mas Julien foi pego numa emboscada, e resistiu como o diabo. Sua última bala de Smith and Wesson foi para si: disparou sua última bala na cabeça.

Em compensação, Hans Freiberg é um personagem de ficção. Inventei Hans Freiberg — a quem chamávamos Hans von Freiberg zu Freiberg, em *A grande viagem*, Michel e eu, em memória de *Ondine* — para ter um companheiro judeu. Tive um na minha vida daquela época, também queria ter um nesse romance. Aliás, as razões da invenção de Hans, meu companheiro judeu de ficção que encarnava meus companheiros judeus reais, estão sugeridas em *L'évanouissement*.

"Inventaríamos Hans", aí está escrito, "como a imagem de nós mesmos, a mais pura, a mais próxima de nossos sonhos. Ele seria alemão porque éramos internacionalistas: em cada soldado alemão morto em emboscada não visávamos o estrangeiro, mas a essência mais assassina e mais fulgurante de nossas próprias burguesias, ou seja, relações sociais que queríamos mudar entre nós mesmos. Ele seria judeu porque queríamos liquidar com toda e qualquer opressão, e o judeu, mesmo passivo, resignado até, era a imagem intolerável do oprimido..."

Eis por que inventei Hans, por que o coloquei ao meu lado, no dia daquele soldado alemão que cantava "La paloma". Mas na verdade era Julien que estava ali. Julien era da Bongonha e dizia "os patriotas" para se referir aos resistentes. Deu um tiro na cabeça para não ser agarrado pela *Feldgendarmerie.*

Eis a verdade restabelecida: a verdade total desse relato que já era verídico.

O sobrevivente judeu que entoava a oração dos mortos, esse aí é bem real. Tão real que está morrendo, ali, diante de meus olhos.

Não ouço mais o kaddish. Não ouço mais a morte cantar em ídiche. Eu havia me perdido em minhas recordações, não prestara atenção. Fazia quanto tempo que ele já não cantava a oração dos mortos? Teria realmente morrido, nesse instante, aproveitando um minuto de desatenção de minha parte?

Debruço-me sobre ele, ausculto-o. Parece-me que alguma coisa ainda bate, na cavidade de seu peito. Algo muito surdo e muito distante: um ruído que perde o fôlego e se extingue, um coração que pára, parece-me.

É um tanto patético.

Olho ao redor, em busca de algum socorro. Debalde. Não há ninguém. O Pequeno Campo foi esvaziado, no dia seguinte da libertação de Buchenwald. Instalaram os sobreviventes em construções mais confortáveis do campo principal, ou nos antigos quartéis da divisão SS Totenkopf.

Olho ao redor, não há ninguém. Há apenas o barulho do vento que sopra, como sempre, nessa encosta do Ettersberg. Na primavera, no inverno, tépido ou gélido, sempre o vento no Ettersberg. Vento das quatro estações sobre a colina de Goethe, sobre as fumaças do crematório.

Estamos atrás do barracão das latrinas coletivas do Pequeno Campo. Este estende-se ao sopé do Ettersberg, na junção com a planície verde e rica da Turíngia. E estende-se em volta dessa construção das latrinas coletivas. Pois os acampamentos do Pequeno Campo não possuíam latrinas, nem salas de banho. Durante o dia, geralmente os barracões ficavam vazios, pois todos os deportados em quarentena, à espera de uma transferência ou de um posto de trabalho permanente no sistema produtivo de Buchenwald, eram designados para corvéias diversas e variadas, em geral extenuantes, já que tinham um aspecto pedagógico, isto é, punitivo: "Vocês vão ver só o que é bom!".

A corvéia da pedreira, por exemplo: *Steinbruch*. E a de *Gärtnerei*, a corvéia de jardinagem, por eufemismo, pois com certeza era a pior de todas. Consistia em carregar, dois a dois (e as parelhas de carregadores, se o deportado não fosse rápido e esperto, eram decididas pelos *Kapo*, geralmente velhos presos, petulantes, portanto sádicos, que davam um jeito de reunir no batente os gabaritos mais díspares: um baixo gordo com um alto magro, por exemplo, um grandalhão e um aleijão, a fim de provocar, além da dificuldade objetiva do próprio carregamento em tais condições, uma animosidade praticamente inevitável entre criaturas de capacidade física de resistência tão diferente), em carregar dois a dois, portanto, a passos céleres, debaixo de bordoadas, pesadas tinas de madeira penduradas numa espécie de vara e cheias até a beira de estrume natural — daí o nome corriqueiro de "corvéia de merda" — destinado às plantações das hortas dos SS.

De modo que, antes do toque de recolher ou de manhãzinha, com qualquer tempo, tínhamos de sair dos barracões do campo de quarentena, ou do Pequeno Campo, para chegar ao prédio das latrinas coletivas, uma espécie de galpão vazio, de chão de cimento tosco, enlameado desde as primeiras chuvas de outono, contra as paredes do qual, no sentido do comprimento, alinhavam-se pias de zinco e torneiras de água fria, para a toalete matinal obrigatória — o comando SS era obcecado pelo perigo das epidemias: um grande cartaz de um realismo asqueroso, com a reprodução imensamente ampliada de um piolho ameaçador, proclamava nos acampamentos o slogan da higiene SS, *Eine Laus, dein Tod!*, slogan traduzido em várias línguas, mas com um erro ortográfico em francês: *Un poux, ta mort!*—,* ao passo que o centro da nave, de um extremo a outro, era cruzado pela cloaca coletiva, tendo acima, em toda a sua extensão, uma dupla viga de madeira mal-e-mal aplainada, viga que servia de ponto de apoio para as defecações multitudinárias, que fazíamos, pois, dando-nos as costas, em intermináveis fileiras.

Entretanto, apesar do vapor mefítico e do cheiro pestilencial que embrumavam constantemente o galpão, as latrinas do Pe-

(*) Um *piolhos*, tua morte!

queno Campo eram um lugar de convivência, uma espécie de refúgio onde encontrar compatriotas, colegas de bairro ou de maquis: um lugar onde trocar notícias, umas folhinhas de tabaco, recordações, risos, um pouco de esperança: vida, em suma. As latrinas imundas do Pequeno Campo eram um espaço de liberdade: por sua própria natureza, pelos odores nauseabundos que dali se soltavam, os ss e os *Kapo* tinham ojeriza a freqüentar o galpão, que, assim, se tornava o lugar de Buchenwald onde menos se sentia o despotismo inerente ao próprio funcionamento do universo dos campos de concentração.

De dia, nas horas de trabalho, as latrinas só eram freqüentadas pelos inválidos ou pelos doentes dos blocks de quarentena isentos de trabalhos pesados. Mas, desde a noitinha, desde que terminava a chamada da tarde e até o toque de recolher, as latrinas passavam a ser, além de cloacas, o que era sua destinação primitiva, feira de ilusões e de esperanças, mercado onde trocar os objetos mais esquisitos por uma fatia de pão preto, umas guimbas de *machorka*, ágora, enfim, onde trocar palavras, moedas insignificantes de um discurso de fraternidade, de resistência.

Assim, foi nesse galpão das latrinas que conheci alguns de meus melhores companheiros de quarentena: Serge Miller, Yves Darriet, Claude Francis-Boeuf, por exemplo. Estávamos todos no mesmo block, o 62, chegáramos juntos nos embarques maciços de janeiro de 1944 que esvaziaram as prisões francesas e o campo de Compiègne, após duas operações sucessivas de deportação com nomes de código poéticos, de acordo com uma tradição militar bastante reveladora: *Meerschaum* e *Frühlingswind*, "Espuma de mar" e "Vento de primavera".

Em meio à malta atarantada do block 62, explorada ao extremo, desorientada pelo choque com a realidade surpreendente da vida em Buchenwald, de códigos inexplicáveis mas absolutamente coercitivos, não pudemos nos reconhecer, descobrir os pontos em comum que nos ligavam ao mesmo universo cultural e moral. Foi nas latrinas coletivas, no ambiente deletério em que se misturavam os fedores das urinas, das defecações, dos suores doentios e do fumo acre da *machorka*, que nos encontramos, por causa e em torno de uma mesma guimba partilhada, de uma mesma impressão de escárnio, de uma idêntica curiosidade combativa e fraterna pelo futuro de uma sobrevivência improvável.

De uma morte a partilhar, bem mais.

Foi ali, numa noite memorável, que Darriet e eu, dando um de cada vez deliciosas tragadas numa mesma guimba, descobrimos um gosto em comum pelo jazz e pela poesia. Um pouco mais tarde, quando começávamos a ouvir ao longe os primeiros apitos anunciando o toque de recolher, Miller veio se juntar a nós. Trocávamos poemas, naquele momento: Darriet acabava de me recitar Baudelaire, eu lhe declamava "La fileuse", de Paul Valéry. Miller nos chamou de chauvinistas, rindo. Começou a nos recitar versos de Heine, em alemão. Então, juntos, para grande alegria de Darriet, que ritmava nossa recitação com gestos de mãos, qual um maestro, declamamos, Serge Miller e eu, o Lied da Lorelei:

Ich weiss nicht, was soll es bedeuten
Dass ich so traurig bin...

O final do poema, nós o berramos, em meio ao barulho ensurdecedor das dezenas de tamancos de madeira afastando-se a galope para voltar aos barracões, bem no último minuto antes do toque de recolher efetivo:

Und das hat mit ihrem Singen
Die Lorelei getan...

Em seguida, também nos pusemos a correr para voltarmos ao block 62, numa espécie de excitação, de júbilo inefável.

Ajoelhei-me ao lado do sobrevivente judeu. Não sei o que fazer para mantê-lo em vida, meu Cristo do kaddish. Falo com ele, baixinho. Acabo tomando-o nos braços, com a maior delicadeza possível, de medo que ele se quebre entre meus dedos. Imploro-lhe que não me faça isso, Albert não me perdoaria.

Maurice Halbwachs também, tomei-o em meus braços, no último domingo. Ele estava deitado no estrado do meio da armação de três níveis, bem na altura do meu peito. Enfiei meus braços por trás de seus ombros, inclinei-me sobre seu rosto, para falar com ele o mais perto, o mais suavemente possível. Acabava de lhe recitar o poema de Baudelaire, como se recita a oração dos agonizantes. Ele não tinha mais forças para falar, Halbwachs. Avançara na morte mais longe ainda do que aquele judeu desconhecido sobre quem eu agora me debruçava. Este ainda tinha a força, aliás inimaginável, de recitar a oração dos agonizantes, de acompanhar a própria morte com palavras de celebrar a morte. Para torná-la imortal, pelo menos. Halbwachs já não tinha essa força. Ou fraqueza, quem sabe? Em todo caso, já não tinha essa possibilidade. Ou desejo. Talvez a morte seja o esgotamento de todo e qualquer desejo, inclusive o de morrer. É só a partir da vida, do saber da vida, que se pode ter o desejo de morrer. É ainda um reflexo de vida esse desejo mortífero.

Mas visivelmente Maurice Halbwachs não tinha mais nenhum desejo, nem mesmo o de morrer. Estava mais além disso, talvez, na eternidade pestilenta de seu corpo em decomposição.

Tomei-o em meus braços, aproximei meu rosto do seu, fui submergido pelo odor fétido, fecal, da morte que crescia dentro dele como uma planta carnívora, flor venenosa, deslumbrante podridão. Disse para mim mesmo, num momento de irrisão deliberada, para me ajudar a atravessar aquele instante invivível, a pelo menos vivê-lo sem condescendência, no rigor de uma compaixão não patética, disse para mim mesmo que, quando nada, eu teria aprendido isso, em Buchenwald, a identificar os odores múltiplos da morte. O odor da fumaça do crematório, os odores do block dos inválidos e dos barracões do *Revier*. O odor de couro e de água-de-colônia dos *Sturmführer* ss. Disse para mim mesmo que era um conhecimento pertinente, mas seria um conhecimento prático? Como jurar o contrário?

Maurice Halbwachs não morreu em meus braços. Naquele domingo, o último domingo, fui obrigado a deixá-lo, a abandoná-lo à solidão de sua morte, pois os apitos do toque de recolher me forçaram a voltar para meu block no Grande Campo. Foi só dois dias depois que vi seu nome, no relatório que enumerava os movimentos dos deportados: chegadas, saídas para transferências, mortes. Seu nome figurava na lista dos falecimentos diários. Portanto, ele ainda agüentara dois dias, quarenta e oito horas de eternidade a mais.

Na antevéspera, ao deixar o Pequeno Campo, quando a hora do toque de recolher me obrigou a abandonar Halbwachs, lavei-me com muita água gelada, torso nu, na sala de banho contígua ao dormitório da ala C, no primeiro andar do block 40, que era o meu. Mas, por mais que me esfregasse, o cheiro fétido da morte parecia entranhado em meus pulmões, eu continuava a respirá-lo. Parei de esfregar com água meus braços e meus ombros, meu peito. Fui dormir na promiscuidade ofegante do dormitório, com o cheiro de morte que impregnava minha alma destinada, porém, à esperança.

Dois dias depois, portanto, vi o nome de Halbwachs aparecer na lista das mortes cotidianas. Peguei no arquivo central do *Arbeitsstatistik* a pasta correspondente à sua matrícula. Tirei a ficha de Maurice Halbwachs, apaguei seu nome: de agora em diante, um vivo poderia ocupar o lugar desse morto. Um vivo, quer dizer: um futuro cadáver. Fiz todos os gestos necessários, passei com cuidado a borracha no seu sobrenome, Halbwachs, no seu nome, Maurice: todos os seus sinais de identidade. Estava com a ficha retangular na concha da mão, ela voltara a ser branca e virgem: uma outra vida poderia ali se inscrever, uma nova morte. Olhei a ficha virgem e branca, por muito tempo, provavelmente sem enxergá-la. Provavelmente só enxergava nesse instante o rosto ausente de Halbwachs, minha última visão daquele rosto: a máscara de cera, os olhos cerrados, o sorriso do além.

Uma espécie de tristeza física invadiu-me. Mergulhei nessa tristeza de meu corpo. Esse desespero carnal, que me tornava inabitável para mim mesmo. O tempo passou, Halbwachs estava morto. Eu vivera a morte de Halbwachs.

Mas não queria viver a morte daquele judeu húngaro que eu segurava nos braços, alguns meses mais tarde, num dia de abril de 1945. Eu, pelo menos, imaginava que ele fosse húngaro. Em todo caso, sua matrícula, quase ilegível no seu casaco listrado, esfarrapado, levava-me a supor que ele fazia parte dos comboios de judeus procedentes da Hungria. Meu trabalho no arquivo central do campo, no *Arbeitsstatistik*, permitia-me saber aproximadamente a que correspondiam as séries numéricas atribuídas às levas que chegavam: a que origem, a que época de Buchenwald.

Mesmo que não fosse húngaro, não gostaria de viver a morte daquele judeu. Mesmo que não fosse judeu, aliás. Contudo, o fato de ser judeu, além do mais, aquele sobrevivente anônimo que tínhamos descoberto, Albert e eu, num monte de cadáveres de verdade, só fazia agravar seu caso. Quer dizer: só fazia agravar meu desejo de salvá-lo. Só fazia tornar mais grave esse desejo, mais carregado de angústia. Seria realmente um absurdo — intolerável, bem mais — que ele tivesse sobrevivido a toda aquela morte, que a tivesse vivido até o fim, até tamanho horizonte de solidão, com tanta força obstinada, visceral, para sucumbir logo agora.

Eu podia facilmente imaginar seu itinerário, nesses últimos anos. Sua deportação, sua chegada a Auschwitz, o acaso da seleção que o fizera ficar do lado dos que escaparam, a sobrevivência igualmente casual, a evacuação do campo diante do avanço do Exército Vermelho, a interminável viagem pela Alemanha hibernal, as rachaduras do frio queimando, as mordidas da fome. Ele chegara a Buchenwald no momento mais dramático de sua longa história: a superlotação deixava os presos empilhados nos blocks e nos barracões. Mais uma vez as rações cotidianas tinham sido reduzidas. E o Pequeno Campo, onde amontoavam os judeus sobreviventes de Auschwitz, era pior que tudo. Viver no Pequeno Campo de Buchenwald, no último inverno da guerra, era um pesadelo. Sobreviver, só por milagre.

Eu imaginava facilmente a demorada agonia do judeu húngaro que eu apertava em meus braços, com a primavera de volta, a liberdade recuperada, tentando mantê-lo em vida. As forças que abandonam você, os movimentos cada vez mais difíceis, cada passo tornando-se um sofrimento, um esforço sobre-humano. Eu os vira, os seus semelhantes, os seus irmãos, nos barracões do Pequeno Campo, nas barracas e nos hangares que haviam instalado para remediar, na medida do possível, a falta de espaço, naquele inverno. Eu os vira no galpão das latrinas, nas salas da enfermaria, atônitos, mexendo-se com infinita lentidão, espécies de cadáveres vivos, seminus, com intermináveis pernas esqueléticas, agarrando-se nas estacas dos estrados, para irem andando passo a passo, num movimento imperceptível de sonâmbulos.

Nunca, mais tarde, toda uma vida mais tarde, nem mesmo sob o sol de Saint-Paul-de-Vence, numa paisagem afável e civilizada que trazia a marca vivificante do trabalho humano, nunca, no terraço da Fundação Maeght, na nesga de céu e de ciprestes entre os muros de tijolos cor-de-rosa de Sert, nunca eu poderia contemplar as figuras de Giacometti sem me lembrar dos estranhos passantes de Buchenwald: cadáveres ambulantes na penumbra azulada do barracão dos contagiosos; coortes imemoriais ao redor do galpão das latrinas do Pequeno Campo, tropeçando no chão calcetado, enlameado desde a primeira chuva, inundado com o degelo das neves, movendo-se a passos contados — o quanto a expressão banal, lugar-comum, enfiando-se de improviso no texto, assume aqui um significado carregado de aflição: contar os passos, de fato, contá-los um por um para poupar as próprias forças, para não dar um passo a mais, cujo preço a pagar seria alto; pôr um passo dentro do outro, arrancando os tamancos presos na lama, na força da gravidade do mundo que lhe puxa pelas pernas, que o gruda no nada! —, movendo-se a passos contados até o galpão das latrinas do Pequeno Campo, lugar de encontros possíveis, de palavras trocadas, lugar estranhamente caloroso apesar do bafo repugnante das urinas e das defecações, refúgio último do humano.

Nunca, mais tarde, toda uma vida mais tarde, eu poderia evitar o instante de emoção — não falo da que é provocada pela beleza dessas figuras, esta não precisa de explicação: é evidente, no primeiro grau —, de emoção retrospectiva, moral, não só estética, que em qualquer lugar provocaria a contemplação dos passantes de Giacometti, nodosos, com o olhar indiferente erguido para céus indecisos, infinitos, deambulando num passo incansável, vertiginosamente imóvel, rumo a um futuro incerto, sem outra perspectiva ou profundidade que não a criada por seu próprio andar cego mas obstinado. Insidiosamente eles me trariam à lembrança, em qualquer circunstância, mesmo a mais alegre, a recordação das silhuetas de outrora, em Buchenwald.

Mas não quero viver a morte desse judeu anônimo, talvez húngaro. Seguro-o nos braços, falo baixinho em seu ouvido. Conto-lhe a história do jovem soldado alemão que cantava "La paloma" e que matamos, Julien e eu. Mas não menciono Julien, menciono Hans. Começo a inventar nesse exato instante Hans Freiberg, meu amigo judeu imaginário, meu judeu combatente, para fazer companhia a esse agonizante, a esse judeu anônimo que eu gostaria de ver sobrevivendo à própria morte. Conto-lhe a história de Hans, que acabo de inventar, para ajudá-lo a viver, em suma.

Chega Albert, justamente. A passos largos, com dois padioleiros do *Revier*.

Uma hora depois, estamos sentados ao sol, no pequeno bosque que fica do lado de lá do *Revier*. Fitamos a planície da Turíngia sob o sol de abril. Graças à sua matrícula, Albert identificou o recitante do kaddish que deixamos em mãos de um médico francês, na enfermaria. É um judeu de Budapeste e não é impossível que consiga sair dessa, disse o médico francês.

Albert está felicíssimo por ter talvez salvado um dos seus compatriotas.

— Você sabe quem é André Malraux, Albert? — pergunto-lhe. — Um escritor...

Ele se vira para mim, com o olhar feroz, com um gesto de indignação. Interrompe-me, furioso.

— Está zombando de mim? — grita. — Esqueceu que estive na Espanha, nas Brigadas?

Não esqueci, nunca soube. Digo-lhe:

— Primeira novidade.

— Mas claro que sim — exclama. — Trabalhei no estado-maior de Kléber.

"Kléber" era um pseudônimo, é óbvio.

— Foi por isso que Kaminski me convidou para a reunião dele, no inverno passado...

— Justamente — digo-lhe, todo excitado —, foi por causa dessa reunião que pensei em Malraux!

Albert me olha, espera a continuação.

Uns meses antes, em pleno inverno, Kaminski viera me encontrar no meu local de trabalho, o escritório do *Arbeitsstatistik*. Era antes da chamada da noite. Kaminski era um ex-combatente das Brigadas Internacionais na Espanha. Falava um castelhano muito razoável. Marcamos um encontro para dois dias depois. Uma reunião importante, dissera-me, misterioso.

Dois dias depois era um domingo.

Era só no domingo à tarde, uma vez feita a chamada, que podíamos nos encontrar, aproveitando as poucas horas de folga dominical. Atravessei o campo debaixo de turbilhões de neve. Entrei no recinto do *Revier*, a enfermaria. Num barracão afastado, havia uma sala a caminho do subsolo, para as doenças contagiosas: lazareto dentro do lazareto. Os ss, médicos ou guardas, fugiam como o diabo da cruz, pode-se de fato dizer, dessa sala dos contagiosos. Tinham obsessão de higiene, de limpeza, de corpos limpos e vigorosos da raça superior. A fobia do contágio fazia desse barracão do *Revier* um local preservado ao extremo, praticamente invulnerável.

Ludwig G. era o responsável pelo pavilhão dos contagiosos. Usava, costurado no seu casaco, o triângulo verde dos presos comuns, mas era um comunista alemão. Alguma sombria história do passado, um feito ou uma desfeita, perpetrada pelo bem da causa, nos anos 30, tinha sido julgada por um tribunal comum. Preso comum, portanto, triângulo verde. Impossível saber que profissão ele exercera, antes, lá fora. Nunca falava de seu passado. Liberal, talvez, a julgar pela extensão de seu conhecimento. Fisicamente, era uma figura miúda, aparência frágil, gestos vivos, dotada de um olhar espantosamente sereno e refletido. Triste também, como tudo o que é sereno e refletido. Seu perfil era aquilino. Mais tarde, na banalidade da vida de depois, nunca encontrei Roger Vailland sem me lembrar de Ludwig G.

Atravessei o campo, naquele domingo, debaixo dos turbilhões de neve, entrei no recinto do *Revier*. Na porta do barracão dos isolados, bati a sola de minhas botas no suporte de ferro previsto para isso, à direita da escadaria. A ordem SS exigia que caminhássemos dentro dos barracões com sapatos limpos. Nos dias de chuva e de lama, não era fácil conseguir. Nos dias de neve abundante, bastava bater a sola das botas ou dos tamancos naquele suporte metálico para soltar os flocos aglomerados.

Kaminski reunira naquele dia um punhado de militantes de diversas nacionalidades. Nós todos nos conhecíamos: todos fazíamos parte do aparelho comunista clandestino de Buchenwald.

Jürgen Kaminski nos reunira para escutar um sobrevivente de Auschwitz: um judeu polonês sobrevivente de Auschwitz, chegado num dos comboios de evacuação daquele inverno. Instalamo-nos no cubículo que era a propriedade privada de Ludwig G., no final do subsolo reservado aos contagiosos. Kaminski nos explicou quem era aquele homem, de onde vinha. Em Auschwitz, disse-nos Kaminski, aquele homem trabalhara no *Sonderkommando*. Não sabíamos o que era o *Sonderkommando* de Auschwitz. Eu, pelo menos, não sabia. Em Buchenwald, não havia *Sonderkommando*, só havia um *Sonderbau*. *Sonder*, com certeza se sabe, é um adjetivo alemão que significa "particular", "separado", "estranho", "especial"... Coisas desse tipo. O *Sonderbau* de Buchenwald era um edifício especial, de fato, talvez até estranho: era o bordel. Mas o *Sonderkommando* ou kommando especial de Auschwitz, eu não sabia o que era. Entretanto, não fiz perguntas. Imaginei que depois compreenderia de que se tratava. Com razão, aliás. Compreendi perfeitamente bem de que se tratava, depois. Tratava-se das câmaras de gás de Auschwitz, do kommando especial que se dedicava a evacuar as vítimas das câmaras de gás e transportá-las para os fornos crematórios anexos onde seus cadáveres eram queimados.

Antes que eu tivesse entendido isso, de que se tratava, Kaminski nos explicara que os SS haviam fuzilado periodicamente, sistematicamente, os membros das equipes sucessivas do *Sonderkommando*. Este pertencia a um pequeno grupo de sobreviventes que deviam a vida à desordem do campo nas últimas semanas, com a aproximação das tropas soviéticas.

Em seguida, pediu ao sobrevivente do *Sonderkommando* de Auschwitz que falasse para nós.

Não me lembro do nome desse judeu polonês. Não me lembro sequer se tinha um nome. Quer dizer: não me lembro mais se Jürgen Kaminski nos mencionou seu nome. Em todo caso, lembro-me de seu olhar. Seus olhos eram de um azul glacial, como o fio cortante de um vidro quebrado. Em todo caso, lembro-me da postura do seu corpo. Ele estava sentado numa cadeira, bem ereto, bem teso, as mãos postas sobre os joelhos, imóveis. Não mexeu as mãos durante todo o relato de sua experiência no *Sonderkommando*. Em todo caso, lembro-me de sua voz. Ele falava em alemão, correntemente, com uma voz áspera, meticulosa, insistente. Às vezes, sem motivo aparente, sua voz engrossava, enrouquecia, como se de súbito fosse traspassada por emoções incontroláveis.

Entretanto, sequer nesses momentos de visível agitação ele mexeu as mãos postas sobre os joelhos. Não mudou a posição de seu corpo em cima da cadeira dura e reta. Era apenas em sua voz que se manifestavam as emoções fortes demais, como vagas sísmicas que viessem agitar a superfície de uma água aparentemente calma. O receio de não acreditarmos, talvez. De não o escutarmos, inclusive. Mas ele era perfeitamente crível. E o escutávamos muito bem, esse sobrevivente do *Sonderkommando* de Auschwitz.

Eu compreendia a sua angústia, porém.

Olhava-o, na sala do semi-subsolo dos contagiosos, e compreendia sua angústia. Parecia-me compreendê-la, pelo menos.

É que todos os massacres da história tiveram sobreviventes. Quando os exércitos destruíam a ferro e a fogo as cidades conquistadas, havia sobreviventes. Judeus sobreviviam aos pogroms, mesmo os mais selvagens, os mais assassinos. Curdos e armênios sobreviveram aos massacres sucessivos. Houve sobreviventes em Oradour-sur-Glane. Por todo lado, ao longo de todos os séculos, mulheres com olhos profanados e turvos para sempre por visões de horror sobreviveram ao masssacre. Elas contariam. A morte como se você estivesse presente: elas haviam estado.

Mas não havia, nunca haverá sobrevivente das câmaras de gás nazistas. Nunca ninguém poderá dizer: eu estava lá. Estava por perto, ou antes, ou ao lado, como os sujeitos do *Sonderkommando*.

Daí a angústia de não ser crível, justamente porque não se ficou lá, porque se sobreviveu. Daí o sentimento de culpa de alguns. De constrangimento, pelo menos. De interrogação angustiada. Por que eu, viva, vivo, no lugar de um irmão, de uma irmã, de uma família inteira, talvez?

Escutava o sobrevivente do *Sonderkommando* e me parecia poder compreender a angústia que por momentos embargava a sua voz. Ele falou muito tempo, nós o escutamos em silêncio, imóveis no horror lívido de seu relato. De repente, quando Ludwig G. acendeu uma luz, tomamos consciência da escuridão que já nos envolvia desde algum tempo, pois caíra a noite hibernal. Havíamos mergulhado corpo e alma na noite daquele relato, sufocados, tendo perdido toda noção de tempo.

— É isso — disse Kaminski.

Compreendemos que o relato estava terminado, que a luz reacesa significava o fim desse testemunho. Fim provisório, talvez, aleatório inclusive, de tal maneira era evidente que o relato poderia ter se prolongado indefinidamente, até o esgotamento de nossa capacidade de escuta.

— Nunca se esqueçam — acrescentou Kaminski, com voz sombria e severa. — A Alemanha! É meu país que é culpado, não nos esqueçamos!

Fez-se silêncio.

O sobrevivente do *Sonderkommando* de Auschwitz, aquele judeu polonês que não tinha nome porque podia ser um judeu polonês qualquer, inclusive um judeu qualquer de qualquer lugar, a bem da verdade, o sobrevivente de Auschwitz permaneceu imóvel, com as mãos espalmadas em cima dos joelhos: estátua de sal e de desesperança da memória.

Nós também permanecemos imóveis.

Fazia longos minutos que eu pensava no último romance de André Malraux. Escutava o relato das câmaras de gás de Auschwitz e me lembrava do último romance de Malraux, *La lutte avec l'ange*. Em 1943, semanas antes de eu ser preso, exemplares da edição suíça haviam chegado a Paris. Michel H. conseguira um, que pude ler. Debatemos o livro com paixão.

O essencial da obra de Malraux é uma meditação sobre a morte, uma seqüência de reflexões e de diálogos sobre o sentido da vida, por conseguinte. Em *La lutte avec l'ange* — romance inacabado, do qual só foi publicada a primeira parte, *Les noyers de l'Altenburg* —, essa reflexão alcança um de seus pontos extremos, de significado mais intenso, com a descrição do ataque de gases desfechado em 1916 pelos alemães, no front russo do Vístula.

No fim de sua vida, em *Le miroir des limbes*, Malraux retomou certos fragmentos do romance inacabado para integrá-los nos seus escritos autobiográficos. Sempre me pareceu uma empreitada fascinante e faustuosa, essa de Malraux retrabalhando a matéria de sua obra e de sua vida, esclarecendo a realidade pela ficção e esta pela densidade de destino daquela, para salientar-lhe as constâncias, as contradições, o significado fundamental, freqüentemente oculto, enigmático ou fugidio.

Com certeza, para conseguir isso é preciso ter uma obra e ter uma biografia. Os profissionais da escrita, cuja vida se resume e se consome na própria escrita, que não têm outra biografia a não ser a de seus textos, seriam um tanto incapazes. A própria empreitada deve parecer-lhes extravagante. Talvez indecente.

Mas não emito aqui um juízo de valor. Não pretendo saber o que é melhor ou menos bom. Limito-me a uma constatação, à proclamação de uma evidência.

Em *Le miroir des limbes*, Malraux disse por que, durante um período no hospital, em que esteve muito perto da morte, pareceu-lhe necessário retomar esse fragmento de um antigo romance.

"Já que trabalho talvez em minha última obra", disse ele, "retomei de *Les noyers de l'Altenburg*, escrito há trinta anos, um dos acontecimentos imprevisíveis e perturbadores que parecem as crises de loucura da história: o primeiro ataque alemão com gases, em Bolgako, à beira do Vístula, em 1916. Ignoro por que o ataque do Vístula faz parte do *Miroir des limbes*, sei que ali estará. Poucos 'temas' resistem à ameaça de morte. Este põe em jogo o enfrentamento da fraternidade, da morte — e da parte do homem que procura hoje seu nome, que decerto não é o indivíduo. O sacrifício prossegue com o Mal mais profundo e o mais velho diálogo cristão: desde esse ataque ao front russo, sucederam-se Verdun, a iperita de Flandres, Hitler, os campos de extermínio..."

E Malraux conclui: "Se reencontro isso, é porque busco a região crucial da alma onde o Mal absoluto opõe-se à fraternidade".

Mas naquela tarde de inverno, um domingo, em 1945, na sala dos contagiosos da enfermaria de Buchenwald, ainda não conheço, evidentemente, essa reflexão de André Malraux sobre o significado profundo de seu próprio livro. Simplesmente, li *La lutte avec l'ange* semanas antes de ser preso pela Gestapo em Épizy, arredores de Joigny. Conversei longamente sobre o livro com Michel H. Nossa impressão era de que o romance, em aparente ruptura de forma e fundo com toda a obra anterior, prolongava, porém, no essencial, a meditação que constitui a substância do questionamento existencial de Malraux, e em particular a de certos grandes diálogos de *L'espoir*. Daquele, por exemplo, entre Scali e o velho Alvear, no momento da batalha de Madri.

Por isso me lembrei de Michel H.

Ludwig acabava de acender uma luz, no cubículo envidraçado que ocupava na sala dos contagiosos. Eu via na penumbra azulada as fileiras de estrados onde se deitavam os doentes, seminus. Via-os se mexerem, ocasionalmente, com movimentos de infinita lentidão, dando a impressão de estarem constantemente prestes a desmoronar.

Lembrei-me de Michel H., de *La lutte avec l'ange*, do outono de 1943 na floresta de Othe, do Tabou, um maqui ao norte de Semur-en-Auxois.

Um mês depois de ser preso, quando a Gestapo cansara e desistira de me interrogar, fui convocado pela *Feldgendarmerie* de Joigny. Reencontrei o salão da casa do velho centro da cidade onde eu fora interrogado no primeiro dia. A harpa continuava ali, esquecida num canto. Já descrevi esse lugar, parece-me, essa primeira experiência da tortura. No jardim inclinado, todo gramado, as árvores ainda estavam com folhas, amarelas e vermelho-douradas.

Conduziram-me até uma mesa onde estavam colocados diversos objetos. Fiquei com o coração na mão. Ou meu sangue fugiu das veias. Ou caí de quatro. Ou perdi o fôlego: qualquer uma dessas expressões banais se encaixaria muito bem.

Pois vi em cima da mesa a velha carteira de notas de couro de Michel H., que eu conhecia bem. Um molho de chaves, que também reconheci. E, depois, alguns livros, empilhados. Fechei os olhos, lembrei-me dos títulos daqueles livros que Michel e eu carregávamos em nossas mochilas, nos últimos tempos. Nelas também carregávamos pedaços de *plastic*, o explosivo cujo cheiro persistente, enjoativo, acabou entranhado nas páginas de nossos livros.

Reabri os olhos para escutar o suboficial da *Feld* me perguntar se eu conhecia Michel. Disse-me o seu nome, Michel, e depois o seu nome verdadeiro. Abriu a carteira de notas e pôs os documentos de identidade de Michel em cima da mesa. Estico a mão, pego a carteira de identidade de Michel, olho sua fotografia. O *Feldgendarme* parece surpreso, mas não reage. Olho o retrato de Michel.

— Não — digo. — Não conheço.

Penso que Michel está morto. Se estivesse vivo, era com ele que teriam me acareado, e não só com seus documentos de identidade e seus objetos pessoais. Michel morreu em alguma emboscada e os sujeitos da *Feld* tentam obter informações sobre essa morte.

— Não, não me diz nada.

Jogo os documentos em cima da mesa, dando de ombros.

Mas o suboficial continua a fazer perguntas que não casam com a hipótese da morte de Michel. Perguntas absurdas se Michel morreu e se seu cadáver está com eles, como indicaria o fato de estarem com os seus documentos de identidade.

Tem alguma coisa que não casa com a idéia da morte, em todas essas perguntas. Quem sabe prenderam Michel e ele conseguiu fugir?

Volto a ter esperança.

Em Buchenwald, um ano e meio depois, no barracão dos contagiosos, lembrei-me daquele dia de outono. Entre os livros empilhados em cima da mesa da *Feldgendarmerie* de Joigny, na certa havia *La lutte avec l'ange*. Talvez também *L'espoir*. E a recentíssima tradução de um ensaio de Kant, *A religião nos limites da simples razão*. Não tive meios de verificar, mas eram os livros que carregávamos nos últimos tempos, Michel e eu, em nossas mochilas impregnadas do cheiro enjoativo do *plastic*.

Então, no silêncio que se seguiu ao relato do sobrevivente de Auschwitz, cujo horror pegajoso ainda nos impedia de respirar com facilidade, pareceu-me que uma estranha continuidade, uma coerência misteriosa mas fulgurante governava o curso dos acontecimentos. De nossas conversas sobre os romances de Malraux e o ensaio de Kant, no qual se elabora a teoria do Mal radical, *das radikal Böse*, até o relato do judeu polonês do *Sonderkommando* de Auschwitz — passando pelas conversas dominicais do block 56 do Pequeno Campo, em torno de meu mestre Maurice Halbwachs —, era uma idêntica meditação que se articulava imperiosamente. Uma meditação, para dizê-lo com as palavras que André Malraux só escreveria trinta anos mais tarde, sobre "a região crucial da alma onde o Mal absoluto opõe-se à fraternidade".

Estamos sentados ao sol, Albert e eu, no pequeno bosque que cerca as barracas do *Revier*, depois de pôr em segurança o judeu de Budapeste. Ele cantava o kaddish com voz sombria e rouca, de além-túmulo: ressuscitou.

Contemplamos a planície da Turíngia sob o sol de abril.

Há silêncio entre nós, por enquanto. Mastigamos uns fiapos de capim. Não pude mencionar a Albert essa frase de Malraux, é evidente: ele ainda não a escrevera. Mencionei *La lutte avec l'ange*. Contei-lhe o episódio do ataque alemão com os gases, em 1916, no front do Vístula, que constitui o núcleo tenebroso do romance. Albert ficou impressionado com a coincidência, surpreendente mas cheia de significado, a estranha premonição romanesca que levou Malraux a descrever o apocalipse dos gases de combate no momento exato em que o extermínio do povo judeu nas câmaras de gás da Polônia começava a ocorrer.

— Você sabe que fim ele levou, Malraux? — pergunta-me Albert, após esse longo silêncio.

Há uma aldeia, a algumas centenas de metros, na planície da Turíngia. Eles certamente têm uma vista fantástica para o campo, os habitantes dessa aldeia da Turíngia. Pelo menos para as construções do alto do Ettersberg: o crematório, a torre de controle, a cozinha.

Sim, sei que fim levou Malraux.

Ao menos, sei o que me disse Henri Frager, o chefe da Jean-Marie Action, o chefe da minha organização. Frager me disse, durante uma de nossas primeiras conversas dominicais, após sua chegada a Buchenwald, no verão de 1944, que Malraux acabava de assumir o comando de uma região de maquis, no centro da França. "Ele atua com o nome de coronel Berger", disse-me Frager.

Caí na gargalhada, ele me perguntou a razão. "Berger" era o nome do herói de seu último romance, expliquei. Mas Frager não conhecia *La lutte avec l'ange*. Não se podia recriminá-lo por isso. Ele formara e dirigia uma das organizações Buckmaster mais ativas da França, suas lacunas literárias podiam lhe ser perdoadas.

Aliás, era por suas ligações orgânicas com as organizações britânicas Buckmaster que Frager tinha notícias de Malraux. Os dois irmãos deste, saídos de um segundo leito — reproduzo aqui, fielmente, a expressão de Frager, que não poderia me ser facilmente atribuível —, Claude e Roland Malraux, portanto, saídos de um segundo leito do pai, Fernand Malraux, tinham trabalhado na Resistência com a organização Buckmaster. Ambos haviam sido presos alguns meses antes, na primavera de 1944.

Refiro-me a uma conversa com Henri Frager que ocorreu no final daquele verão, após a libertação de Paris. Segundo Frager, foi a detenção de seu meio-irmão, Roland, que decidira Malraux a assumir um papel na Resistência ativa.

Mas não conto todos esses detalhes a Albert, seria longo demais. Confuso demais para ele, também. Digo-lhe simplesmente que Malraux virou o coronel Berger. O que não chega a espantá-lo: ele já havia sido coronel, na Espanha.

Em seguida, mantemos o silêncio.

Mantemo-lo preciosamente, até. Depois do barulho e da fúria das últimas semanas de Buchenwald, depois do canto rouco do kaddish, ainda há pouco, mantemos entre nós, sob o sol de abril, entre as árvores que reverdecem no pequeno bosque que ladeia a enfermaria, o bem precioso desse silêncio fraterno. Contemplamos a planície da Turíngia, as aldeias sossegadas da planície da Turíngia. Fumaças calmas sobem dali, domésticas.

Não são fumaças de crematório.

3

A LINHA BRANCA

Parei, olhei as grandes árvores, do lado de lá do arame farpado. Tinha sol sobre a floresta, vento nas árvores. Um som musical brotou de repente, do outro lado da praça de chamada. Uma melodia de acordeom, em algum lugar por ali. Não era uma música de baile, de valsa popular. Era outra coisa muito diferente: uma melodia de acordeom tocado por um russo, com certeza. Só um russo era capaz de tirar desse instrumento tamanha sonoridade, frágil e violenta, uma espécie de valsa-tempestade: estremecimento das bétulas ao vento, dos trigais na estepe sem fim.

Dei mais alguns passos. A praça de chamada estava deserta, vasta sob o sol. Olhei Stalin, que parecia estar ali à minha espera.

Seu retrato, pelo menos.

Já no dia seguinte da libertação, 12 de abril, de volta ao campo após a noite em armas pela floresta vizinha, havíamos encontrado Stalin. Seu retrato florescera durante a noite, fiel e gigantesco. Exibia-se no frontispício de um dos barracões dos prisioneiros soviéticos, num canto da praça de chamada, do lado da cantina.

Stalin contemplara nossa volta, impassível. Não faltava nenhum pêlo em seu bigode. Nenhum botão na sua túnica impecável de Generalíssimo. Durante a noite, uma primeira noite de liberdade ainda precária, artistas anônimos e fervorosos haviam desenhado aquele retrato gigantesco: três metros por cinco, no mínimo. De uma semelhança gritante, preocupante.

Assim, jovens russos — todos os russos de Buchenwald, aliás, eram jovens — haviam sentido a necessidade imperiosa de dedicar suas primeiras horas de liberdade a pintar o retrato de Stalin, imenso e realista: surrealista, até, de tanto realismo. Como quem ergue um totem na entrada de uma aldeia primitiva, os russos haviam erguido acima de uma de suas barracas a imagem tutelar do Generalíssimo.

Naquela manhã — não a de 12 de abril, entendamo-nos, que foi o dia em que encontrei Stalin: uma outra manhã qualquer, entre 14 e 19 de abril, dias para os quais tenho referências precisas —, naquela manhã da qual estamos tratando, fui arrancado do sono pela chamada de meu nome, insistente.

Uma voz no alto-falante, ríspida, imperativa, era minha impressão, gritava meu nome. No sobressalto do despertar, tive alguns segundos de confusão mental. Pensei que ainda estávamos submetidos às ordens dos SS, à ordem SS. Pensei, num lampejo de consciência, apesar das brumas do despertar em sobressalto, que os SS me convocavam à porta do campo. Por via de regra, não era bom sinal ser chamado para se apresentar à porta de Buchenwald. Henri Frager foi chamado assim, umas semanas antes, e nunca mais voltou.

Mas, dessa vez, à chamada de meu nome não seguia a injunção de praxe: *Sofort zum Tor!* Não me convocavam à porta de entrada do campo, debaixo da torre de controle, convocavam-me à biblioteca. E, além disso, a voz não dizia meu número de matrícula, dizia meu nome verdadeiro. Não chamava o preso 44 904 — *Häftling vierundvierzigtausendneunhundertvier*, chamava o camarada Semprun. Eu não era mais *Häftling*, mas *Genosse*, na voz do alto-falante.

Então, acordei de vez.

Meu corpo relaxou. Lembrei-me de que estávamos livres. Invadiu-me uma espécie de violenta felicidade, um arrepio de toda a alma. Lembrei-me de que eu tinha planos para aquele dia que começava. Não só o plano global, um pouco absurdo, ou pelo menos exagerado, de sobreviver mais aquele dia. Não, planos precisos, talvez mais limitados, que faziam sentido, porém, enquanto o outro era insensato.

Meu plano era sair do campo, andar até a aldeia alemã mais próxima, a algumas centenas de metros, na planície fértil e verde da Turíngia. Foi o que comentei na véspera com alguns colegas. Pensávamos que devia haver uma fonte, naquela aldeia alemã. Tínhamos vontade de beber uma água fresca e pura, a do campo era repugnante.

Tinha ainda outros planos para aquele dia que começava, cujos rumores eu observava preguiçosamente, deitado no meu colchão de crina, num dormitório do block 40.

Jiri Zak anunciara-me que iam fazer uma *jam session*, assim, sem quê nem porquê, para se divertir, entre eles, os músicos de jazz que Zak juntará naqueles dois últimos anos. Ele mesmo ficava na bateria. No sax, era Markovitch, um sérvio realmente talentoso. O pistom era um norueguês, simplesmente genial. Quando tocava "Stardust", deixava-nos de pele arrepiada. Os ss, é claro, não sabiam da existência da banda de jazz, cujos instrumentos tinham sido tirados ilegalmente do armazém central, o *Effektenkammer*. É bom que se diga que os velhos comunistas alemães também não gostavam dessa música bárbara. Mas não lhes pedimos licença para criar esse grupo de jazz. Eles agüentavam, resmungando.

Prestei atenção na convocação que me era feita pelo circuito dos alto-falantes. Com voz zangada, o responsável pela biblioteca do campo pedia-me que levasse os três livros que ainda estavam em meu poder. Esperava-me naquela manhã, sem falta. Os livros precisavam voltar naquele mesmo dia para a biblioteca, dizia ele.

Para ser franco, eu pretendia guardar esses livros. Não era particularmente apegado a recordações, mas eram livros que podiam ser aproveitados. Aos quais eu ainda pretendia recorrer. Na verdade, não me passara pela cabeça devolvê-los. Primeiro, porque ainda podiam me ser úteis. E também porque o futuro da biblioteca do campo não me interessava, nem um pouco. Por que aqueles livros teriam de voltar para uma biblioteca que estava fadada a desaparecer?

Parece que eu estava redondamente enganado. Parece que eu vivia nas nuvens. Com certa irritação, Anton — este é o nome que resolvi dar ao bibliotecário — explicou-me que eu estava sonhando. Por que a biblioteca de Buchenwald desapareceria?

Porque o campo ia desaparecer, ora essa!

Era uma resposta marcada com o cunho do bom senso. Não parecia, porém, convencer Anton, que me olhava, balançando a cabeça.

Estávamos na ante-sala da biblioteca. Um aposento minúsculo, nu. De um lado, uma porta dava para o corredor do block 5. Nas extremidades desse corredor ficavam as salas da secretaria, a *Schreibstube*, e do *Arbeitsstatistik*, onde eu trabalhara. No fundo do cubículo, uma porta com um guichê permitia ao bibliotecário comunicar-se com os deportados que vinham pegar livros emprestados. Estávamos ali, os dois, Anton e eu, um de cada lado do guichê.

Depositei em cima do balcão de madeira os três livros da biblioteca que ele me pedira para devolver com urgência.

— Por quê? — ele me pergunta.

Reparo, subitamente, que está com um olhar de sonso.

— Por que o quê?

— Por que o campo deveria desaparecer? — ele esclarece.

— Daqui a alguns dias, na pior das hipóteses algumas semanas, Hitler terá sido derrotado — digo-lhe. — Com o nazismo desaparecendo, os campos desaparecerão junto.

Uma espécie de gargalhada silenciosa agita seu tronco, seus ombros. Ele ri loucamente, mas sem alegria.

Pára de repente, dá-me uma lição.

— O fim do nazismo não será o fim da luta de classes! — exclama, peremptório e pedagógico.

Agradeço-lhe, cortês.

— Obrigado, Anton! — digo. — Obrigado por me lembrar verdades primeiras!

Ele fica cheio de si, não entendeu que estou caçoando.

— Donde devemos concluir que não há sociedade de classes sem campo de concentração? — pergunto.

Ele me lança um olhar circunspecto, desconfiado até. Está refletindo, seu rosto fica imóvel. Visivelmente, receia alguma cilada dialética.

— Pelo menos, não há sociedade de classes sem repressão! — avança com cautela.

Balanço a cabeça.

— Sem violência, melhor dito. É um conceito mais preciso e mais universal.

Provavelmente está matutando aonde é que eu quero chegar.

Mas não quero chegar a lugar nenhum. Tento, muito simplesmente, repelir a idéia que suas palavras sugerem. A idéia de que o fim do nazismo não será o fim do universo dos campos de concentração.

— Você não gosta da palavra *repressão* — diz Anton. — No entanto, é a palavra correta. Não acha que será preciso reprimir, de uma forma ou de outra, todos os ex-nazistas? Reprimir e reeducar...

Não consigo deixar de rir.

No sistema SS, Buchenwald era também um campo de reeducação: *Umschulungslager.*

— Precisaremos de campos como este para essa missão — diz, com um jeito afirmativo. (Olha-me, um pouco careteiro.) — Essa idéia não o agrada, está na cara! O que você gostaria que se fizesse com Buchenwald? Um lugar de peregrinação, de recolhimento? Uma colônia de férias?

— Tudo menos isso! Gostaria que o campo fosse abandonado à erosão do tempo, da natureza... Que fosse engolido pela floresta...

Ele me olha, boquiaberto.

— Merda, não! Que desperdício!

Torno a pegar um dos livros que havia posto em cima do balcão. A *Lógica* de Hegel, na sua versão curta, a da *Encyclopédie des sciences.*

— Vão precisar de livros como este, Anton, para a reeducação dos ex-nazistas?

Ele olha o título do volume, faz um gesto melancólico.

— Você tem umas leituras curiosas, confesse! Ontem, quando me deparei com as fichas dos livros que você não tinha devolvido, percebi isso... Hegel, Nietzsche, Schelling... Exclusivamente filósofos idealistas!

Lembro-me das conversas dominicais, em volta do estrado de Maurice Halbwachs.

— A leitura de Schelling me ensinou muito — digo-lhe.

Ele se espanta com minha voz surda, dá de ombros, resmungando.

— Mesmo assim, é uma escolha esquisita!

Está com um aspecto consternado: realmente, eu lhe dou pena.

— Não vou deixar esses livros no catálogo... *A vontade de poder* não me parece uma leitura indispensável — afirma.

Parece-me compreender que sonha em ficar ali, naquele mesmo posto de bibliotecário, naquela mesma biblioteca, naquele mesmo campo.

— Como? — pergunto. — Você vai ficar aqui? Não vai voltar para casa?

Faz um gesto vago.

— Não há mais casa, nem mais família... Todos mortos para o Führer! Uns, voluntários, outros, a contragosto... Mortos assim mesmo... É aqui que serei mais útil para uma Alemanha nova...

Arrependo-me profundamente de ter levado os livros. Deveria tê-los guardado, não ceder à mania de ordem e de continuidade daquele velho comunista.

— Bem — diz Anton.

Pega os três volumes em cima do balcão, um segundo antes que eu esboce o gesto de agarrá-los de novo.

— Enquanto isso — prossegue —, vou devolvê-los ao seu lugar.

Vendo-o partir para o fundo da biblioteca, e logo escondido pelas estantes, pergunto-me se ali Nietzsche e Hegel estão de fato em seu lugar. E Schelling? O volume avulso de suas obras que havia na biblioteca de Buchenwald continha o ensaio sobre a liberdade, no qual Schelling explora o fundamento do humano. Fundamento obscuro, problemático, mas, escreve ele, "sem essa obscuridade prévia, a criatura não teria nenhuma realidade: a treva é necessariamente o seu quinhão".

Certos domingos, em pé, apoiado no estrado onde Maurice Halbwachs agonizava, parecera-me de fato que a treva era necessariamente nosso quinhão. A treva do mistério da humanidade do homem, destinada à liberdade do Bem como à do Mal: moldada com essa liberdade.

Eu olhava Anton se afastar e indagava se essa idéia de Schelling seria de alguma utilidade para reeducar os ex-nazistas do futuro campo de Buchenwald.

A praça de chamada está deserta quando chego ali depois de conversar com Anton, o bibliotecário. Ainda me sinto constrangido por causa daquela conversa. Mas bate sol no vasto espaço suntuosamente deserto e silencioso, após tantos meses de barulho, de pressa e de solidão impossível, na efervescência maciça da vida dos campos de concentração.

Há o sopro do vento de abril nas árvores, do lado de lá das cercas de arame farpado. E uma melodia de acordeom: uma música russa, sem a menor dúvida.

Viro-me, enxergo a fileira dos barracões. Estou de novo defronte do retrato gigante de Stalin.

Alguns anos mais tarde, em 1953, por ocasião de sua morte, lembrei-me de seu retrato de Buchenwald.

Pablo Picasso acabava de ser brutalmente chamado à ordem pelos dirigentes do Partido Comunista Francês. Havia desenhado um Stalin moço e georgiano, com o olhar coruscante de maldade, o jeito presunçoso e aventureiro, em homenagem ao falecido. Um retrato nem um pouco respeitoso, decerto, mas cheio de vivacidade, de ironia perspicaz também: Stalin tinha mais cara de chefe de quadrilha do que de um Generalíssimo governando com mão de ferro a segunda potência mundial.

Na verdade, visto por Picasso, Stalin assemelhava-se a Nicolai, meu jovem bárbaro do block 56, mais do que a ele mesmo como Generalíssimo.

Dia 12 de abril, o primeiro dia de liberdade, depois de ver o ícone de Stalin erguido em cima do barracão dos prisioneiros de guerra soviéticos, fui até o Pequeno Campo. Não havia mais ss, mas ali a vida prosseguia como antes. Continuava-se a morrer como antes. Todos os que tinham conseguido escapar da evacuação forçada do campo continuavam a morrer como antes. Procissões silenciosas — falar cansa — e trôpegas de detidos andavam em volta do galpão das latrinas. Fantasmas maltrapilhos, escorados uns nos outros para não cair, tiritando sob o sol de primavera, dividiam com gestos meticulosos e fraternais uma guimba de *machorka*. O cheiro fecal e fétido da morte continuava a pairar sobre o Pequeno Campo, nesse dia seguinte da libertação.

Encontrei Nicolai do lado de fora do block 56. Suas botas de montaria estavam brilhando, sua túnica parecia recém-passada.

— Viu o retrato do Chefe? — ele me pergunta.

Balanço a cabeça.

— Nós o fizemos durante a noite — ele prossegue. — Em duas partes. Uma turma diferente para cada metade do retrato. De madrugada, colamos os dois pedaços...

Faz um gesto com a mão direita.

— *Prima!** — exclama.

Olha-me com um sorriso bestial.

— Agora você sabe com que se parece um *Kapo* russo — diz-me.

— Mas por que — pergunto-lhe — toda uma noite de trabalho, em vez de festejar a liberdade?

— Você se refere ao retrato do Grande *Kapo*?

— É isso — digo-lhe. — Por quê?

(*) O primeiro!

Observa-me com uma ponta de comiseração.

— E por que minha mãe pegava os ícones, na aldeia, para rezar certas noites? Quando as coisas iam realmente mal. Ela tirava seus ícones escondidos e acendia velas...

Caio na risada.

— Eu pensava que o comunismo eram os sovietes mais a eletricidade... E não os ícones mais as velas...

— Quem está falando de comunismo? — pergunta Nicolai, sinceramente surpreso.

— Se você não quer falar de comunismo, por que o retrato de Stalin?

Ele dá uma gargalhada devastadora. Olha-me e faz um gesto ofensivo, com o indicador direito na têmpora direita.

— *Durak!** — exclama. — Você nunca vai entender nada, meu chapa!

É verdade que levei muito tempo para entender. Mas, afinal, não era motivo para me deixar ser insultado. Tanto mais que, naquele dia de abril, em 1945, não era eu que havia desenhado o retrato de Stalin, que o havia pendurado no frontispício de um barracão, triunfalmente. Não seria eu que passaria minha noite a fazer aquele retrato, com certeza não seria. Estava pouco ligando para Stalin, em abril de 1945. Ainda não tinha lido uma linha sua, mal sabia quem ele era. Minhas relações com o marxismo não passavam de jeito nenhum por Stalin, na época. Este nunca surgia em nossas conversas. No domingo, certos domingos, no block 56, por exemplo, quando Maurice Halbwachs ainda estava lúcido e alegre, cheio de força intelectual, quando recapitulava conosco sua relação crítica com o marxismo, nenhum de nós sonharia em mencionar Stalin. Este ficava à margem de nossas preocupações. Só entrou na minha vida mais tarde, Stalin. São para mais tarde, os anos de glaciação parcial e partidária de meu pensamento.

Mas não tenho tempo para dizer a Nicolai que ele está exagerando. Subitamente, muda de expressão e fala comigo num tom quase baixo.

(*) Biruta!

— Quanto você quer pela sua arma?

Fixa com olhar concupiscente a metralhadora alemã que carrego pendurada de banda sobre o peito. Pois guardamos nossas armas. Os oficiais norte-americanos nos fizeram voltar para o campo, depois de nossa noite louca em plena natureza, depois da marcha até Weimar. Mas nos deixaram nossas armas. É só no dia seguinte que nos pedirão para entregá-las.

— Não quero nada — digo. — Vou guardá-la!

Tenta me convencer. Propõe-me dólares, roupas, bebida alcoólica de qualidade, garotas. Garotas? Desafio-o. Ele ri, diz que eu vou perder, se apostar. Seus homens entraram em contato com ucranianas que trabalhavam na fábrica, nos arredores de Weimar. Ele pode mandar buscar um vagão inteiro, às escondidas, para uma boa farra sem limites nem constrangimentos, em algum lugar discreto do campo.

Acredito na sua palavra, mas digo que isso não me interessa. Ou melhor, que isso me interessa, mas não a este preço. Não ao preço da minha metralhadora novinha.

Ele xinga entre os dentes, em russo. Sei o suficiente para compreender do que se trata. Sobretudo porque os palavrões russos, pelo menos os de Nicolai e dos seus colegas de Buchenwald, são bastante monótonos: referem-se sempre a ir foder a mãe, a dele ou a de um colega. Mas são sempre as mães que pagam o pato nos palavrões russos. Pelo menos nos de Buchenwald.

Deixo-o xingar tempo suficiente para que ele se sinta aliviado.

— O que é que você estava pensando em fazer com a minha metralhadora?

Ele me olha, vacilante. De repente, se decide. Fala em voz baixa.

— Os *Kapo* russos, meu chapa, eu conheço! Sei o que me espera com eles...

Fala mais baixinho ainda. É um cochicho, agora.

— Não vou voltar para casa. Vou ficar do lado de cá. Vou dar no pé dentro de uns dois ou três dias. Está tudo pronto. Somos uma turminha de companheiros. Umas mulheres nos esperam, elas também não querem ir para lá, onde vão acabar no xadrez. A gente tem grana, algumas armas. Precisaríamos de mais...

Espia minha metralhadora com um olhar amoroso. Afasto-me dele.

— Não tente pegá-la à força, Nicolai... Dou-lhe um tiro, se precisar.

Ele sacode a cabeça.

— Você é bastante imbecil para fazer isso!

Levanta-se, me estende a mão.

— Bem, até logo, vamos ficar amigos!

Mas não pego a mão que me estende. Tenho certeza de que não vai largá-la, que vai tentar me puxar para si, me dar uma gravata para me desequilibrar. Serei obrigado a usar minha arma. A tentar, pelo menos.

Afasto-me dele, aponto a metralhadora na sua direção.

— Até logo, Nicolai! Vamos ficar amigos, você tem razão!

Ele ri parecendo louco, o que não tem nada a ver com quem ri feito louco.

— Como é mesmo que você dizia? Os sovietes mais a eletricidade? Pois é, depois você me conta!

Dá-me as costas e vai embora para o block 56.

Estou na praça de chamada de Buchenwald, olho o retrato gigante de Stalin. Não entendo como Nicolai pode ao mesmo tempo ter erigido o retrato do Grande Kapo e preparado sua fuga para longe da presença tutelar deste.

É bom que se diga que, para nós, o comportamento dos russos em Buchenwald era um enigma. Que era problemático, quando nada. Não podíamos entender que aqueles jovens marginais, cheios de vitalidade individualista e cruel — pelo menos a maioria deles —, fossem os representantes autênticos de uma sociedade nova. Tivemos de construir um sistema de explicação tortuoso, levando em conta o fato de que era impensável mudar a premissa; a sociedade soviética devia obrigatoriamente ser uma sociedade nova, este era o ponto de partida: figura de retórica imposta.

Mas não era, dizíamos nós, o homem novo dessa sociedade nova que os jovens bárbaros russos de Buchenwald encarnavam. Eles eram apenas as escórias dessa nova sociedade: os detritos de um arcaísmo rural ainda não atacado nem transformado pelo movimento modernizador da revolução. Porém, ocorria-nos pensar que ainda assim ela criava um bocado de detritos, a revolução. Que produzia muitas escórias.

Se eu tivesse entendido de imediato a atitude de Nicolai, o *Stubendienst* do block 56, esse mistério da alma russa, com certeza teria me poupado um longo desvio, não sem oásis de coragem e de fraternidade, pelos desertos do comunismo. Mas provavelmente não se tratava, em 1945, de uma questão de compreensão: uma questão de desejo, bem mais. Provavelmente a ilusão de um futuro impedia-me de compreender. Ou melhor, de ter vontade de compreender, ainda que eu tivesse os meios. Provavelmente ela não me dava o desejo de compreender, mas o de desejar. E não havia nada mais desejável do que o futuro, após tanta agonia.

Mas viro-me de costas para Stalin, ou pelo menos para seu retrato. Dou alguns passos até o centro da praça de chamada.

Na plataforma da torre de controle, um soldado americano está debruçado no parapeito. Talvez esteja ouvindo a música do acordeom russo, como eu. No alto da torre, uma bandeira preta tremula a meio pau, desde o dia da libertação.

Desde a morte de Franklin D. Roosevelt.

Elle est venue par cette ligne blanche...

Murmuro o início de um poema que se chama “La liberté”.

Elle est venue par cette ligne blanche pouvant tout aussi bien signifier l'issue de l'aube que le bougeoir du crépuscule...

Sem tê-lo premeditado, minha voz se alteia, se fortalece, se enche, enquanto prossigo minha recitação:

Elle passa les grèves machinales; elle passa les cimes éventrées.
*Prenaient fin la renonciation à visage de lâche, la sainteté du mensonge, l'alcool du bourreau...**

Agora, grito a plenos pulmões, sozinho na praça de chamada, o fim do poema de René Char.

O soldado americano pega o binóculo e me olha.

Foi em 12 de abril que li pela primeira vez o poema "La liberté". Momento oportuno, era no dia seguinte da libertação de Buchenwald.

Naquele dia, acabei conversando com o jovem francês que acompanhava os dois oficiais de Sua Graciosa Majestade.

Ficamos sozinhos, sentados ao sol nos degraus de uma escadaria. Os dois britânicos estavam no salão dos arquivos SS, no primeiro andar do prédio cuja guarda me era confiada. Eu havia permitido que remexessem nas pastas. Na verdade, tinham a incumbência de descobrir o paradeiro dos agentes das redes aliadas de informações e de ação deportados pelos nazistas.

Quanto ao francês, estava encarregado de encontrar o de Henri Frager, o chefe da organização Jean-Marie Action. Ora, ocorre que eu fizera parte dessa organização, que Frager fora meu chefe. Ele havia sido preso poucos meses depois de mim, traído também. Encontrei-o em Buchenwald. Podia, portanto, poupar ao jovem oficial francês longas pesquisas inúteis. Podia anunciar-lhe que Frager estava morto. Fora fuzilado pelos alemães. Um dia, na hora da chamada geral matutina, foi convocado pela *Politische Abteilung*, a seção da Gestapo no campo. À noite, não respondeu à chamada. No dia seguinte, a *Politische Abteilung* nos enviou um comunicado oficial. "Libertado": era essa a fórmula escolhida para anunciar o destino reservado a

(*) Ela chegou por essa linha branca.../ Ela chegou por essa linha branca que tanto podia significar a vinda da aurora quanto o lusco-fusco do crepúsculo.../ Ela passou pelas praias maquinais; ela passou pelos cumes estripados./ Concluíam-se a renúncia de aparência covarde, a santidade da mentira, o álcool do verdugo...

Henri Frager, sua morte. *Entlassen*: fórmula habitual da administração nazista quando anunciava execuções individuais.

Naquele dia, fui eu que apaguei o nome de Henri Frager do fichário central do campo. Era meu trabalho, apagar os nomes. Ou escrevê-los, igualmente. Manter, de um jeito ou de outro, a ordem estrita das entradas e das saídas, das mortes e dos recém-chegados, no fichário central do campo. Pelo menos nas séries numéricas que iam de trinta mil a sessenta mil. E havia muita mudança nessas séries aí, que correspondiam sobretudo aos deportados vindos da Europa Ocidental desde o final do ano de 1943.

Eu havia apagado o nome de Henri Frager, naquele dia. Sua matrícula estava novamente disponível.

Contei tudo isso ao jovem francês, a fim de lhe evitar pesquisas inúteis nos arquivos. Em seguida, falei de minhas conversas com Henri Frager, certos domingos.

Falei dos domingos em Buchenwald.

Instintivamente, para adular os deuses com uma narração crível, para contornar as estridências de um relato verídico, tentei introduzir o jovem oficial no universo da morte por um caminho dominical: caminho arborizado, de certa maneira. Mais tranqüilo, à primeira vista. Levei-o para o inferno do Mal radical, *das radikal Böse*, por seu mais banal acesso. Em todo caso, o menos distanciado da experiência habitual da vida.

Evoquei a beleza pálida e venenosa de Pola Negri em *Mazurka*, para introduzir o jovem oficial nos mistérios dos domingos em Buchenwald.

Mazurka? O filme?

Ele levou um susto, arregalando os olhos. Senti que estava chocado. Não duvidava necessariamente da verdade de meu testemunho, mas estava chocado. Como se eu tivesse proferido uma inconveniência. Como se eu tivesse começado esse testemunho pelo lado errado, pelo avesso. Na certa esperava um relato totalmente diferente. O aparecimento de Pola Negri em Buchenwald o desconcertava. Logo percebi que ficou meio com o pé atrás. Talvez eu não fosse uma boa testemunha, uma testemunha como convém. No entanto, estava bastante satisfeito com o meu achado. Pois qualquer um poderia lhe contar o crematório, os mortos de exaustão, os enforcamentos públicos, a agonia dos judeus no Pequeno Campo, o gosto de Ilse Koch pelas tatuagens na pele dos deportados. Ao passo que Pola Negri em *Mazurka*, eu estava convencido de que ninguém pensaria em começar seu relato por aí.

Isso mesmo, disse-lhe, *Mazurka*, o filme austríaco.

Às vezes, expliquei, o comando SS organizava sessões de cinema, no domingo à tarde. Passavam comédias musicais ou sentimentais. Ou as duas ao mesmo tempo: música e sentimentos combinam facilmente. Eu me lembrava, por exemplo, de uma fita de Martha Eggerth e de Jan Kiepura. Era filmada numa paisagem de lagos de montanha e cantava-se em dueto nos barcos a remo, com pastos alpinos ao fundo. Lembrava-me também de *Mazurka*, com Pola Negri.

Eu não tinha nenhum mérito especial em me lembrar desses filmes. Primeiro, por causa do aspecto excepcional da projeção no salão do Pequeno Campo, perto do recinto da enfermaria. Mas sobretudo porque eram filmes que eu já tinha visto na minha infância.

Em Madri, nos anos 30, tínhamos professoras germânicas. Elas nos levavam, meus irmãos e eu, ao cinema, nos dias em que nos autorizavam ir ao cinema, para ver filmes em sua língua materna: alemães ou austríacos. O filme em que Jan Kiepura e Martha Eggerth cantavam nos braços um do outro, tendo ao fundo pasto alpino e paisagem lacustre, chamava-se em espanhol *Vuelan mis canciones*. Em compensação, seu título original, alemão como é de imaginar, escapa-me por completo. Minha memória privilegia a recordação de infância, em detrimento da de meus vinte anos, em Buchenwald.

À primeira vista, pareceria que a recordação de Buchenwald, da projeção na imensa barraca de madeira que servia de *Kino* — de ponto de reunião para a partida dos transferidos, também —, deveria ser mais marcante que a da infância num cinema da praça madrilena da Ópera. Pois é, nada disso: mistérios da memória e da vida.

Seja como for, o título do filme de Pola Negri não criava para a recordação nenhum problema de língua: chama-se *Mazurka* em todas as línguas.

Assim sendo, falei dos domingos de Buchenwald para o jovem oficial que trazia no peito o escudo com a cruz de Lorena. Contei-lhe os domingos a meu modo. Não só Pola Negri, é claro. Pola Negri era apenas um início de conversa. Falei das reuniões de domingo. Do bordel, que era reservado aos alemães. Do treinamento clandestino dos grupos de combate. Da banda de jazz de Jiri Zak, o tcheco da *Schreibstube*. E assim por diante.

Ele me escutou atento mas num desespero cada vez mais visível. Com certeza meu testemunho não correspondia ao estereótipo do relato de horror que ele esperava. Não me fez nenhuma pergunta, não pediu nenhum esclarecimento. No final, ficou mergulhado num silêncio constrangido. Constrangedor, também. Meu primeiro relato sobre os domingos em Buchenwald foi um fiasco completo.

Então, para nos tirar dessa situação embaraçosa, fui eu que lhe fiz perguntas. Um monte de perguntas. É bom que se diga que eu tinha quase um ano para recuperar, desde a libertação de Paris. Decerto houve acontecimentos consideráveis dos quais eu tudo ignorava. Livros tinham sido publicados, peças representadas, jornais fundados.

Mas, ao ouvir o jovem oficial — que provavelmente tentava se redimir e que agora era prolixo e exato nas respostas — parecia que, durante minha ausência, não tinham ocorrido em Paris novidades sensacionais.

Albert Camus era o homem do momento, no que não havia nada de surpreendente. *O estrangeiro* era um dos romances que mais tinham me intrigado, naqueles últimos anos. E *O mito de Sísifo* causara discussões acaloradas no círculo de minhas amizades, na época da Ocupação. Camus, portanto: normal.

André Malraux não escrevia mais, ao que parece. Teria mudado para a política. Uns meses antes, seu discurso no congresso do Movimento de Libertação Nacional teria impedido os comunistas de assumirem o controle da Resistência unificada. Em todo caso, *La lutte avec l'ange* não fora concluída. Não parecia que devesse sê-lo.

Havia Sartre, é claro. Mas Sartre já ocupava o terreno, antes. Tínhamos devorado em 1943 *O ser e o nada*, sabíamos de cor páginas de *A náusea*. Tínhamos ido em grupo assistir a *As moscas* no Sarah-Bernhardt. Tínhamos debatido no ano preparatório para a Escola Normal Superior as relações de Sartre com Husserl e Heidegger. Ótimo, um velho conhecido, Jean-Paul Sartre!

Ao lado deste, informava-me o jovem francês, meticuloso, havia Maurice Merleau-Ponty. Tudo bem, mas isso não me espantava: já tinha lido *A estrutura do comportamento*.

Havia Aragon, com a sua Elsa a tiracolo. Mas eu não tinha o menor interesse pelo Aragon dessa época. Sua poesia cívica e patrioteira da Ocupação deixara-me um tanto indiferente. (Havia *Brocéliande*, ainda assim.) Em Buchenwald, esse foi o único ponto de desacordo com meu colega Boris Taslitzky, que era um aragoniano incondicional. Eu teria de esperar um poema de seu *Nouveau crève-coeur*, a "Chanson pour oublier Dachau", para que Aragon me interessasse de novo, como poeta.

Talvez irritado em perceber que nenhuma das notícias de Paris que me contava era uma verdadeira novidade, o jovem francês me falou de Raymond Aron. Aí está algo inédito, parecia insinuar, aí está um talento original de cronista político de quem você não pode saber nada! Mas o interrompi, às gargalhadas. Raymond Aron? Eu estava careca de conhecer. Não só o lera como o conhecia pessoalmente. Em setembro de 1939, no dia da invasão da Polônia pelas tropas hitleristas, encontrara-o no bulevar Saint-Michel. Tinha quinze anos, estava com meu pai. Paul-Louis Landsberg nos acompanhava. Na esquina do bulevar com a rua Soufflot, perto da banca de jornais que havia na época defronte do Chez Capoulade, encontramos Raymond Aron. Os três homens falaram da guerra que começava, das chances de sobrevivência da democracia. Mais tarde, Claude-Edmonde Magny me fez ler a sua *Introdução à filosofia da história*.

Resumindo, isso não podia me espantar, que Raymond Aron exercesse um papel de primeira grandeza na Paris intelectual da Libertação.

Havia também os ausentes, os queridos mortos.

Jean Giraudoux morrera, eu não sabia. Morrera dois dias depois de minha chegada a Buchenwald. Eu me recordava que em Épizy, nas portas de Joigny, quando o grande filho da puta da Gestapo me abrira o crânio com uma coronhada da sua pistola automática, eu havia pensado que não poderia assistir à primeira representação pública de *Sodoma e Gomorra*, prevista para dali a umas semanas.

Giraudoux, pois, tinha morrido.

Ao escutar o jovem oficial francês, eu conjecturava por que nenhum sinal me prenunciara isso, em Buchenwald. Era pouco provável que a morte de Jean Giraudoux não tivesse provocado algum acontecimento natural à guisa de sinal prenunciador. Mas talvez tenha havido algum que eu não soube interpretar, só isso. Talvez, num dia daquele inverno, de repente a fumaça do crematório tenha ficado mais leve, mais vaporosa: flocos ligeiramente cinzentos sobre o Ettersberg para me anunciarem a morte de Giraudoux.

Não soube decifrar o sinal, só isso.

Havia outros ausentes: Brasillach fora fuzilado, Drieu la Rochelle se suicidara. Sempre preferi Drieu a Brasillach: preferi seu suicídio à morte do outro.

Resumindo, salvo algumas mortes naturais ou provocadas pelos acontecimentos, o jardim da literatura francesa não parecia ter sido devastado ou revirado. Nenhuma revelação, nenhuma surpresa de verdade: a rotina de um crescimento previsível, quase orgânico. Era surpreendente, à primeira vista, após tal cataclismo histórico, mas era assim. O que provava mais uma vez que o ritmo das maturações e das rupturas não é o mesmo na história política e na das artes e letras.

Porém, bem no final, em desespero de causa, o jovem oficial francês me falou da mais recente coletânea do poeta René Char.

Tirou da sua sacola de couro um exemplar de *Seuls demeurent*, publicado semanas antes. Era um entusiasta, e mais ainda ao verificar que finalmente me surpreendia, que eu não sabia nada de René Char.

O que me deixava envergonhado, mas eu era obrigado a reconhecê-lo.

Na manhã de 12 de abril de 1945, eu não ouvira falar dele. Pensava saber tudo, ou quase, a respeito do campo poético francês, mas desconhecia René Char. Sabia de cor centenas de versos, de Villon a Breton. Podia até recitar poemas de Patrice de La Tour du Pin, o que é o cúmulo, francamente! Mas não sabia nada de René Char.

O jovem francês que trazia a França no peito — pelo menos no bolso esquerdo de seu blusão da farda — deliciava-se em incensar as belezas dos poemas de Char para mim, em me ler trechos. No final, magnânimo e condescendente, cedeu às minhas repetidas solicitações: deixou-me o exemplar de *Seuls demeurent* que carregara durante toda a campanha da Alemanha. Com uma condição, porém. Que lhe devolvesse o livro assim que eu fosse repatriado.

Fazia questão, era um presente que recebera de uma moça.

Prometi, anotei o endereço que me deu. Não criei caso com a palavra *repatriado*. Poderia, no entanto. Na verdade, como se podia repatriar um apátrida? Mas não disse nada, não quis inquietá-lo, fazê-lo voltar atrás na sua decisão. Talvez tivesse mais má vontade em emprestar seu livro a um apátrida.

Eis por que, uns dias mais tarde, na praça de chamada deserta de Buchenwald, posso gritar a plenos pulmões o fim do poema de René Char, "La liberté".

> *D'un pas à ne se mal guider que derrière l'absence, elle est venue, cygne sur la blessure, par cette ligne blanche...**

Acabou-se, faço um grande aceno amigável para o soldado americano empoleirado na plataforma de vigilância, com seu binóculo apontado para mim.

(*) Com um passo que só se desorienta na ausência, ela chegou, qual um cisne sobre a chaga, por essa linha branca...

4

O TENENTE ROSENFELD

O tenente Rosenfeld parou o jipe na beira do Ilm, para lá da ponte de madeira que cruza o rio. No final da alameda, entre os pequenos bosques que começam a verdejar, ergue-se a casinha de Goethe.

— *Das Gartenhaus* — diz ele.

O tenente Rosenfeld desce do jipe e convida-me a acompanhá-lo.

Caminhamos até a casinha de campo de Goethe, no vale do Ilm, às portas de Weimar. Faz sol. O frescor da manhã de abril é um tônico: deixa que eclodam as borbulhas de uma tepidez de primavera bem próxima.

De repente, assalta-me uma aflição. Não é agonia, menos ainda angústia. Muito pelo contrário, a alegria é que perturba: um excesso de alegria.

Páro, com fôlego curto.

O tenente americano se vira, intrigado ao me ver nesse estado.

— Os passarinhos! — digo-lhe.

Falamos em alemão, Rosenfeld é um oficial do III Exército de Patton, mas falamos em alemão. Desde o dia de nosso encontro, falamos em alemão. Traduzirei nossos diálogos para comodidade do leitor. Por cortesia.

— *Die Vögel?* — ele repete, no modo interrogativo.

A população de Weimar estava amontoada no pátio do crematório, uns dias antes: mulheres, adolescentes, velhos. Homens em idade de portar armas, não, evidentemente: estes ainda as portavam, a guerra continuava. Os civis haviam chegado a Buchenwald de ônibus, comboiados por um destacamento de negros norte-americanos. Havia muitos soldados negros, nos batalhões de choque do III Exército de Patton.

Naquele dia, uns deles estavam na entrada do pátio do crematório, encostados na alta cerca que habitualmente vedava o acesso ao local. Eu via seus rostos imóveis, máscaras de bronze impassíveis, seus olhares atentos e severos cravados no pequeno ajuntamento de civis alemães.

Perguntei-me o que podiam pensar dessa guerra aqueles negros norte-americanos tão numerosos nos grupos de assalto do III Exército, o que teriam a dizer sobre essa guerra contra o fascismo. De certo modo, era a guerra que os tornava cidadãos plenos. De direito, pelo menos, se não sempre nos fatos cotidianos da vida militar. Entretanto, fosse qual fosse a origem social de cada um, a humildade de sua condição, a humilhação aberta ou disfarçada à qual os expunha a cor de sua pele, o alistamento militar os tornara, potencialmente, cidadãos iguais em direitos. Como se o direito de dar a morte lhes desse o de serem enfim livres.

A única discriminação que agora poderiam sofrer se aplicaria da mesma maneira a todos os outros soldados do exército norte-americano, fossem eles brancos, negros, amarelos ou mestiços: a discriminação técnica em função da própria competência no ofício das armas. Ou uma outra, aliás informulável, mas de graves conseqüências morais, em função da covardia ou da coragem de cada um no combate.

O fato é que no pátio do crematório um tenente americano dirigia-se naquele dia a algumas dezenas de mulheres, de adolescentes dos dois sexos, de velhos alemães da cidade de Weimar. As mulheres usavam vestidos primaveris de cores vivas. O oficial falava num tom neutro, implacável. Explicava o funcionamento do forno crematório, dava estatísticas sobre a mortalidade em Buchenwald. Lembrava aos civis de Weimar que eles tinham vivido, indiferentes ou cúmplices, por mais de sete anos, sob a fumaça do crematório.

— A bonita cidade de vocês — dizia —, tão limpa, tão graciosa, cheia de lembranças culturais, coração da Alemanha clássica e esclarecida, terá vivido entre a fumaça dos crematórios nazistas, com a consciência perfeitamente tranqüila!

As mulheres — pelo menos bom número delas — não conseguiam conter as lágrimas, imploravam perdão com gestos teatrais. Algumas levavam a complacência a ponto de quase passarem mal. Os adolescentes muravam-se com um silêncio desesperado. Os velhos desviavam o olhar, visivelmente preferindo não escutar nada.

Foi ali que vi pela primeira vez aquele tenente americano. Segui-o e observei-o por mais de duas horas, durante toda a visita de Buchenwald imposta pelo exército americano aos habitantes de Weimar.

Pouquíssimo tempo depois — dois dias, talvez até no dia seguinte —, estava sentado defronte dele, num dos ex-escritórios do comando SS do campo, na avenida das Águias que ia da estação à entrada monunental de Buchenwald.

Pude reparar na aba do bolso de sua camisa cáqui a placa de metal onde estavam escritos seu sobrenome e sua patente: T.^{te} Rosenfeld.

Ele, por sua vez, olhava o número de matrícula, 44 904, e o S pregado num triângulo de pano vermelho que eu exibia no meu casaco de brim azul.

— Espanhol — disse ele.

Lembro que falávamos em alemão e que o S era a inicial de Spanier.

— *Rotspanier* — esclareci. — Vermelho espanhol.

Talvez com presunção. Com certa arrogância, no mínimo.

O tenente Rosenfeld deu de ombros. Visivelmente esse esclarecimento parecia-lhe supérfluo.

— Realmente não esperava encontrar falangistas por aqui! — exclamou.

Não disse nada, não havia nada a dizer.

— Quarenta e quatro mil novecentos e quatro — ele prosseguiu. — Isso corresponde às chegadas maciças de janeiro de 44, não é?

Balancei a cabeça: correspondia, mais uma vez não havia nada a dizer.

— Preso na Resistência Francesa, é isso mesmo?

Era isso mesmo.

— Organização Jean-Marie Action — esclareci, porém. — Uma organização Buckmaster.

Seus olhos deixaram filtrar um lampejo de redobrada atenção. "Buckmaster", aparentemente isso lhe dizia alguma coisa.

Eu sabia que a administração militar americana preparava um relatório global sobre a vida e a morte em Buchenwald. Para tanto, os detidos que haviam exercido alguma responsabilidade na administração interna do campo eram convocados pelos oficiais dos serviços de informações. O tenente Rosenfeld era um deles. E eu fora convidado a me apresentar naquele dia por ter participado do *Arbeitsstatistik*, o serviço que administrava a distribuição da mão-de-obra deportada.

— Você é estudante, suponho. Mas de quê? — perguntou o tenente Rosenfeld.

Isso me lembra alguma coisa, um episódio distante.

— De filosofia — disse eu, enquanto me lembrava do distante episódio.

— Você acha graça nisso, na filosofia? — perguntou Rosenfeld.

Eu havia achado graça, aparentemente.

Mas não foi da filosofia que achei graça. Pelo menos, não a de meus estudos na Sorbonne. As aulas de Le Senne eram incapazes de provocar o menor sorriso, nem sequer retrospectivamente. Antes um bocejo discreto. Foi da lembrança surgida no momento em que lhe respondia que achei graça.

Eu havia corrido pelo comprido subterrâneo. Pés nus, em cima do chão de cimento enrugado. Inteiramente nu, aliás: nu dos pés à cabeça. Pelado. Como todos os outros deportados de meu comboio, que corriam comigo.

Antes, houve a barulheira, os cachorros, as coronhadas, o passo batido pela lama, sob a luz crua dos holofotes, ao longo de toda a avenida das Águias. De repente, andamos devagar, num silêncio glacial. Era noite, terminadas as grandes iluminações wagnerianas. Não percebíamos muito bem onde estávamos, depois de cruzarmos o portão monumental. Os ss e os cachorros tinham ficado do lado de lá. Conduziram-nos até uma construção de dois andares. Depois, no térreo desse edifício, fomos amontoados numa imensa sala com chuveiros, exaustos com os dias e as noites da viagem pelo desconhecido. As horas passaram. A água que corria das torneiras da grande sala era infecta, morna e fétida. Não podíamos matar nossa sede. Alguns desmoronaram, num sono agitado. Outros tentaram imediatamente se juntar, encontrar os companheiros, trocando restos de comida, recordações mais ou menos coletivas, palavras de esperança. Mais tarde, muito tempo depois, houve nova movimentação. Portas se abriram, uivaram ordens. Por grupos de quinze a vinte homens, fomos empurrados para uma sala contígua. Tínhamos de nos despir, deixar todas as nossas roupas, objetos pessoais — os que conseguiram escapar das múltiplas revistas praticadas durante a viagem —, em cima de uma espécie de balcão. Os sujeitos que nos davam ordens, num alemão gutural e primitivo, quase monossilábico, eram moços. Calçavam galochas de madeira, usavam uma espécie de uniforme de combate de pano acinzentado, desbotado. Tinham a cabeça raspada, eram uns fortões. Entre si, falavam russo. Não tive a menor dificuldade em identificar a língua deles. Dois anos antes, quando eu costumava jogar no primeiro time do Stade Français, no campeonato de basquete, tive contato com os rapazes do BBCR. Lembrava-me muito bem dos irmãos Fabrikant e dos que jogavam com eles. Excelentes jogadores de basquete, aliás, esses filhos de emigrados russos brancos. Ouvia-os conversarem entre si, nos vestiários ou na quadra, e não tinha a menor dúvida: aqueles caras jovens que nos azucrinavam para que andássemos depressa (a única palavra da língua deles que se misturava aos *Los, Schnell, Scheisse* alemães era *Bistro*, claro) falavam russo. O que não deixou de me surpreender, encontrar aqueles moços russos parrudos, visivelmente bem alimentados, já na minha iniciação à vida do campo. Mas, afinal, as possibilidades de reflexão ou de curiosidade não tinham sido muitas. Tudo ia muito depressa, debaixo dos berros e dos safanões dos jovens russos. Logo nos vimos, nus a partir de então, em outra sala da longa série das que ocupavam o térreo do prédio dos chuveiros. Ali, os barbeiros, armados de máquinas elétricas de cortar cabelo, cujos fios caíam do teto, raspavam-nos grosseiramente o crânio, o corpo todo. Pelados, agora, de fato: o termo habitual e banal passava a ser pertinente. Mas tudo continuava a andar muito depressa. Nem sequer tínhamos tempo para morrer de rir ou de nojo ao contemplarmos o espetáculo que ofereciam todos aqueles corpos pelados. Ou para tremer de medo ao imaginarmos o que aquele preâmbulo deixava pressentir sobre o que viria pela frente. Pois já tínhamos sido empurrados (*Los, Schnell, Bistro!*) para outra sala quase inteiramente ocupada por uma banheira-piscina cheia de um líquido esverdeado, supostamente desinfetante. Era melhor mergulhar, a cabeça primeiro, de livre e espontânea vontade. Caso contrário, eram os jovens russos que sentiam um autêntico e perverso prazer em afundá-lo ali dentro. Portanto, mergulhei logo de uma vez, fechando os olhos: guardava uma lembrança bastante desagradável das banheiras onde os homens da Gestapo afundavam a sua cabeça na água.

Foi depois de todas essas cerimônias rituais e purificadoras que nos pusemos a correr pelo subterrâneo que ligava, soube depois, o prédio dos chuveiros e da desinfecção ao do depósito de roupas, o *Effektenkammer*.

Mas não foi dessa lembrança que achei graça, como se compreenderá facilmente. Foi da palavra *filosofia*, da idéia de que eu era um estudante de filosofia, tal como eu acabava de declarar ao tenente Rosenfeld. Pois haviam me feito a mesma pergunta e eu havia dado a mesma resposta, no final dessa longa corrida pelo corredor subterrâneo de Buchenwald, no dia da minha chegada ao campo.

Houve escadas para subir e nos encontramos, para terminar, numa sala bem iluminada. À direita, atrás de um balcão que se estendia por todo o comprimento da sala, uns sujeitos que já não eram jovens, que já não tinham a cabeça raspada e que não eram russos atiravam-nos, ao passarmos, peças de roupa. Cuecas e camisas sem gola de um pano grosseiro, calças e casacos. Um chapéu também. E um par de tamancos de sola de madeira, para completar.

Íamos enfiando essas roupas à medida que nos eram jogadas, na sorte. No alvo, na melhor das hipóteses. Depois de uma olhada na nossa estatura ou na nossa corpulência, aqueles sujeitos nos atiravam roupas que escolhiam em diversos montes enfileirados diante deles, em cima do balcão. Mas raramente dava certo: eram folgadas demais ou apertadas demais, compridas demais ou curtas demais. Desemparelhadas, sobretudo. Assim, no final do balcão, vi-me trajando umas velhas calças de etiqueta, riscadas de preto e cinza, compridas demais, e um paletó esporte amarronzado, justo. E, de quebra, herdei um chapéu mole encardido para pôr na cabeça. Só os tamancos eram novos, mas eram peças extremamente rudimentares: uma sola de madeira com uma simples tira de pano para enfiar o pé. Correr na neve com um calçado desses era um verdadeiro suplício, eu não custaria a saber.

Envergando esses andrajos desemparelhados, atarantado, cômico, envergonhado, triturando dentro da mão o horrendo chapéu mole, vi-me em seguida defronte de uma mesa onde uns prisioneiros preenchiam a ficha de identidade dos recém-chegados.

Pelo menos, imaginei que fossem prisioneiros. Em todo caso, não eram SS. Tampouco militares da Wehrmacht. Eram civis alemães, mas traziam um número de matrícula e um triângulo vermelho costurados na frente de seus casacos. Prisioneiros, portanto, provavelmente, mas que espécie de prisioneiros?

O homem diante de quem me pôs o acaso tinha uns quarenta anos. Cabelos grisalhos. Um olhar fantasticamente azul, fantasticamente triste também. Ou, doravante, destituído de qualquer curiosidade. Voltado talvez para a interioridade de uma absoluta falta de esperança, parecia-me. Seja como for, o homem diante de quem me pôs o acaso perguntou meu sobrenome, meu nome, o lugar e a data de meu nascimento, minha nacionalidade. Quer dizer, meus sinais de identidade. No final, perguntou minha profissão.

— *Philosophiestudent* — respondi. Estudante de filosofia.

Uma espécie de lampejo brotou em seu olhar sombrio, fantasticamente azul, fantasticamente desiludido.

— Não — disse ele, peremptório —, não é propriamente uma profissão. *Das ist doch kein Beruf!*

Não pude me impedir de lhe fazer uma gracinha de estudante germanista que se preparava para a Escola Normal.

— *Kein Beruf aber eine Berufung!*

Fiquei felicíssimo com o meu trocadilho.

Um sorriso iluminou brevemente o rosto severo do homem que preparava minha ficha de identidade. Tudo indica que apreciou meu trocadilho. Quer dizer, apreciou meu domínio da língua alemã. Em francês, minha fórmula seria chocha, banalmente informativa. Não era uma profissão mas uma vocação, eu dissera, isso de estudar filosofia. Em alemão, o contraponto fonético e semântico entre *Beruf* e *Berufung* era espirituoso e significativo. Estava satisfeito com o meu *impromptu* lingüístico.

O prisioneiro de olhar azul retomou seu semblante grave.

— Aqui — disse ele —, os estudos de filosofia não são uma profissão que se preze! Aqui, é melhor ser eletricista, torneiro, pedreiro... Operário especializado, numa palavra!

Insistiu nesse último termo.

— *Facharbeiter* — repetiu diversas vezes.

Olhava-me nos olhos.

— Aqui, para sobreviver — acrescentou, martelando as palavras —, é melhor ter uma profissão desse tipo!

Eu tinha vinte anos, era um estudante de filosofia sem experiência da vida. Não entendi nada da mensagem que esse homem tentava me transmitir.

— Sou um estudante de filosofia, só isso — disse eu, teimando.

Então, o sujeito de olhar azul fez um gesto de impotência ou de impaciência. Mandou-me embora e chamou o próximo da fila de espera, enquanto acabava de preencher minha ficha de identidade.

— Foi por isso que sorri — disse ao tenente Rosenfeld. — Por causa dessa recordação.

Acabo de lhe contar esse distante episódio.

Ele me ouviu com visível atenção.

— É um bom começo — murmura em seguida.

— Começo de quê? — pergunto, surpreso com sua voz abafada.

Oferece-me um cigarro. Seu olhar se turva, sua mão treme um pouco, me parece.

— Começo de experiência — diz. — E do relato que você poderia fazer dessa experiência.

Fiz menos sucesso com o oficial da cruz de Lorena, dias atrás. Ele me deu o livro de René Char ("emprestou", eu deveria dizer: insistiu muito para que o devolvesse, quando regressasse a Paris), mas não apreciou o começo do meu relato. É verdade que eu não iniciara por esse começo. Escolhera o domingo para começar meu relato: a profundidade dos domingos em Buchenwald. Optara por introduzi-lo no inferno dos domingos por um caminho paradisíaco: pelas imagens de *Mazurka*, o filme com Pola Negri. Mas o oficial francês ficou escandalizado com o início do meu relato. Estarrecido, no mínimo, e atrapalhado. Pola Negri? Realmente, por essa ele não esperava. Não pôde se recobrar dessa má impressão inicial. Em seguida, não conseguiu deixar-se arrastar pela fervilhante profundidade dos domingos, por causa de Pola Negri.

O que teria pensado desse outro começo o tenente Rosenfeld?

— Há bons começos de todo tipo — disse-lhe. — Este é anedótico. Eu teria de começar pelo essencial dessa experiência...

— Você já sabe o que é o essencial?

Balanço a cabeça. Dou uma longa tragada no meu cigarro. Encho a boca, a garganta, os pulmões com essa fumaça de mel, deliciosa e violenta. É infinitamente melhor do que o sabor amargo da *machorka*, o mata-rato russo. Não tem nem comparação. Mas já sei que terei por toda a minha vida uma lembrança nostálgica das guimbas de *machorka* fumadas com os companheiros.

O essencial? Creio saber, sim. Creio que começo a saber. O essencial é conseguir superar a evidência do horror para tentar atingir a raiz do Mal radical, *das radikal Böse*.

Pois o horror não era o Mal, não era a sua essência, pelo menos. O horror era apenas a sua roupagem, o seu adereço, o aparato. A aparência, em suma. Poderíamos passar horas depondo sobre o horror cotidiano sem tocar no essencial da experiência do campo.

Mesmo que tivéssemos testemunhado com uma exatidão absoluta, com uma objetividade onipresente — por definição vedada à testemunha individual —, mesmo neste caso poderíamos deixar escapar o essencial. Pois o essencial não era o horror acumulado, cujas minúcias poderíamos desfiar interminavelmente. Poderíamos contar um dia qualquer, começando pelo despertar às quatro e meia da madrugada, até a hora do toque de recolher: o trabalho estafante, a fome perpétua, a permanente falta de sono, as humilhações dos *Kapo*, as faxinas de latrinas, a *schlague** dos SS, o trabalho em cadeia nas fábricas de armamento, a fumaça do crematório, as execuções públicas, as chamadas intermináveis sob a neve dos invernos, a exaustão, a morte dos companheiros, sem que por isso tocássemos no essencial, nem desvendássemos o mistério essencial dessa experiência, sua obscura verdade fulgurante: *a treva que nos coube na partilha*. Que coube ao homem na partilha, desde que o mundo é mundo. Ou melhor, desde que a história é história.

(*) *Schlag*, "pancada", em sua versão afrancesada, de *schlague*, significa "dar ordens de um modo brutal".

— O essencial — disse ao tenente Rosenfeld — é a experiência do Mal. Decerto, podemos tê-la em qualquer lugar, essa experiência... Nenhuma necessidade de campos de concentração para conhecer o Mal. Mas aqui ela terá sido crucial, e maciça, terá tudo invadido, tudo devorado... É a experiência do mal radical...

Ele teve um sobressalto, seu olhar se aguçou.

Das radikal Böse! Visivelmente, captou a referência a Kant. O tenente Rosenfeld também seria um estudante de filosofia?

Era pela fetidez do block 56, o dos inválidos, que eu deveria ter começado esse relato, disse ao tenente americano. Pela fetidez sufocante e fraterna dos domingos, ao redor de Halbwachs e de Maspero.

— O mal não é o desumano, claro... Ou então é o desumano no homem... A desumanidade do homem, enquanto possibilidade vital, projeto pessoal... Enquanto liberdade... Portanto, é ridículo opor-se ao Mal, tomar distância dele, por uma simples referência ao humano, à espécie humana... O Mal é um dos projetos possíveis da liberdade constitutiva da humanidade do homem... Da liberdade onde estão enraizadas, ao mesmo tempo, a humanidade e a desumanidade do ser humano...

Mencionei para o tenente Rosenfeld nossas conversas de domingo, em torno dos estrados onde se deitavam, já exauridos, ainda vivos intelectualmente, Halbwachs e Maspero. Mencionei as figuras de todos os que dentre nós se reuniam no domingo ao redor de Halbwachs e de Maspero.

— E, além do mais, dessa experiência do Mal, o essencial é que ela terá sido vivida como experiência da morte... Estou falando de "experiência"... Pois a morte não é uma coisa da qual tivéssemos passado perto, da qual tivéssemos escapado, como de um acidente de que saíssemos ilesos. Nós a vivemos... Não somos sobreviventes, mas assombrações... Isso, evidentemente, só é dizível em termos abstratos. Ou de passagem, com jeito de quem não toca no assunto... Ou rindo, junto com outras assombrações... Pois não é crível, não é partilhável, apenas compreensível, já que, para o pensamento racional, a morte é o único fato do qual jamais poderemos ter uma experiência individual... Ele só pode ser entendido sob a forma da angústia, do pressentimento ou do desejo funesto... No tempo do futuro anterior, portanto... E, ainda assim, teremos vivido a experiência da morte como uma experiência coletiva, fraterna além do mais, fundamentando nosso ser-conjunto... Como um *Mit-sein-zum-Tode*...

O tenente Rosenfeld me interrompe.

— Heidegger? — exclama. — Você leu Martin Heidegger!

O livro estava exposto na vitrine de uma livraria alemã, no bulevar Saint-Michel.

No inverno de 40-1 — eu estava no ano de estudos de filosofia —, as autoridades da Ocupação abriram uma livraria na esquina do bulevar com a praça da Sorbonne. Anteriormente, nesse local havia um bar, o D'Harcourt. Eu passava todo dia pelas paragens, antes e depois das aulas no liceu Henri-IV. Passava diante dessa livraria alemã, às vezes olhava os livros que havia ali, mas a idéia de entrar nem sequer me aflorava. Até o dia em que reparei numa vitrine um exemplar de *Sein und Zeit*, de Heidegger. Naquele dia, depois de titubear muito tempo, acabei cruzando a porta para comprar o livro.

Era por causa de Emmanuel Levinas. Era ele que me incitava a entrar naquela livraria alemã. A leitura de seus ensaios, pelo menos. Na verdade, descobri durante aquele ano de filosofia os trabalhos que Levinas publicara no passado, em diversas revistas filosóficas, sobre Husserl e Heidegger. Li-os, reli-os, anotei-os. Daí a curiosidade e o interesse totalmente novos pela fenomenologia e pela filosofia da existência.

Havia no Henri-IV duas turmas de filosofia. O professor de uma era Maublanc, um marxista. O outro era Bertrand, um racionalista crítico cujo modelo — referência metodológica, ao menos — era o ensinamento de Léon Brunschvicg. Eu estava na turma de Bertrand. Nossas relações eram ambíguas: eu era o seu melhor aluno e ele me paparicava, interessando-se por minhas leituras e minhas preocupações, além do ensino propriamente dito.

Eu apreciava as suas qualidades de pedagogo, a paixão com que fazia seus alunos descobrir o universo histórico da filosofia. No plano das idéias, contudo, afastava-me cada dia mais dele, da aridez temporal, um tanto devotamente racionalista, de sua visão do mundo. De um mundo ideal e imóvel, pairando acima do sangrento tumulto da história.

Bertrand deplorava nossa divergência intelectual. Desejaria me ver brilhar nos meus estudos de filosofia, mas irradiando a luz suave e difusa da sabedoria razoável e racionalizante que ele ensinava. Assim sendo, quando no final do ano letivo tive o segundo prêmio de filosofia do Concurso Geral, Bertrand ficou dividido entre a alegria de eu ter sido seu aluno, de ter me preparado tão bem para essa lide intelectual, essa vitória efêmera, e a tristeza de saber que eu tratara o tema — "A intuição segundo Husserl", era esse o enunciado — de modo objetivo, sem fazer a crítica radical das visões eidéticas. Na verdade, direi de passagem, era à leitura de Emmanuel Levinas, mais do que ao curso de Bertrand, que eu devia essa recompensa universitária.

Paradoxalmente, ao menos à primeira vista, embora fosse meu interesse pelo mundo real que me tornasse sensível às idéias de Husserl e de Heidegger descobertas em Levinas, essa primeira abordagem estava distante de qualquer preocupação com o contexto histórico da obra de ambos. Assim, eu desconhecia que Husserl tinha sido expulso da Universidade alemã por ser judeu. Desconhecia também que *Sein und Zeit*, nas edições anteriores à ascensão do nazismo ao poder, fora dedicado a Husserl e que essa dedicatória desapareceu tão logo o velho mestre de Heidegger caiu em desgraça, vítima da purificação étnica da Universidade alemã. O exemplar que eu comprara na livraria do bulevar Saint-Michel não trazia a dedicatória. O que não me surpreendia nem me indignava, já que não sabia que o nome de Husserl deveria estar ali. Não sabia que Heidegger o apagara deliberadamente, como se apaga alguma coisa da memória: uma lembrança desagradável. Como se apaga um nome numa sepultura, talvez.

Foi o tenente Rosenfeld o primeiro que me falou das relações de Heidegger com o nazismo. Bastou eu lhe dizer essa fórmula, *Mit-Sein-zum-Tode*, tirada de Heidegger, mas transformada na sua substância, para ele me falar do engajamento nazista do filósofo.

Seja como for, a leitura de Levinas levou-me a vencer meus escrúpulos, num longínquo dia de inverno: entrei afinal naquela livraria alemã. Depois de novas hesitações, acabei comprando o livro. Uma loucura: o preço era exorbitante para minhas modestas finanças. Quantas refeições devo ter sacrificado para possuir o livro de Martin Heidegger?

Assim passei longas noites austeras, naquele inverno, o inverno do ano letivo de 40-1, a estudar *Sein und Zeit*. Heidegger terá sido (junto com santo Agostinho, para falar a verdade) o filósofo cujo pensamento explorei mais sistematicamente, naqueles meses. Direi, para ser absolutamente explícito, que não foi Emmanuel Levinas que me levou à leitura de *As confissões* e de *A cidade de Deus*, de santo Agostinho, foi Paul-Louis Landsberg. E, acima de tudo, meu próprio desejo de pôr em pratos limpos, de uma vez por todas, minhas relações de vizinhança com Deus.

O livro de Heidegger não me impressionou demasiadamente. Com certeza, houve um certo fascínio, às vezes mesclado de irritação, pela linguagem do filósofo. Por essa obscuridade fervilhante na qual se precisava abrir um caminho, criar umas clareiras, sem jamais chegar a uma definitiva clareza. Trabalho de desbravamento intelectual sempre inconcluso, que se tornava apaixonante por sua própria inconclusão. Os resultados parciais valiam a pena? Nada garante. Por vezes, é verdade, tive a impressão de fulgurantes descobertas. Impressão logo dissipada, ou obscurecida, desmentida até, por meus progressos no domínio do conjunto, da sua suntuosa vacuidade. Por vezes, irritei-me, chegando às raias da indignação ou do acesso de riso, com a opacidade improdutiva do movimento conceitual, do jargão esotérico, com os passes de mágica puramente lingüísticos.

Aliás, a filosofia de Heidegger é concebível em outra língua que não o alemão? Quero dizer, o trabalho retorcido de torção e distorção que Martin Heidegger praticou com a linguagem é imaginável em outra língua que não o alemão? Que outra língua suportaria, sem se desmanchar em migalhas mofadas, tamanha instilação de obscuridades, de pseudo-etimologias torturadas e torturantes, de ressonâncias e assonâncias puramente retóricas? Mas a língua alemã suportou-o de fato? Heidegger não lhe deu um golpe do qual ela levará muito tempo para se recuperar, ao menos no campo da pesquisa filosófica?

Podem me objetar que Heidegger antecipou-se a essa questão, e que de certa maneira esvaziou-a ao proclamar logo de saída que o alemão — junto com o grego antigo, é o que ele pretende que se engula! — era a única língua filosófica concebível. Mas isso não passa de uma artimanha um tanto primitiva, um tanto arrogante também, que simplesmente obriga a formular de outra maneira a interrogação: um pensamento filosófico pode ser de fato profundo, de fato universal — mesmo quando seu campo de aplicação visa uma extrema singularidade —, se só pode se articular em uma única língua, se sua essência foge a qualquer tradução, frustrando-o radicalmente na sua expressão originária?

O essencial não é isso, porém. O essencial é que o questionamento fundamental que está na base da empresa de Heidegger parece-me, pura e simplesmente, insignificante. Por que se parte do Ser, mais do que outra coisa: essa questão sempre me pareceu de uma absoluta insensatez. Quer dizer, não só destituída de sentido mas também destituída de qualquer possibilidade de produzir um. O esquecimento da questão do Ser é, na verdade, a condição mesma da emergência de um pensamento do mundo, da historicidade do ser-no-mundo do homem.

Caso se faça absoluta questão de iniciar a meditação filosófica por um questionamento desse tipo, tão obtusamente radical, a única interrogação produtora de sentido seria mais ou menos a seguinte: por que o homem é um ser que sente — para existir, para saber que está no mundo — a necessidade vital, compulsiva, de se colocar a questão do Não-Ser, esta de sua própria finitude? A questão da transcendência, então?

* * *

— Os passarinhos? — perguntou o tenente Rosenfeld, virando-se para mim, e visivelmente espantado.

Estamos alguns dias mais tarde, nas margens do Ilm, às portas de Weimar. Andamos até a casinha onde Goethe se refugiava, na primavera e no verão, para saborear os encantos misturados da brisa fresca e da solidão.

Sim, os passarinhos. Sua presença ruidosa e múltipla, nas ramagens do vale. Seus cantos, seus trinados, seu alarido, que de repente me inebriam, amolecem meu coração. Sua presença surda, sua fulgurosa invisibilidade, tal como uma esteira da vida, um degelo súbito, após todos esses anos de silêncio glacial.

Os passarinhos, sem dúvida. A alegria repentina, forte demais, de escutá-los de novo deixou-me sem fôlego.

O tenente Rosenfeld meneia a cabeça, após ouvir minhas explicações.

— O que levou os passarinhos a fugirem do Ettersberg? — pergunta.

— O cheiro do crematório — digo. — O cheiro de carne queimada.

Olha em torno de si a paisagem deliciosa das margens do Ilm. Avista-se a torre do castelo, com seu arremate barroco, que domina a falha do terreno por onde corre o rio.

— Agora eles voltarão? — murmura.

Reiniciamos nossa caminhada.

— Goethe também não seria um mau começo — digo, retomando a conversa que não paramos de ter desde o primeiro dia.

Ele me olha, irônico e interessado.

— Só quero ver o que você está tramando! — exclama. — Se Pola Negri desconcertou o seu oficial francês, Goethe o faria cair de costas!

— De jeito nenhum! Pois não iria falar de Goethe de supetão, só para embasbacá-lo! Goethe e Eckermann no Ettersberg, suas conversações delicadas e eruditas no lugar exato onde o campo foi construído... Não, simples demais! Iria começar por Léon Blum...

Ele pára e me enfrenta, visivelmente surpreso.

— Blum foi evacuado de Buchenwald no dia 3 de abril — exclama. — Fui eu que interroguei o *Obersturmführer* ss que cuidou do seu embarque! Ele estava entrevado por causa dos reumatismos, não foi fácil enfiá-lo dentro do carro, disse-me o ss!

Os palacetes onde os presos especiais haviam sido encarcerados estavam vazios no dia 11 de abril, quando o campo foi libertado. Mas não sabíamos o que acontecera com as personalidades de diversas origens detidas como reféns na zona ss.

— Para onde levaram Blum?

— Para o Sul — ele me disse. — Ratisbonne era a primeira escala prevista, parece. As tropas aliadas ainda não o encontraram...

— Soubemos que Blum estava ali em 1944 — disse eu. — No mês de agosto... Uns deportados belgas e franceses que estavam fazendo obras nos palacetes dos ss, depois do bombardeio americano das fábricas de armamento de Buchenwald, o reconheceram um dia...

Retomamos nossa caminhada até a casinha de Goethe.

— Mas não entendo — diz o tenente Rosenfeld, de cenho franzido. — Por que começar por Blum se você quer falar de Goethe?

Não fico descontente em pegá-lo em flagrante de ignorância. Desde que encontrei o tenente Rosenfeld, no dia 19 de abril — tenho razões e referências indiscutíveis para afirmá-lo com segurança, da mesma forma que posso ter certeza da data de meu passeio com ele pelo vale do Ilm, às portas de Weimar: 23 de abril, dia de são Jorge: "Para festejar o seu santo padroeiro, vou lhe dar um presente", dissera-me Rosenfeld naquela manhã, "vou levá-lo a Weimar!" —, desde então, pois, ele sempre me surpreendeu e às vezes me irritou com a sua cultura e a vastidão de seus conhecimentos. Não fico descontente em pegá-lo, ao menos uma vez, em flagrante de ignorância, já que não está com jeito de perceber a ligação evidente que existe entre Blum e Goethe.

— Léon Blum — digo, no tom da obviedade — escreveu há muito tempo um livro chamado *Nouvelles conversations de Goethe avec Eckermann*!

Ele não sabia, e a informação o excita tremendamente. Conto-lhe um pouco mais.

Talvez tenha chegado a hora de falar do tenente Rosenfeld. Ele está na minha frente, a algumas dezenas de metros da casa de verão de Goethe. Felicíssimo em se inteirar desse detalhe sobre a obra de Blum. Talvez eu aproveite esse momento para falar de Walter Rosenfeld, que nunca mais revi, de quem nunca mais tive notícias, mas cuja breve aparição na minha vida não terá sido inútil. Não terá sido insignificante, longe disso. Enquanto lhe explico do que tratava o ensaio de Blum, qual era o propósito de *Nouvelles conversations de Goethe avec Eckermann*, terei tempo para falar a vocês de Rosenfeld. Pois não vou ser breve, limitar-me a uma informação bibliográfica sucinta sobre o ensaio de Blum. Conheço-me o bastante para saber que vou falar com Rosenfeld de Lucien Herr, e do caso Dreyfus, da casinha onde Herr viveu no final da vida, no bulevar du Port-Royal, onde sua família ainda vivia quando a conheci, em 1942. Vou falar da sra. Lucien Herr, alta silhueta frágil e incansável, da biblioteca do andar térreo dando para o jardim interno onde li as *Nouvelles conversations* no exemplar dedicado a Herr por Léon Blum. Chegar ao Ettersberg, ao acaso que levou Blum, prisioneiro da Gestapo, ao próprio lugar onde se passaram as conversações de Goethe e Eckermann, entre os carvalhos e as faias da floresta do Ettersberg, isso vai me tomar algum tempo, justo o necessário para apresentar a vocês o tenente Rosenfeld.

Ele era cinco anos mais velho do que eu, tinha, portanto, vinte e seis anos. Apesar de sua farda e de sua nacionalidade norte-americana, era alemão. Quero dizer que havia nascido na Alemanha, numa família judia de Berlim, emigrada para os Estados Unidos em 1933, quando Walter estava com catorze anos.

Optara pela nacionalidade norte-americana a fim de servir o exército, de fazer a guerra contra o nazismo. De fazer a guerra contra o seu próprio país, em resumo. Ao se tornar norte-americano, escolheu a universalidade da causa democrática: a derrota de seu país era a condição necessária para que essa universalidade possível se concretizasse.

Ouvi-o contar aquela infância, aquele exílio, aquele regresso belicoso ao país natal, e lembrei-me de seu rosto severo, de sua voz implacável, quando se dirigia a seus compatriotas de Weimar, no pátio do crematório. Também me lembrei de Kaminski, no barracão dos contagiosos, poucas semanas antes, num domingo de borrasca de neve sobre o campo: ele acendera a luz após o relato do sobrevivente do *Sonderkommando* de Auschwitz. "Não se esqueçam", disse ele, com essa mesma voz severa e sombria de Rosenfeld, "nunca se esqueçam! A Alemanha! Meu país é que é o culpado..."

Desde o nosso primeiro encontro, dia 19 de abril, o tenente americano Walter Rosenfeld, judeu berlinense, falara-me de sua infância, de seu exílio, de seu regresso ao país natal. Anos mais tarde, toda uma vida mais tarde, evoquei a lembrança do tenente Rosenfeld para Axel Corti. Este não era berlinense, mas vienense. Escrevera e filmara uma trilogia cinematográfica, *Welcome to Vienna*, para narrar um regresso do gênero. Evoquei para Axel Corti a lembrança do tenente Rosenfeld, sua esguia silhueta desengonçada, seu olhar penetrante e triste, seu vasto saber. Quando falei dele a Corti, durante uma conversa a respeito de um projeto comum de filme, foi a paisagem do vale do Ilm que me voltou à memória. Revi então a casinha de vigas aparentes de Goethe, no sopé da colina, do outro lado do rio, sob o sol de abril. Axel Corti é uma das raras pessoas com quem falei do tenente Rosenfeld. Por causa do exílio, é claro, por causa do amargo regresso ao país natal: uma experiência que, no meu espírito, os aproximava.

Seja como for, foi por causa de Heidegger, da intrusão de Martin Heidegger na nossa conversa, que o tenente Rosenfeld me falou de sua infância berlinense, já no primeiro dia. Tinha muito a me contar sobre o engajamento político do filósofo de Todtnauberg. Por intermédio de sua família, primeiro, de seus estudos universitários, em seguida, Walter Rosenfeld esteve ligado aos meios intelectuais alemães e austríacos exilados nos Estados Unidos. Era por esses meios, pelas múltiplas redes de comunicação que eles mantiveram com a Alemanha, apesar da guerra e da censura, que possuía informações precisas sobre a atitude pró-nazista de Heidegger, de 1933 até o momento em que conversávamos, em abril de 1945.

Em conversas posteriores, Rosenfeld falou-me desses exilados. Falou-me do Institut für Sozialforschung, de Adorno, Horkheimer e Marcuse. Falou-me de Hannah Arendt — uma ex-aluna de Heidegger, por sinal —, de quem dizia maravilhas. Falou-me do escritor Bertolt Brecht. De outros mais, que tinham vivido e trabalhado nos Estados Unidos.

De todos esses nomes, que despertavam em mim horizontes desconhecidos, curiosidades e apetites de saber, os únicos que já conhecia eram os de Brecht e de Broch. Na verdade, junto com *O homem sem qualidades*, de Musil, eu encontrara *Os sonâmbulos*, de Hermann Broch, na biblioteca de Édouard-Auguste Frick, na rua Blaise-Desgoffe, em Paris. Frick era um genebrino erudito, rico e generoso, amigo do grupo da revista *Esprit*, que nos hospedara por vários meses, a meu irmão Alvaro e a mim. Tinha uma biblioteca impressionante, sendo boa parte em língua alemã. Eu tinha devorado os seus livros, às dezenas.

Quanto a Bertolt Brecht, não foi na rua Blaise-Desgoffe que o descobri, mas na rua Visconti. Na casa de uma moça, uma vienense, que havia me "enquadrado" — ou que havia sido meu contato, se preferem uma linguagem menos esotérica — durante uma certa época da Ocupação, a serviço da Mão-de-obra Imigrada, a MOI, organização comunista clandestina que arregimentava os militantes estrangeiros.

O Deutschland, bleiche Mutter!
Wie sitzest Du besudelt
Unter den Völkern...

Caíra a noite na rua Visconti, na primavera de 1943. O toque de recolher pegou-nos de surpresa, nem pensar em sair do apartamento, em se arriscar a topar com um controle policial, fosse alemão ou francês. Julia recriminava-se por esse descumprimento das regras elementares de segurança. Mas era tarde demais para me mandar embora. Não era o futuro do mundo nem as sutilezas do livro lendário de Lukács, *Geschichte und Klassenbewusstsein*, que haviam nos distraído do tempo que passava. Era a literatura.

Tínhamos ambos a paixão que podem ter os estrangeiros pela língua francesa, quando esta se torna uma conquista espiritual. Por sua possível concisão floreada, por sua iluminada aridez. Conversa vai, conversa vem, de Jean Giraudoux a Heinrich Heine, chegáramos a nos recitar poemas. Daí o esquecimento da hora que avançava, a armadilha inevitável do toque de recolher.

Julia me recitara versos de Brecht, na rua Visconti, em 1943. Falara-me longamente do escritor. Na soleira de sua porta, dia raiado, toque de recolher levantado, estendeu a mão até o meu rosto, com uma inquieta ternura. "Não morra!", murmurou.

Ri, encabulado de que ela pudesse me achar mortal, vulnerável até. Eu não podia adivinhar que treva iria brevemente caber-me na partilha.

De sorte que quando o tenente Rosenfeld, em abril de 1945, falou-me dos escritores alemães exilados nos Estados Unidos, eu já conhecia Hermann Broch e Bertolt Brecht. Graças à biblioteca de um genebrino eloqüente e rico que se chamava Édouard-Auguste Frick e à paixão literária de uma vienense que usava o pseudônimo de Julia e que trabalhara, desde muito mocinha, no aparelho do Komintern.

"*O Deutschland, bleiche Mutter!*" Agora é o tenente Rosenfeld que murmura o final do poema, onde se retoma essa invocação. Estamos sentados na relva macia do prado que desce em declive suave até a água do Ilm, defronte da casinha rústica de Goethe. E acabo de lhe contar o episódio de dois anos atrás: minha descoberta da poesia de Brecht.

Ó Alemanha, mãe pálida!
Como teus filhos te trataram
Para que te tornes a chacota
Ou o espantalho dos outros povos!

O tenente murmura o final do poema, de olhos semicerrados. Um raio de sol se fixa, incandescente, no cano da pistola-metralhadora que ele colocou a seu lado.

Não pudemos entrar na casa campestre de Goethe. A porta estava trancada à chave, com cadeado. Ninguém parecia saber quem era o encarregado das chaves, da vigilância. Tivemos de nos contentar em arrodeá-la, mas Rosenfeld contou-me tudo a seu respeito. Bastante, ao menos, para que eu só conseguisse memorizar uma parte. É bom que se diga que ele era um guia onisciente, meticuloso e cheio de verve. Guardei que a casinha era um presente do duque Carlos Augusto, de 1776, e que Goethe ali passou temporadas regulares, nos anos seguintes. O último rastro de sua passagem pelo *Gartenhaus* datava de 20 de fevereiro de 1832, disse-me Rosenfeld, com uma certeza que me parecia um tanto irreal. Irritante, até.

Naquela manhã, quando cruzei a grade do portão monumental de Buchenwald, para ir ao meu encontro diário com ele, o soldado americano que ali montava uma guarda relaxada me interpelou.

— Você, meu velho, eu o conheço!

Nem sequer olhou o crachá que Rosenfeld mandara fazer para mim. Fazia o gesto de levar um binóculo aos olhos.

— Outro dia, eu o observei... Você gritava a plenos pulmões na praça de chamada, sozinho... Era o quê?

— Uns versos — respondi.

Ele ficou pasmo.

— Poesia? Merda!

Mas ele não disse “merda”, é claro. Tampouco disse a palavra que se podia esperar: *shit.* Para manifestar sua surpresa, xingou em espanhol. Disse *coño.*

— *Poetry? Coño!* — exclamara.

Trocamos então umas palavras em espanhol e pensei que eu gostava um bocado desse exército norte-americano. A postura, tanto indumentária quanto protocolar, parecia mais flexível, mais descontraída do que em outros exércitos dos quais eu tinha alguma experiência. Menos militar, para dizer claramente. E essa impressão era confirmada pela diversidade das origens e das culturas daqueles soldados-cidadãos. O tenente com quem eu conversava nos últimos quatro dias sobre a vida e a morte em Buchenwald era um judeu alemão. Os suboficiais e os soldados que tinham vindo tocar jazz conosco — quer dizer: com a banda clandestina que Jiri Zak, meu companheiro comunista tcheco, organizara — eram pretos. E também havia inúmeros soldados naturais do Novo México, cujo espanhol cantado me deliciava. Ou me perturbava: que a língua de minha infância fosse a da liberdade, não só a do exílio e da recordação angustiada, era perturbador.

Dias antes, quando o tenente Rosenfeld dirigia-se aos civis alemães de Weimar, no pátio do crematório, eu observara um soldado americano bem jovem. Seu olhar, dilatado de horror, estava cravado na montanha de cadáveres que se empilhavam à entrada do prédio dos fornos. Uma montanha de corpos descarnados, amarelados, tortos, de ossos pontiagudos sob a pele áspera e esticada, de olhos salientes. Eu observara o olhar apavorado, revoltado, do jovem soldado americano, cujos lábios começaram a tremer. De repente, a poucos passos de distância, ouvi-o murmurar. Em voz baixa mas nítida, em espanhol, ele começara a rezar. *Padre nuestro que estás en los cielos*... Fiquei transtornado ao ouvi-lo. Não por ouvir uma oração: fazia tempos que me recusava esse consolo desolador, que me proibia esse recurso. Fiquei transtornado ao verificar que a língua de minha infância, repentinamente sonora a meu lado, fosse a que expressasse a verdade funesta daquele instante.

— *Poetry? Coño!* — exclamara, pois, aquele outro soldado americano do Novo México, naquela manhã.

Trocamos umas palavras em espanhol. Ele também sabia recitar poemas, disse-me. Do que, aliás, logo deu provas ao declamar com uma ênfase tipicamente castelhana, apesar de seu sotaque mexicano, uma poesia de Rubén Darío, cuja recitação concluiu com um grande gesto de braços rumo ao horizonte imaginário de uma praia oceânica por onde teriam desfilado manadas de elefantes de combate com arreios de festa: "*...y el Rey mandó desfilar/ cuatrocientos elefantes por las orillas del mar...*".

Assim o tenente Rosenfeld me recebera naquele dia recordando que estávamos no dia 23 de abril, dia de são Jorge. Presenteava-me com uma visita a Weimar.

As ruas da cidadezinha estavam praticamente desertas quando chegamos. Impressionou-me a sua proximidade: alguns quilômetros apenas separavam Buchenwald das primeiras casas de Weimar. É verdade que o campo de concentração fora construído na encosta oposta do Ettersberg. A cidade ficava invisível para nós que estávamos voltados para uma planície verdejante por onde se espalhavam uns povoados tranqüilos. Mas estava bem pertinho, quase deserta sob o sol de abril quando ali entramos. O tenente Rosenfeld fez curvas lentas com o jipe pelas ruas e praças. A do mercado, no centro da cidade, sofrera bombardeios aliados: todo o lado norte apresentava vestígios disso. Em seguida, Rosenfeld parou o veículo no *Frauenplan*, defronte da residência urbana de Goethe.

O velho que acabou nos abrindo a porta não era nada amável. Primeiro, pretendeu nos proibir a entrada. Precisávamos, dizia, de uma licença especial das autoridades, tendo em vista as circunstâncias. O tenente Rosenfeld retrucou que, justamente, tendo em vista as circunstâncias, era ele que encarnava as autoridades. Inclusive a Autoridade, maiúscula, na sua extrema singularidade: toda autoridade imaginável. Visivelmente essa evidência aborrecia o velho alemão, guarda zeloso da casa-museu de Goethe. Mas ele não podia impedir o tenente Rosenfeld de penetrar naquele santuário da cultura germânica. Este, portanto, penetrou, e eu atrás. Quando o velho fechou a porta de entrada — tive tempo de decifrar a inscrição latina que a dominava, lembrando que a casa fora construída, para a glória de Deus e ornamento da cidade, em 1709, por um certo Georg Caspar Helmershausen —, seu olhar carregado de ódio fixou-se no tenente Rosenfeld, que já se afastava para dentro da casa, e na pistola-metralhadora que ele pendurara no ombro. Depois, aquele olho negro, desconfiado, expressando uma ira desesperada, mediume de cima a baixo. Ou melhor, mediu de cima a baixo meus trajes. É bom que se diga que eles não eram lá muito decentes, eram um pouco insólitos. Com toda a certeza, entendeu de onde eu vinha, o que em nada podia reconfortá-lo.

Na verdade, não tínhamos nenhuma necessidade de guia para visitar a casa do *Frauenplan*. Rosenfeld me falava dela como um conhecedor, pertinente e loquaz. O velho guarda, porém, seguiu-nos. Às vezes, o ouvíamos resmungar atrás de nós. Estava louco para entendermos a que ponto éramos uns intrusos, indignos de profanar um lugar daqueles. Evocava escritores e artistas de toda a Europa que ele guiara pessoalmente pelos aposentos daquela nobre casa, nos últimos anos. Mas o tenente Rosenfeld não reagia, continuava a me contar tudo o que sabia, e era copioso, sobre a longa vida de Goethe em Weimar. No final, provavelmente humilhado por não ter conseguido provocar qualquer reação, o velho nazista subiu o tom. Às nossas costas, sua voz começou a nos contar a última visita de Hitler, quando este passava uma temporada em Weimar, no Hotel do Elefante. Sua voz enchia-se ao elogiar essa criatura admirável que era o *Führer*. De repente, não agüentando mais, o tenente Rosenfeld se virou, agarrou o velho pela gola e o arrastou até um armário embutido, onde o trancou a chave. Pudemos terminar nossa visita sossegados, fora do alcance de sua voz odiosa e desesperada.

O Deutschland, bleiche Mutter!
Wie haben deine Söhne dich zugerichtet
Dass du unter den Völkern sitzest
Ein Gespött oder eine Furcht!

O tenente Rosenfeld acaba de murmurar o final do poema de Brecht. Estamos sentados na grama que desce em suave declive para a beira do Ilm. O sol brilha sobre o aço de sua pistola-metralhadora, nesse dia de são Jorge.

Dois anos se passaram desde que Julia me fez descobrir a poesia de Bertolt Brecht. Dois anos apenas. No entanto, tenho a impressão de que uma eternidade nos separa daquela primavera, daquela noite de primavera na rua Visconti. Vem-me uma certeza, sorrio. Uma certeza estranha mas serena. Uma eternidade, é claro: a da morte. Dois anos de eternidade mortal separam-me daquele que eu era na rua Visconti. Aquele, aquele outro que escutava Julia recitar poemas de Bertolt Brecht. No raiar do dia, com a mão leve e acariciando-me, ela tocou meu rosto. "Não morra", murmurou ao me deixar. Tive um sobressalto, com um sorriso de orgulho espantado. Eu não era imortal, invulnerável, pelo menos?

Dois anos de eternidade glacial, de intolerável morte separavam-me de mim mesmo. Será que eu regressaria a mim mesmo, um dia? À inocência, fosse qual fosse a preocupação de viver, de uma presença transparente para si mesmo? Seria eu para sempre aquele outro que atravessara a morte? que dela se nutrira? que nela se desmanchara, se evaporara, se perdera?

— Está na hora de voltarmos — acaba de dizer o tenente Rosenfeld.

Olhou seu relógio, é hora de voltar, de fato. Vejo o sol de abril sobre o gramado que desce até o Ilm. Olho a casinha campestre de Goethe. Ouço o sussurro fervilhante dos passarinhos, ao meu redor: a vida recomeça, é isso. Entretanto, invade-me uma sensação inexplicável: estou contente de "voltar", como acaba de dizer Rosenfeld. Tenho vontade de regressar a Buchenwald, entre os meus, entre os meus companheiros, as assombrações de uma longa ausência mortal.

— Vamos — digo-lhe, de pé sobre o verde gramado das margens do Ilm.

5

O PISTOM DE LOUIS ARMSTRONG

"*On the sunny side of the street*": que alegria!

Era o pistom de Louis Armstrong, eu o reconhecia apesar de minha tonteira.

Eu ria, radiante.

Era em Eisenach, por volta de fim de abril. Num hotel de Eisenach utilizado pelos estados-maiores aliados como centro de repatriamento dos prisioneiros e dos deportados da região.

Apertei com mais força ainda a jovem que segurava nos braços. Fazia alguns minutos que dançávamos, quase imóveis, no final dessa noite em claro. Fitei-a, ela estava com os olhos arregalados. Achei um bom presságio que tivesse aqueles olhos azuis que me emocionavam nos arrasta-pés de minha adolescência, dois anos antes.

Um século, melhor dizendo: eu achava graça. Bobamente, imagino.

Mas, de repente, ela se agitou, foi ficando febril.

— Não me olhe assim — disse num fôlego.

Eu não a olhava assim. Olhava-a, só isso. Como se olha uma mulher, após tantos meses. Com surpresa, é provável. Com curiosidade, também. Olhava-a, portanto, muito simplesmente. Mas talvez fosse a simplicidade desse olhar, sua franqueza, que era indecente. Que a perturbava, justamente.

Seja como for, ela falava num tom contido, rouco de emoção.

— Gostaria de ser a primeira mulher da sua vida! — murmurou.

Era excessivo, observei-lhe.

— Da minha vida, é tarde demais! A primeira depois da minha morte, é tudo o que você é!

A voz de cobre de Louis Armstrong abria avenidas de desejo infinito, de nostalgia amarga e violenta. A jovem tremia com todo o seu corpo, não dançava mais. Como se de repente tivesse um desejo pânico do estranho passado do qual eu chegava, do deserto que contra a minha vontade se prenunciava nos meus olhos.

Como se estivesse atraída por esse próprio pânico.

Nas semanas seguintes, nos meses, durante aquela primavera, aquele verão do regresso — palavra engraçada, hipócrita, quando nada equívoca —, tive oportunidade de verificar a persistência eficaz desse olhar.

Do meu, quero dizer.

Ele já não era decifrável de imediato, como o fora para os três oficiais de farda britânica, quinze dias antes. Para aquela jovem de Eisenach também, que atendia pelo nome de Martine e fazia parte de uma missão auxiliar do exército francês. Na verdade, meu cabelo recomeçava a crescer. Eu estava vestido como qualquer um, qualquer sujeito de vinte anos, em Paris, nos belos dias estivais. Mal vestido, com certeza, à matroca, como tantos outros caras da minha idade nessa época de penúria do pós-guerra.

À primeira vista, nada indicava onde eu havia passado os últimos anos. Eu mesmo logo me calei a esse respeito, por muito tempo. Não com um silêncio afetado, nem culpado, tampouco temeroso. Silêncio de sobrevivência, melhor dizendo. Silêncio ruidoso do apetite de viver. Não fiquei, pois, mudo como um túmulo. Mudo porque deslumbrado com a beleza do mundo, com suas riquezas, desejoso de nele viver apagando os traços de uma agonia indelével.

Mas é de crer que não conseguia fazer meu olhar se calar.

Nos transportes coletivos, nas noitadas, nos bistrôs, ele sensibilizava as mulheres. Eu virava a cabeça, curioso diante de um rosto entrevisto, da curva de um ombro ou de um quadril, de um riso inteligente. Encarava olhos desconhecidos que se atordoavam, se escureciam. Uma violência súbita, aflita, talvez até angustiada, mas imperiosa, tornava-se legível nesse olhar: diamante da atração em estado bruto.

Seja como for, o mais difícil estava feito, muitas vezes por descuido, ou por inadvertência. A andorinha caía na armadilha de um espelho onde imaginava contemplar sua própria imagem embelezada pelo interesse da outra. Onde, porém, não havia nada para ver, para adivinhar — mas como, por meio de que processo perspicaz? —, a não ser a superfície fosca de um passado abominável.

Assim, o olhar alucinado, devastado, que provocara um mal-estar nos três oficiais de uma missão aliada, em 12 de abril de 1945, em Buchenwald, à entrada de um prédio administrativo da divisão SS Totenkopf, onde estavam as pastas que queriam consultar, esse olhar me daria acesso à beleza das mulheres, à sua ternura, seu ardor e sua languidez que deixaram minha alma novamente habitável. Pelo menos por certo tempo, e por intermitência. O suficiente para armazenar a lembrança de algumas minúsculas alegrias lancinantes.

Tendo descoberto esse poder, eu jogava com ele sem escrúpulos.

Sem escrúpulos, decerto, mas não sem certa aflição. Pois cada um desses encontros, cada uma dessas aventuras, por mais agradável que fosse, reavivava em mim as dores da memória. Cada uma delas despertava-me a morte que eu queria esquecer, mas cujo brilho turvo estava na origem desses prazeres.

Durante todo o verão do regresso, todo o outono, até o dia de inverno ensolarado, em Ascona, no Tessino, em que resolvi abandonar o livro que estava tentando escrever, as duas coisas que pensei que me ligariam à vida — a escrita, o prazer —, ao contrário, dela me afastaram, remeteram-me permanentemente, dia após dia, à memória da morte, sufocaram-me na asfixia dessa memória.

Louis Armstrong, o metálico da sua voz, do seu pistom, aquele corpo de mulher à saída da ausência: tudo parecia fácil, no final de uma noite em claro, em Eisenach, no grande hotel requisitado cujo charme antiquado me lembrava os balneários freqüentados outrora por A. O. Barnabooth.

Eu me entregava, flutuando no sonho algodoado de dançar agarradinho. Onde o desejo se inscrevia, suntuoso. Tinha razão em não dar demasiada importância ao meu corpo esquálido, um tanto fantasmático. O sangue continuava a circular, não havia por que me preocupar. O futuro estava provavelmente repleto de mulheres de olhos fechados — Martine D. acabava de fechar os seus —, de pernas compridas entrelaçadas às minhas.

Nada a temer, de fato.

Isso me fazia bem à alma, essa alegria carnal. Meu corpo me surpreendia, devo confessar. Aos dezoito anos, por assim dizer, eu ignorava meu corpo. Ou melhor: ignorava o fato de ter um, suas servidões. Menosprezava-o, quando nada, ou o subestimava, talvez. Meu corpo também me ignorara. Não era nada objetivo, não tinha nenhuma vida para si. Nenhum em-si, meu corpo, com suas exigências próprias, felizes ou miseráveis, das quais eu devesse tomar consciência. Ou, pelo menos, me aproveitar.

Meu corpo não passava do prolongamento imediato de meus desejos, minhas vontades. De meus caprichos, até. Não era nada além de mim mesmo. Obedecia-me num estalar de dedos, sem porém nada de instrumental. A tradicional dissertação das aulas de filosofia sobre as relações entre o físico e o moral, eu a teria concluído sem hesitação: era isso mesmo, era tudo a mesma coisa. Meu corpo era-me tão consubstancial quanto minhas recordações de infância. Eu estava no meu corpo como um peixe na água. Nele estava com toda a minha alma, se me permitem ser tão categórico.

Redescobri meu corpo, sua realidade para-si, sua opacidade, sua autonomia na revolta também, aos dezenove anos, em Auxerre, num casarão da Gestapo, durante os interrogatórios.

De súbito, meu corpo tornou-se problemático, soltou-se de mim, viveu dessa separação, para si, contra mim, na agonia da dor. Os sujeitos de Haas, o chefe da Gestapo local, suspendiam-me no alto pelos braços esticados para trás, mãos algemadas às costas. Mergulhavam-me a cabeça na água da banheira, deliberadamente suja com detritos e excrementos.

Meu corpo sufocava, enlouquecia, pedia por favor, ignóbil. Meu corpo afirmava-se numa insurreição visceral que pretendia me negar enquanto ser moral. Pedia-me que capitulasse diante da tortura, exigia-o. Para sair vencedor desse embate com meu corpo, eu precisava subjugá-lo, dominá-lo, abandonando-o aos horrores da dor e da humilhação.

Mas era uma vitória a cada minuto questionada e que, além disso, me mutilava, fazendo-me odiar uma parte essencial de mim mesmo, que até então eu vivenciara na indiferença e na felicidade física. Entretanto, cada dia de silêncio ganho contra a Gestapo, ainda que afastasse meu corpo de mim, carcaça ofegante, aproximava-me de mim mesmo. Da surpreendente firmeza de mim mesmo: orgulho inquietante, quase indecente, de ser homem dessa forma desumana.

Depois, em Buchenwald meu corpo continuou a existir por sua própria conta — ou sem se dar conta —, em meio às obsessões do esgotamento: a fome e a falta de sono. Fui obrigado a manejá-lo rudemente, a tratá-lo com desprezo, quando necessário.

Um dia, poucas semanas após minha chegada ao campo, fui acometido por uma febre alta, causada por uma furunculose. Por instinto, evitei o *Revier*, a enfermaria, os cuidados que poderia solicitar. Em geral, saía-se da enfermaria pela chaminé do crematório: eu já conhecia o ditado dos veteranos de Buchenwald. Portanto, pedi a um colega francês, médico do *Revier*, que sarjasse os furúnculos que invadiam minhas axilas, e prossegui minha vida de trabalho regulamentar. Tudo voltou à ordem.

Mas aconteceu-me suspeitar que meu corpo ficaria marcado para sempre pelos suplícios da fome, do sono em atraso, do esgotamento eterno.

De jeito nenhum, nada disso.

Naquela noite, em Eisenach, meu corpo me assombrava. Uns dias de liberdade, de alimentação mais consistente, de sono à vontade, e ei-lo revigorado, arrogante, sobejamente esquecido dos pânicos tão recentes. Um jantar de verdade servido numa mesa de verdade, alguns copos de vinho da Mosela e ei-lo embriagado, talvez, mas ágil, afiado: motivo para rir de felicidade.

Então, inclinei-me sobre a jovem de uniforme azul, o qual lhe caía bem, e murmurei-lhe ao pé do ouvido:

J'ai pesé de tout mon désir
*sur ta beauté matinale...**

Uma espécie de fogo-de-bengala brilhou em seus olhos.

— Você é poético, hein!

Não era eu o poético, claro. Em todo caso, era-o de modo vicário. Mas Martine nada conhecia de René Char. Não podia recriminá-la por isso, pois também nada conhecia até bem poucos dias antes. Até 12 de abril, para ser mais exato.

Martine D., entretanto, não era a primeira mulher da minha vida. Nem sequer a primeira depois da minha morte. Esta, a primeira depois da neve e da morte, da fome e da fumaça, chamava-se Odile. E não dancei com ela em Eisenach, no grande hotel requisitado pelos americanos. Seria no Petit Schubert, no bulevar du Montparnasse, que dançaria com Odile pela primeira vez, dias depois de meu regresso. Depois da noite em claro de Eisenach.

Havia novamente o trompete de Armstrong, todas as trombetas do paraíso. Havia a noite em claro, o álcool, a louca esperança de uma vida recomeçada. Havia Odile M., que era prima de um de meus amigos de adolescência. Após um jantar, conversas, risos, uma discussão confusa na casa de desconhecidos, na avenida de Saxe, sobre Albert Camus, fomos em grupo ao Petit Schubert, depois da meia-noite.

(*) Empenhei todo o meu desejo/ na tua beleza matinal...

Odile M. só dançava comigo. Eu a segurava nos braços, o tempo passava, o amor da madrugada prenunciava-se suavemente.

Então, murmurei no ouvido da jovem as palavras de René Char. Não era porque não havia funcionado em Eisenach que eu ia me privar desse recurso retórico, dessa abertura poética na linguagem indecente e deliciosa da intimidade:

J'ai pesé de tout mon désir
sur ta beauté matinale...

Odile parou de dançar, olhou-me, tínhamos saído do Petit Schubert.

Dias depois, em 8 de maio de 1945, sob um sol esplendoroso, cruzei o pátio do hospital do Kremlin-Bicêtre.

Era o dia da vitória contra as tropas nazistas, como provavelmente se recordam. E mesmo quem não se recorda pode ter guardado essa data. Recordar-se e guardar datas não são a mesma coisa. Também não nos recordamos da batalha de Marignan e, no entanto, é uma data que guardamos.

Quanto a mim, recordo-me de fato do dia 8 de maio de 1945. Não é uma simples data para manuais escolares. Recordo-me do sol esplendoroso, das moças louras, do fervor das multidões. Recordo-me da angústia das famílias aflitas, espremidas na entrada do Hotel Lutétia, esperando os familiares que ainda não tinham regressado dos campos. Recordo-me de uma mulher de cabelos grisalhos, rosto ainda esticado e juvenil, que pegou o metrô na estação Raspail. Recordo-me que um alvoroço entre os passageiros empurrou-a para perto de mim. Recordo-me que de súbito ela reparou na minha roupa, no meu cabelo rente, que buscou meu olhar. Recordo-me que sua boca começou a tremer, que seus olhos se encheram de lágrimas. Recordo-me que ficamos muito tempo frente a frente, sem trocar uma palavra, próximos um do outro numa inimaginável proximidade. Recordo-me que me lembrarei por toda a minha vida desse rosto de mulher. Lembrarei da sua beleza, da sua compaixão, da sua dor, da proximidade de sua alma.

E me recordo ter atravessado o pátio do hospital do Kremlin-Bicêtre sob um sol esplendoroso, no barulho dos sinos carrilhonando a vitória.

Naquele dia, eu devia encontrar Odile M. num quarto austero de interna de plantão. Ela me pedira que fosse na hora do almoço, quando teria uma horinha tranqüila. "Uma ou duas horas; vai depender das emergências. Prefiro encontrá-lo a ir comer na cantina, que é uma porcaria", dissera-me. "Aliás, dormir alimenta, se é que você entende o que quer dizer dormir!", acrescentou num acesso de riso.

Quando Odile começou a se despir, na barulheira de sinos, de multidões em júbilo, de buzinas de todo tipo, que nos chegava abafada, no quartinho austero do hospital do Kremlin-Bicêtre — ela não conhecia a etimologia da segunda parte deste nome composto, nem sequer ficou agradecida por eu lhe ter ensinado: estava pouco ligando —, derrubou por descuido a sacola de couro de oficial alemão que eu trouxera de Buchenwald. Ali dentro carregava na época todos os meus pertences.

Odile ajoelhou-se para recolher minhas coisas espalhadas. Vi então, em suas mãos, o volume de René Char, *Seuls demeurent.*

Lembrei-me de que havia prometido ao oficial francês devolver-lhe esse livro na minha volta. Ele me dera um endereço, rua de Varenne. Aliás, para ser mais exato, não falara de volta, mas de repatriamento.

Pensei em tudo o que haveria a dizer sobre essas duas palavras: *volta, repatriamento.* A segunda, obviamente, não tinha o menor sentido para mim. Em primeiro lugar, eu não voltara para a minha pátria, ao voltar para a França. E depois, se fôssemos ao fundo das coisas, estava claro que nunca mais eu poderia voltar para qualquer pátria. Não havia mais pátria para mim. Não haveria nunca mais. Ou então, várias, o que daria no mesmo. Pode-se morrer, pensem nisso, por várias pátrias ao mesmo tempo? É impensável. Contudo, morrer pela pátria é a melhor prova ontológica da existência da dita. A única, talvez. Isso se anularia, todas essas mortes possíveis. Se necessário, só se morre uma vez e por uma só pátria. Não se deve brincar com isso: nada de pluralismo quanto à pátria, que é una e indivisível, única.

Quanto a mim, nunca sonhara em morrer pela pátria. Nunca a idéia de pátria me aflorara (mas talvez seja um verbo leve demais, etéreo demais, *aflorar*, para falar da idéia de pátria; se ela existe, não penso que ela lhe aflore, essa idéia, mais provavelmente deve abatê-lo, esmagá-lo, derrubá-lo, imagino), nunca, portanto, eu tivera essa idéia ao cogitar em algumas ocasiões — um tanto freqüentes, nesses últimos anos — da possibilidade de morrer. Quer dizer, de arriscar minha vida. O que esteve em jogo nunca foi a pátria.

Nada de repatriamento, pois.

Mas a palavra *volta* também não conviria à perfeição, apesar de sua aparente neutralidade. Por certo, de um modo puramente descritivo podia-se dizer que eu voltara ao meu ponto de partida. Mas este era ocasional: eu não voltara para minha casa. Poderia ser preso em qualquer lugar, retornar para qualquer lugar. Com isso, caía-se na figura precedente do discurso, relativa ao repatriamento, à sua improbabilidade. Mais ainda: tinha eu de fato voltado a algum lugar, aqui ou alhures, em minha casa ou em qualquer lugar? A certeza de que não houvera realmente uma volta, de que eu não retornara realmente, de que uma parte de mim, essencial, nunca regressaria, essa certeza por vezes me habitou, demolindo minha relação com o mundo, com a minha própria vida.

Horas mais tarde, na rua de Varenne, quando a porta afinal se abriu, estava prestes a ir embora, de tal forma demoraram para responder ao meu toque de campainha.

Uma jovem apareceu no batente da porta no momento em que ia me virando, desanimado.

Eu segurava na mão o livro que vinha devolver ao seu dono. O oficial francês me dissera que o apreciava muito, que fora presente de uma mulher. Seria ela? Seja como for, lembrei-me de um poema de Char:

*Beauté, je me porte à ta rencontre dans la solitude du froid. Ta lampe est rose, le vent brille. Le seuil du soir se creuse...**

Pronunciei essas palavras em silêncio, quando vi Laurence aparecer no patamar da rua de Varenne. Ou melhor, uma jovem desconhecida, cujo nome se revelaria ser este. Que ainda estava sem nome, mas não inominável. Uma penca de nomes veio-me ao espírito, em várias línguas, para me dirigir a ela, para captar sua aparência. Foi finalmente o mais universal, que continha todos os outros, que murmurei para mim mesmo: *Beauté...*

Mas ela levou um susto ao me ver, tapou o rosto com a mão direita, para me esconder os olhos. Ou por outra, para me esconder dos seus olhos.

— Então é você...

Disse essas palavras com voz baixa e chorosa. Não percebi direito se era no modo interrogativo ou no da constatação consternada.

— Marc morreu anteontem — acrescentou.

E arrancou-me das mãos o livro de René Char, cingindo-o ao coração.

Mais tarde, a noite havia caído, as luzes acendido: tudo havia sido dito. Marc era o nome do oficial de Buchenwald, eu não sabia. Fora ferido mortalmente num dos derradeiros embates da guerra, três dias antes da capitulação alemã. Mas no dia seguinte de nosso encontro à entrada do quartel Totenkopf, escrevera uma longa carta a Laurence. Falava de nosso encontro, de nossas conversas. A moça leu-a para mim, num instante de abandono. Pois se mostrara distante, quase hostil, irada em certos momentos: a maior parte do tempo. E depois, de repente, meiga, refugiando-se em meus braços, desamparada.

Oferecida, na verdade, abandonando-se, mas para logo se reaprumar.

Agora, com um gesto solto de todo o corpo, harmonioso apesar da pressa febril, após um demorado silêncio, lágrimas

(*) Beleza, apresento-me ao teu encontro na solidão do frio. Teu abajur é rosa, o vento brilha. O limiar da noite se abre...

amargas, Laurence se levantou. Caminhou até o fundo do aposento.

Fechei os olhos: o brilho de sua beleza tinha algo de ofuscante.

Não era o desejo que me fazia tremer, porém. Eu não estava com boca seca, nenhum calor subia da virilha até um coração palpitante. O desejo não era improvável, é verdade, mas no futuro. Alguma coisa de agudo e de suave, mais tarde. Por ora, era o espanto que me fazia tremer: que fosse possível tanta graça e descontração.

Beauté, je me porte à ta rencontre...

Nesse instante, escutei os primeiros compassos do disco que Laurence pusera na eletrola. A voz de Louis Armstrong, e depois: "*In the shade of the old apple tree...*". Por uma fração de segundo, um fragmento de eternidade, minha impressão foi ter realmente voltado. Estar de volta, realmente. Retornado à minha casa.

Mas ainda não cheguei lá.

Ainda estou em Martine D., em Eisenach, debaixo dos lustres de um grande hotel de um charme antiquado. Acabo de dizer a Martine dois versos de *Seuls demeurent,* ela acaba de proclamar que me acha poético, mas vamos ficar nisso. Um cara altão surgiu de repente perto de nós. Um oficial francês de uniforme de combate, com uma boina preta na cabeça.

— Boa noite, meu velho! — disse o oficial pegando Martine pelo braço e puxando-a para si.

Tinha um jeito de proprietário.

Compreendi que só me restava ir encontrar meus companheiros de Buchenwald, que partiam comigo para Paris no grupo de uma missão de repatriamento.

— Boa noite, meu jovem — respondi, muito digno.

Completamente tonto, eu percebia. Muito digno, porém.

O cenho esquerdo do oficial franziu-se, era a sua única reação.

— Você vem do campo? — perguntou.

— Como está vendo...

De fato, devia se ver. Eu usava botas russas, uma calça de pano grosso, com minha matrícula — 44 904 — costurada na perna esquerda. Vestia uma espécie de pulôver cinza, com a inscrição "KL Bu" pintada de verde nas costas. Difícil não ver que eu vinha do campo, de fato.

— Era duro, hein? — disse o oficial com a boina de comando, semblante concentrado.

— Que nada — respondi —, era um sanatório, esse campo!

Era a frase que nos jogavam na cara os veteranos de Buchenwald, quando comparavam os seus próprios anos terríveis — de 1937 a 1942, mais ou menos — com os que tínhamos conhecido.

Mas o oficial com a boina preta de fitinhas não entendia nada dessa linguagem cifrada. Assustou-se, olhou-me, deve ter pensado que eu estava bêbado, ou ruim da cabeça. O fato é que deu de ombros e foi embora.

Levando Martine, é claro.

Seria o despeito provocado pela partida da jovem? Ou o desespero habitualmente lúcido do fim das noites em claro? De súbito, sentia-me infeliz, imóvel entre os militares americanos e franceses que dançavam com moças de todo tipo, diante do olhar febril e alucinado dos sobreviventes, diante dos olhos presunçosos dos *maîtres-d'hôtel* alemães. Infeliz com a resposta que havia dado, da qual só eu podia achar graça. Infeliz com que ele tivesse ido embora antes que eu respondesse de fato à sua pergunta. É bom que se diga que a pergunta era cretina. Absurda na sua forma, quando nada. "Era duro, hein?" era uma pergunta sem nenhuma abertura, que inclusive fechava qualquer espaço de questionamento, com uma resposta inevitável, afirmativa, mas que não levava a nada. Sim, era duro: e daí?

Eu devia esperar por isso, devia estar preparado para responder a uma pergunta tão mal formulada. Nos últimos quinze dias, toda vez que encontrava pessoas de fora só ouvia perguntas mal formuladas. Mas para formular as perguntas certas, talvez fosse preciso já conhecer as respostas.

— Por que você largou essa moça, parecia bem engatilhado — diz-me Yves Darriet um pouco mais tarde.

Acabo de voltar para o canto do salão onde estão os companheiros. Vamos continuar a nos embebedar tranqüilamente, até a partida do comboio, previsto para de manhã bem cedinho.

— Não sei — disse eu. — Tem um bestalhão de um oficial com uma boina de fitinhas que veio pegá-la. Ela parecia ser dele.

Em todo caso, não seria minha.

Uns dias antes, escutei vozes de mulheres, por perto. Estava na praça de chamada, deserta naquele momento. Acabava de devolver meus livros a Anton, o bibliotecário. Contemplava o retrato de Stalin. Agora o acordeom russo tocava um *gopak* num ritmo dos diabos.

Houve aquelas vozes de mulheres, risos: um autêntico viveiro de pássaros. Virei-me.

As moças da Missão França usavam uniformes azuis que moldavam seus corpos. Queriam visitar o campo, tinham lhes dito que era apaixonante. Pediam-me que as acompanhassem.

Observei os olhos azuis de uma delas. Olhei-a nos olhos. Martine D. fez um gesto com a mão, como para se proteger. Depois, sua mão caiu. Seu olhar sustentou o meu. Ficamos sozinhos no mundo, um instante, olhos nos olhos. Sozinhos na praça de chamada de Buchenwald, entre as faias centenárias. Havia sol, vento nas árvores e ficamos sozinhos. Durante uns longos segundos, pelo menos.

Depois, outra jovem exclamou:

— Mas até que não parece tão ruim assim!

Ela olhava os barracões de um verde elegante ao redor de toda a praça de chamada. Olhava a esplanada de flores defronte do prédio da cantina. Depois, viu a chaminé larga e baixa do crematório, no fundo da praça de chamada.

— Aquilo é a cozinha? — perguntou.

Quis estar morto, durante uma fração de segundo. Se estivesse morto, não poderia escutar essa pergunta. Repentinamente, tive horror de mim mesmo, de ser capaz de ouvir essa pergunta. De estar vivo, em suma. Era uma reação compreensível, mesmo sendo absurda. Excessiva, em todo caso. Pois era justo porque eu não estava propriamente vivo que essa pergunta a respeito da cozinha me deixava furioso. Se eu não fosse uma parcela da memória coletiva de nossa morte, essa pergunta não teria me deixado furioso. Eu nada mais era, no essencial, do que um resíduo consciente de toda essa morte. Um fiapo individual do tecido impalpável dessa mortalha. Um grão de poeira na nuvem de cinza dessa agonia. Uma luz ainda piscando no astro apagado de nossos anos mortos.

E sem dúvida eu sabia, do fundo mais arcaico de um saber visceral, que ia reviver, retomar o curso de uma vida possível. Inclusive tinha o desejo, o gosto violento desse futuro: as músicas, os sóis, os livros, as noites em claro, as mulheres, a solidão. Sabia que era necessário e justo reviver, voltar à vida, que nada me impediria de fazê-lo. Mas esse saber impaciente, ávido, essa sabedoria do corpo, não me ocultava a certeza fundamental de minha experiência. De meus laços com a memória da morte, para sempre.

— Venham — disse às moças da Missão França —, vou mostrar-lhes.

Levei-as para o prédio do crematório, que uma delas confundira com uma cozinha.

Mostrar? Talvez a única possibilidade de fazer compreender terá sido, de fato, fazer ver. Seja como for, as moças de uniforme azul terão visto. Ignoro se compreenderam, mas quanto a ver, terão visto.

Eu as fiz entrar pela portinha do crematório, que levava ao porão. Acabavam de compreender que não era uma cozinha, e de repente se calaram. Mostrei-lhes os ganchos onde penduravam os deportados, pois o porão do crematório também servia de sala de tortura. Mostrei-lhes os nervos de boi e os porretes. Mostrei-lhes os monta-cargas que levavam os cadáveres até o térreo, direto para defronte da fileira de fornos. Subimos ao térreo e mostrei-lhes os fornos. Elas não tinham mais nada a dizer. Nada de risos, nada de conversas, nada de ruídos de viveiro de pássaros: silêncio. Suficientemente carregado, suficientemente compacto para trair-lhes a presença, atrás de mim. Seguiam-me, como uma massa de silêncio de súbito angustiado. Eu sentia o peso de seu silêncio às minhas costas.

Mostrei-lhes a fileira de fornos, os cadáveres semicalcinados que ficaram nos fornos. Mal lhes dirigia a palavra. Simplesmente dizia o nome das coisas, sem comentários. Precisavam ver, tentar imaginar. Em seguida, tirei-as do crematório para o pátio interno rodeado por uma cerca alta. Ali, não disse mais nada, rigorosamente nada. Deixei-as ver. Havia, no meio do pátio, um amontoado de cadáveres que alcançava bem uns três metros de altura. Um amontoado de esqueletos amarelados, tortos, com olhares de horror. Fora, do outro lado da cerca, o acordeom russo continuava a tocar num ritmo dos diabos. A alegria do *gopak* chegava até nós, rodopiando sobre aquele amontoado de cadáveres: dança dos mortos do último dia, que ficaram ali mesmo, pois os ss em fuga deixaram o crematório se apagar.

Pensei que nos barracões do Pequeno Campo, os velhos, os inválidos, os judeus continuavam a morrer. O fim dos campos, para eles, não era o fim da morte. Tampouco era o fim da sociedade de classes, Anton, o bibliotecário, acabava de me lembrar. Pensei, olhando os corpos descarnados, de ossos saltados, de peitos chupados, que se amontoavam no meio do pátio do crematório, em três metros de altura, que aqueles eram meus companheiros. Pensei que era preciso ter vivido a morte deles, como o tínhamos feito, nós que sobrevivêramos à morte deles — mas que ainda não sabíamos se sobrevivêramos à nossa —, para mirá-los com um olhar puro e fraterno.

Ouvia ao longe o ritmo alegre do *gopak* e pensei que aquelas moças não tinham nada a fazer ali. Era uma cretinice tentar explicar-lhes. Mais tarde, daqui a um mês, daqui a quinze anos, numa outra vida eu poderia talvez explicar tudo aquilo a qualquer um. Mas hoje, sob o sol de abril, entre as faias ruidosas, esses mortos horríveis e fraternos não precisavam de explicação. Precisavam de todas as nossas forças na memória de suas mortes: qualquer outra forma de vida nos arrancaria do enraizamento naquele exílio de cinzas.

Aquelas moças da Missão França deviam ir embora.

Virei-me, haviam ido embora. Haviam fugido daquele espetáculo. Aliás, eu as compreendia. Não devia ter a menor graça chegar a Buchenwald, em visita turística, e ser brutalmente posto em presença de um monte de cadáveres tão pouco apresentáveis.

Estava de novo na praça de chamada, acendi um cigarro. Uma das moças me aguardava, a que tinha os olhos azuis: Martine Dupuy. Soube seu nome uns dias depois, em Eisenach.

Mas ela acaba de ir embora com o seu capitão dos comandos e Yves Darriet me pergunta por que a larguei.

Conheço Yves desde os primeiros dias de quarentena no block 62 do Pequeno Campo. Ele chegara de Compiègne nas levas maciças de janeiro de 44, como eu. André Verdet, Serge Miller, Maurice Hewitt, Claude Bourdet, Maurice Halbwachs, entre muitos outros, também haviam chegado naqueles dias. Depois da quarentena, dividi com Yves os dias e as noites na mesma ala do block 40: *Flügel C.* Era músico na vida de lá de fora, foi quem compôs os arranjos para o conjunto de jazz de Jiri Zak. Foi quem descobriu o saxofonista da banda. Às vezes, antes do toque de recolher noturno, ou no domingo à tarde, trocávamos poemas. Ele me recitava Victor Hugo, Lamartine, Toulet, Francis Jammes. Eu lhe recitava Rimbaud, Mallarmé, Apollinaire, André Breton. Quanto a Ronsard e a Louise Labé, os recitávamos juntos. Em uníssono, quer dizer.

Foi Darriet que me inscreveu no comboio de amanhã, ou melhor, de daqui a pouco. Uns caminhões da missão de repatriamento do padre Rodhain partem para Paris, bem cedinho. Yves faz parte do grupo de repatriados, veio me buscar em Buchenwald. Como é um amigo de verdade, que tem senso de humor, fiz-lhe os comentários que vocês já conhecem sobre o suposto repatriamento. Até que ele os encarou bastante bem. E também não os levou na brincadeira, o que, vindo dele, não me surpreendeu.

— De toda maneira, é bom que você esteja aqui — disse-me Yves, agora que me juntei ao grupo dos futuros repatriados. — Estávamos conjecturando como teremos de contar, para que nos compreendam.

Balanço a cabeça, é uma boa pergunta: uma das boas perguntas.

— O problema não é esse — logo exclama outro. — O verdadeiro problema não é contar, quaisquer que sejam as dificuldades. É escutar... Vão querer escutar as nossas histórias, mesmo que sejam bem contadas?

Portanto, não sou o único a me formular essa pergunta. É verdade que ela se impõe por si mesma.

Mas instala-se a confusão. Todos têm uma opinião a dar. Não poderei transcrever a conversa como deveria, identificando os participantes.

— O que é que isso quer dizer, "bem contadas"? — indigna-se alguém. — Tem que se dizer as coisas como elas são, sem artifícios!

É uma afirmação peremptória que parece aprovada pela maioria dos futuros repatriados presentes. Dos futuros narradores possíveis. Então, apresento-me, para dizer o que me parece uma obviedade.

— Contar bem quer dizer: de modo a sermos escutados. Não conseguiremos sem um pouco de artifício. Artifício suficiente para que se torne arte!

Mas essa obviedade não parece convincente, a julgar pelos protestos que suscita. Com certeza, levei longe demais o jogo de palavras. Só mesmo Darriet é que me aprova com um sorriso. Conhece-me melhor do que os outros.

Tento aclarar meu pensamento.

— Escute aqui, pessoal! A verdade que temos a dizer, se é que vamos ter vontade, inúmeros são os que nunca a terão!, não é facilmente crível... Inclusive, é inimaginável...

Uma voz me interrompe, para acrescentar.

— Isso, sim, isso é verdade! — diz um cara que bebe com um jeito sombrio, resoluto. — Tão pouco crível que eu mesmo vou deixar de crer, assim que possível!

Há risos nervosos, tento prosseguir.

— Como contar uma verdade pouco crível, como suscitar a imaginação do inimaginável, a não ser elaborando, trabalhando a realidade, pondo-a em perspectiva? Com um pouco de artifício, portanto!

Falam todos ao mesmo tempo. Mas uma voz acaba se sobressaindo, impondo-se em meio à balbúrdia. Há sempre vozes que se impõem em balbúrdias semelhantes: digo-o por experiência.

— Você está falando de compreender... Mas se trata de que tipo de compreensão?

Olho aquele que acaba de tomar a palavra. Desconheço seu nome, mas o conheço de vista. Já o notei, certas tardes de domingo, passeando defronte do block dos franceses, o 34, com Julien Cain, diretor da Biblioteca Nacional, ou com Jean Baillou, secretário da Escola Normal Superior. Deve ser um universitário.

— Imagino que haverá uma quantidade de testemunhos... Eles valerão o que valer o olhar da testemunha, sua acuidade, sua perspicácia... E, além disso, haverá documentos... Mais tarde, os historiadores recolherão, reunirão, analisarão uns e outros: farão obras eruditas... Onde tudo estará dito, anotado... Onde tudo será verdade... salvo que faltará a verdade essencial, a qual nenhuma reconstrução histórica jamais poderá alcançar, por mais perfeita e onicompreensiva que seja...

Os outros o olham, balançando a cabeça, aparentemente serenados ao verem que um de nós consegue formular os problemas com tanta clareza.

— O outro tipo de compreensão, a verdade essencial da experiência, não é transmissível... Ou melhor, só o é pela escrita literária...

Vira-se para mim, sorri.

— Pelo artifício da obra de arte, é claro!

Parece-me reconhecê-lo, agora. É um professor da universidade de Estrasburgo.

No verão passado, pouco depois da libertação de Paris, fiz uma palestra sobre Rimbaud, numa sala do *Revier*, num domingo à tarde. Foi o comitê clandestino dos interesses franceses, representando todas as organizações de resistência, que tomou a iniciativa dessas reuniões culturais. Que às vezes eram musicais, em torno de Maurice Hewitt, às vezes literárias, em torno de algum conferencista improvisado. Parece que essas reuniões dominicais faziam bem para o moral das tropas.

Seja como for, Boris Taslitzky e Lucien Chapelain tinham ido me propor falar um dia sobre Rimbaud para os freqüentadores dessas distrações organizadas pelo aparelho clandestino de solidariedade. De modo que falei numa sala do *Revier*, lotada para essa circunstância. Era verão, eu estava usando o casaco de brim azul que o *Effektenkammer*, o depósito de roupas, me atribuíra para a estação. À entrada da sala, antes que a conversa rimbaudiana começasse, Chapelain, muito constrangido, pediu-me que tirasse o casaco. Não queria que se visse o S sobre um fundo de pano vermelho que eu ostentava no peito e que me identificava como espanhol. Alguns chauvinistas do comitê francês — precisa-se de tudo para fazer uma resistência nacional — achavam, na verdade, que as distrações propostas eram em geral internacionalistas demais, cosmopolitas demais. Desejavam que se imprimisse a elas um cunho mais tipicamente francês. Chapelain, que era comunista, que me falava em nome do comitê clandestino do PCF, e queria evitar conflitos menores com os grupos de resistentes nacionalistas, pediu-me, portanto, que tirasse o casaco. "Sabe", disse-me, "ao ouvir você falar ninguém pode desconfiar que você seja espanhol. Esses velhos cretinos não terão do que reclamar!" Na verdade, fiquei um pouco perplexo com isso. A solicitação de Chapelain me parecia propriamente digna do personagem de *Ubu Rei*. Mas, afinal, eu gostava dele, assim como dos outros companheiros do PCF com quem tinha contato. De sorte que tirei o casaco, a fim de que a visão do S costurado sobre o meu peito não fosse perturbar os franceses de raça e de sangue docemente instalados nas suas certezas de pureza nacional.

No final da palestra, quatro ou cinco deportados se aproximaram de mim. Eram homens maduros, por volta dos quarenta anos. Eram todos professores da universidade de Estrasburgo. Algumas afirmações que eu fizera sobre Rimbaud tinham-nos interessado, eles queriam saber que estudos eu estava fazendo, se me preparava para o ensino.

Em Eisenach, no fim da noite em claro, o homem que falava conosco era um desses professores da universidade de Estrasburgo.

— Pelo artifício da obra de arte, é claro! — acaba de dizer.

Reflete um instante, ninguém diz nada, esperando a continuação. Pois haverá uma continuação, é evidente.

— O cinema parece a arte mais apropriada — acrescenta. — Mas os documentos cinematográficos com certeza não serão muito numerosos. E, além disso, os acontecimentos mais significativos da vida dos campos provavelmente nunca foram filmados... De toda maneira, o documentário tem seus limites, intransponíveis... Seria necessária uma ficção, mas quem ousará? O melhor seria realizar um filme de ficção hoje mesmo, na verdade de Buchenwald ainda visível... A morte ainda visível, ainda presente. Não um documentário, digo mais uma vez: uma ficção... É impensável...

Faz-se silêncio, pensamos nesse projeto impensável. Bebemos com goles vagarosos o álcool do retorno à vida.

— Se o estou entendendo bem — diz Yves —, eles nunca saberão, os que não estiveram aqui!

— Nunca realmente... Restarão os livros. Os romances, de preferência. Os relatos literários, ao menos, que ultrapassarão o simples testemunho, que darão para imaginar, ainda que não dêem para ver... Haverá talvez uma literatura dos campos... Estou falando de uma literatura, e não apenas de reportagens...

Digo uma palavra, por minha vez.

— É possível. Mas o importante não será a descrição do horror. Pelo menos, não só, nem sequer principalmente. O importante será a exploração da alma humana no horror do Mal... Precisaremos de um Dostoievski!

Isso mergulha os sobreviventes que ainda não sabem a que sobreviveram num abismo de reflexão.

De repente, um trompete começa a tocar.

Negros americanos de um batalhão de choque do exército de Patton reuniram-se no fundo da sala. Começam a improvisar entre si, para se divertir. A brancura das toalhas e o cristal das garrafas vazias refletem a luz vacilante do sol nascente.

Reconheci a frase inicial de "Big Butter and Egg Man", o que me fez tremer de alegria. Ergui meu copo a eles, que, decerto, não podiam me ver. Mas bebi em homenagem a eles, à glória dessa música que tantas vezes me tornou a vida suportável.

Dois anos antes, aproximadamente, em setembro de 1943 — quinze dias antes de ser preso pela Gestapo, em Joigny —, eu estava numa *surprise-party*, na rua Washington. Na casa de uma amiga encantadora, estudante de medicina. Sua mãe tinha um sobrenome da nobreza, oriundo de uma linhagem de fidalgotes da Vendée, e suas opiniões refletiam muito bem essa origem social. Mas adorava a filha e suportava com uma benevolência distraída os seus amigos. Hyacinthe organizava *surprise-parties* suntuosas no grande apartamento da rua Washington. Havia todos os discos imagináveis, uma eletrola de braço automático e um *buffet campagnard* abundante e variado.

Naquele dia, no dia daquela festa, eu tinha um encontro, de manhã, com Henri Frager, o chefe do Jean-Marie Action. Na avenida Niel, na calçada dos números ímpares, entre o 1 e o 7. Havia um motivo grave para esse encontro, um motivo urgente. Desde algum tempo, certos indícios nos levavam a pensar na presença de um agente da Gestapo infiltrado na organização. Talvez um infiltrado, talvez um homem da organização que tivesse sido preso pela Gestapo sem que soubéssemos, e virara a casaca. O fato é que algo andava acontecendo, a coisa estava dando em água em algum lugar. Depósitos de armas caíam, uma operação de pára-quedismo foi interrompida por uma intervenção das forças policiais alemãs, felizmente muito precipitada: o avião inglês pôde repartir sem largar sua carga. Outros sinais, inquietantes, indicavam essa presença de um agente inimigo na organização. De nível alto, para completar, visto o tipo de operação da qual parecia estar informado.

Michel H. e eu mesmo tínhamos uma suspeita. Pensávamos ter identificado o traidor. Portanto, naquele dia eu levava a Frager todos os argumentos, todos os indícios — raramente há provas irrefutáveis, em casos desse tipo — que nos autorizavam a suspeitar de "Alain", este era o seu pseudônimo.

Frager ficou realmente impressionado com o feixe de fatos, de detalhes esquisitos, coincidências estranhas que nos levavam a crer na traição de Alain. Autorizou-me a cortar provisoriamente todo e qualquer vínculo orgânico com Alain, a não responder aos pedidos de contato que ele poderia fazer. Um ano depois, em Buchenwald, quando encontrei Henri Frager, a primeira notícia que me deu foi a confirmação de nossas suspeitas. Alain teve de ser executado, disse-me Frager.

Mas essa é uma outra história.

Não queria contar agora as peripécias do Jean-Marie Action. Queria contar uma festa na rua Washington, na casa da minha amiga Hyacinthe. Lembrei-me disso por causa de um tema musical de Armstrong, interpretado por soldados negros, em Eisenach, no fim de uma noite em claro.

O apartamento da mãe de Hyacinthe tinha uma particularidade. Podia-se ter acesso a ele tanto pelo portão da rua Washington quanto por outra entrada que dava para a avenida dos Champs-Elysées. Foi nessa possibilidade de duplo acesso que pensei durante meu encontro com Koba.

Batia sol no gramado do parque Montsouris.

Vi Koba chegar, na hora marcada. Mas Koba chegava sempre na hora marcada, quaisquer que fossem a hora, o lugar, o tempo que estivesse fazendo. Aliás, não chegava, no sentido exato da palavra. Estava ali, de repente, sem que o tivéssemos visto chegar. Corporificava-se, como os personagens de certos relatos bíblicos. Talvez fosse por ser judeu que ele possuísse essa virtude bíblica da súbita encarnação.

Batia sol no parque Montsouris, e Koba aparecia no fim de uma alameda, na hora marcada. Eu o chamava de "Koba" porque este era o seu nome de guerra, mas o fazia em total inocência. Não sabia, em 1943, que "Koba" fora um pseudônimo de Stalin, na época em que este, usando uma barba e um lenço de revolucionário romântico, era um dos chefes dos grupos armados de expropriação — de assaltantes de bancos, em outras palavras — do aparelho bolchevique na Geórgia. Não sabia nada de Stalin, em 1943, praticamente nada. Sabia simplesmente que aquele jovem que acabava de aparecer no fim de uma alameda do parque Montsouris era comunista. Sabia que era judeu. Sabia que o chamavam de "Koba", sem conhecer a origem lendária desse apelido. Sabia que era meu contato com a MOI — foi Julia que nos apresentou —, a organização comunista para os estrangeiros. Sabia também que fazia parte dos grupos de choque.

Naquele dia, Koba só tinha uma idéia em mente. Eu devia lhe arrumar um apartamento no bairro dos Champs-Elysées, perto do Claridge. Um apartamento onde pudesse se esconder por algumas horas.

— Na verdade, uma noite — acrescentou —, uma noite só. Chegarei logo antes do toque de recolher!

Eu tinha o apartamento que lhe convinha, disse-lhe logo. Ele ficou basbaque, a opinião que formara a meu respeito subitamente melhorou.

— Contanto — acrescentei — que você possa executar a sua ação numa data precisa, que já está fixada!

Ele não entendia muito bem, expliquei. Dali a alguns dias haveria uma festa num apartamento ideal para ele. Assinalei-lhe a possibilidade do duplo acesso.

— Você entra pelos Champs-Elysées, vou lhe dar o nome de um inquilino. Você gritará esse nome para a *concierge*, subirá pela escada fazendo barulho, tornará a descer assim que a minuteria apagar, em silêncio e no escuro. Atravessando a área interna, chegará à escada de serviço do prédio, que dá para a rua Washington. É no segundo andar, abrirei a porta para você. Você será um amigo meu, ninguém lhe perguntará nada. Passará a noite conosco. Vai ter comida, garotas bonitas. — Ele me escutava, com os olhos um tanto arregalados. — Você sabe dançar, pelo menos? Não me refiro à polca, é claro. Dançar de verdade? Você gosta das garotas bonitas?

Ele deu um pulo.

— Está zombando de mim? — resmungou.

— Claro que não, não estou zombando de você! Você vai ter que se disfarçar bem. Para começar, vai ter que se vestir de outra forma.

Koba olhou sua roupa, com um olhar tempestuoso.

— E será que não estou bem vestido?

— Bem demais — disse eu. — Gênero arrumadinho. Está fantasiado de filho de família de dono de armazém, logo se percebe. Fantasie-se de estudante, muito mais descontraído! — Koba olhou seu terno de confecção, olhou-me em seguida, hesitando entre o riso e a raiva. — Você vai estar com o berrante, ao chegar à rua Washington? Se estiver, vamos ter de prever onde metê-lo!

Ele assobiou entre os dentes.

— Puxa, cara, você pensa em tudo! Onde aprendeu isso, com os gaullistas?

Respondi secamente que Jean-Marie Action não era do BCRA,* mas dos britânicos, das organizações Buckmaster.

— Aliás — acrescentei —, penso em tudo porque sou romancista, na vida civil!

Olhou-me de cima a baixo, com jeito de dizer que era melhor ouvir isso do que ser surdo. Mas continuei.

— O alemão que você vai liquidar no Claridge é um mandachuva?

Ficou furioso, eu não tinha nada a ver com isso, gritou.

— Tenho, tenho a ver com isso, sim — argumentei. — Se é um mandachuva, há o risco de os boches saírem prendendo gente. Tem que se prever tudo, inclusive uma batida policial na rua Washington!

No final, depois de estudar o ponto, verificar certos detalhes, Koba executou a sua ação na noite da festa na casa de Hya-

(*) Bureau Central de Renseignement et d'Action (Escritório Central de Informação e de Ação), baseado em Londres e nas mãos dos partidários de De Gaulle.

cinthe. Depois, chegou ao apartamento, na hora marcada, calmo, como se nada houvesse. Aparentemente, ao menos. Largara sua arma pelo caminho, dentro da bolsa de uma jovem militante da MOI.

Disfarçou bem, Koba. Dançou, e até levou para casa uma das moças mais bonitas da noite. Quase bebeu demais, porém. Falou um pouco demais, também. Felizmente, foi comigo que falou demais. Eu também, por sinal, falei demais. Contou-me sua história do Claridge, contei-lhe a do jovem soldado que cantava "La paloma". Seu alemão, o dele, era um cara importante da Abwehr, nenhum problema. Tudo correra bem, mas, quando entrou no quarto, o cara não estava sozinho. Uma mulher maravilhosa fazia-lhe companhia, uma prostituta certamente. Koba não disse "prostituta", disse "mulher-dama". Essa expressão na sua boca me deixou estarrecido. Fiquei imaginando que leitura estaria na sua origem. Seja como for, o oficial superior da Abwehr encontrava-se no seu apartamento do Claridge com uma mulher-dama.

— Eu estava com o revólver que você me deu — disse Koba.

De fato, eu lhe conseguira um Smith and Wesson 11,43, escolhido num estoque que fora jogado de pára-quedas. Não havia nada melhor para operações desse tipo.

— Mas adaptei um silenciador, tendo em vista o lugar — ele prosseguiu. — Em geral, não gosto dos silenciadores, parece uma camisinha... Que priva você do estrondo e da chama. Mas precisava de um silenciador...

Estava meditativo, Koba, ia contando devagar. A mulher-dama virou-se em sua direção assim que ele apareceu, com a arma apontada. Seu olhar era estranho, Koba explicou. Pânico, sim. Mas, ao mesmo tempo, uma espécie de compreensão, como se aprovasse o que ele ia fazer. Como se aceitasse a própria morte.

— Pois eu era obrigado a abotoar os dois. Não podia correr o risco de deixá-la atrás de mim... — dizia Koba, furioso. —

Nunca mais, nunca mais — murmurou em seguida, após um longo silêncio e vários copos de conhaque.

Falamos muito, bebemos muito também.

O olhar da mulher-dama o obcecava. Quanto a mim, eu lhe falava do jovem soldado alemão que cantava "La paloma". De seu olho azul transtornado pelo espanto. Mas ficará entre nós, essa conversa.

Koba desapareceu, nunca mais encontrei rastro dele. Quanto a mim, tem dias em que me sinto igual a ele.

Em Buchenwald, um velho kominterniano tcheco contou-me que "Koba" fora o nome de guerra de Stalin. No momento da libertação do campo, ocorreu-me pensar que Koba devia se parecer mais com Nicolai, meu jovem bárbaro do block 56, do que com o Generalíssimo cujo retrato os russos haviam erguido, qual um totem, no alto de seu barracão.

Lembrei-me de Koba, no final de uma noite de abril de 1945, em Eisenach, porque os soldados negros americanos acabavam de atacar um tema famoso de Armstrong, "Big Butter and Egg Man". Justamente a música que se ouvia na casa de Hyacinthe, na rua Washington, quando Koba surgiu da noite como um arcanjo assassino.

Na cozinha, onde eu lhe dava um grande copo de água fresca para beber, entrou uma moça. Uma das moças mais bonitas da noite.

— Caramba — ela me disse rindo —, de onde você tirou esse seu amigo? Me empresta?

Empurrei Koba para cima da moça.

— Tirei-o do nada, acabo de inventá-lo. Mas não empresto, dou!

Ela riu ainda mais alto, provocante. Arrastou meu companheiro dos grupos de combate da MOI para o salão onde se dançava.

Mas não foi Koba que inventei. Inventei um outro companheiro judeu, Hans Freiberg. Coloquei-o ao meu lado, no dia em que matamos o jovem soldado alemão que cantava "La paloma":

Kommt eine weisse Taube zu Dir geflogen...

Ele tomou o lugar de Julien Bon, meu companheiro da Borgonha. Inventei-o para que ocupasse nos meus romances o lugar que Koba e outros companheiros judeus ocuparam na minha vida.

Uma borrasca de neve, de repente, sobre as bandeiras do 1º de maio.

Eu chegara a Paris na antevéspera. Na noite de minha volta, dormi na rua du Dragon, em casa de Pierre-Aimé Touchard, vulgo "Pat". Conversamos até de manhãzinha. Para começar, fui eu que lhe fiz perguntas. Estava com um ano de atraso e queria saber tudo, é compreensível. Com sua voz lenta e grave, de extrema suavidade, Touchard respondia às minhas perguntas. As respostas que me dava confirmavam, com alguns pormenores a mais, o que já tinha me dito o oficial de René Char. Quer dizer: o oficial que me fez conhecer René Char.

Pat teve a delicadeza de responder às minhas perguntas com paciência, sem me fazer nenhuma. Talvez haja sentido que eu ainda não me encontrava em estado de responder.

Para minha desgraça, ou pelo menos para azar meu, só me deparava com dois tipos de atitude nas pessoas do lado de fora. Umas evitavam questioná-lo, tratando-o como se você tivesse voltado de uma banal viagem ao estrangeiro. Ei-lo, portanto, de volta! Mas era por temerem as respostas, tinham horror do desconforto moral que estas poderiam lhes causar. As outras faziam montes de perguntas superficiais, cretinas — do tipo: era duro, hein? —, mas se respondíamos, mesmo sucintamente, com o mais verdadeiro, o mais profundo, opaco, indizível, da experiência vivida, emudeciam, preocupavam-se, mexiam as mãos, evocavam qualquer divindade tutelar a fim de pararem por aí. E caíam no silêncio, como se cai no vazio, num buraco negro, num sonho.

Na verdade, nem uns nem outros perguntavam para saber. Perguntavam por *savoir-vivre*, por cortesia, por rotina social. Porque tinham que se acostumar com isso, ou fazer de conta. Assim que a morte surgia nas respostas, não queriam ouvir mais nada. Eram incapazes de continuar a ouvir.

O silêncio de Pierre-Aimé Touchard era diferente. Era amistoso, aberto a qualquer palavra possível de minha parte, espontânea. Não era para evitar minhas respostas que ele não me questionava, era para me deixar a escolha entre falar ou me calar.

Estávamos nesse ponto quando uma jovem entrou na sala onde eu conversava com Pat. Reconheci-a, era sua futura nora, Jeanine.

Ela me viu, ficou imóvel, sem sair do lugar. Como se tivesse visto uma assombração, conforme se diria num romance medíocre. Mas é que via de fato uma assombração. E que muitas vezes a vida é como um romance medíocre.

— Está vendo, Jeanine — disse Pierre-Aimé Touchard —, está vendo que quem esteve lá acaba aparecendo?

Eu aparecia, de fato. Eu era uma aparição, o que me convinha.

Então, a moça começou a chorar em silêncio, com as duas mãos cruzadas sobre o rosto.

— Encontrei Yann — disse eu. — Neste inverno, no início do inverno. Passamos um tempo juntos em Buchenwald!

Yann Dessau era o noivo de Jeanine. Ainda não tinha aparecido. Ainda não era uma aparição.

Um dia, no final de 44, diante de um dos blocks franceses do campo, cruzei com ele. Ficamos cara a cara, certos de nos conhecermos, sem nos reconhecermos. Sem nos identificarmos, ao menos. Porém, um ano, só pouco mais de um ano nos separava de nosso último encontro, durante uma festa na casa de Claude-Edmonde Magny, no seu ateliê da rua Schoelcher. Uma festa de despedidas múltiplas: despedida dos queridos estudos, despedida de Paris, despedida das raparigas em flor.

Eu tinha ido com Catherine D., que na época me acompanhava mais ou menos na vida.

Jeune fille aride et sans sourire
ô solitude et tes yeux gris...

Eu costumava submeter ao julgamento de Claude-Edmonde Magny os poemas que escrevia na época. Ela achou que o retrato de Catherine D. era semelhante: justo, melhor dizendo.

Foi naquela noite que Claude-Edmonde me anunciou que acabava de me escrever uma longa carta, sobre os meus poemas, justamente. "Se um dia publicá-la", disse-me, "vou lhe dar o título de *Carta sobre o poder de escrever.*" O que fez, de fato, bem mais tarde.

Foi uma bonita festa de despedida. Estavam Yann Dessau com todos os seus colegas. Todos brilhantes alunos da Escola Normal Superior, do Instituto de Ciências Políticas: os primeiros da classe. Tratava-se, no final das contas, de uma despedida da adolescência. Abandonávamos nossos estudos, partíamos para os maquis, a ação clandestina.

Estavam também as moças, as companheiras efêmeras ou duradouras de nossos vinte anos: Jeanine e Sonia, Annette e Catherine. Outras mais, cuja lembrança se apagou.

Um ano mais tarde, só pouco mais de um ano, cruzei com Yann Dessau defronte do block 34 de Buchenwald. Custei a reconhecê-lo. Ele também, aliás. Sombras de nós mesmos, talvez, difíceis de identificar a partir da lembrança que guardávamos um do outro. A viagem iniciática chegava ao fim: tínhamos sido transformados por essa viagem. Em breve, seríamos totalmente outros.

Mas Dessau não estava mais em Buchenwald quando os americanos libertaram o campo. Umas semanas antes, fora agarrado numa transferência para Neuengamme, na Alemanha do Norte. E estávamos sem notícias dos sobreviventes de Neuengamme. Parecia que o final desse campo havia sido caótico.

Yann Dessau ainda não era uma aparição, Jeanine chorava em silêncio.

Então, sem tê-lo premeditado, sem tê-lo por assim dizer decidido — se decisão havia, de minha parte, era mais a de me calar —, comecei a falar. Talvez porque ninguém me perguntasse nada, me fizesse perguntas, exigisse satisfações. Talvez porque Yann Dessau não voltaria e era preciso falar em seu nome, em nome de seu silêncio, de todos os silêncios: milhares de gritos sufocados. Talvez porque as aparições devem falar no lugar dos desaparecidos, às vezes, os sobreviventes no lugar dos naufragados.

Longamente, naquela noite, interminavelmente, na rua du Dragon, em casa de Pierre-Aimé Touchard, que participara do grupo *Esprit* e que fora meu correspondente, em 1939, quando estive interno no liceu Henri-IV, durante o meu primeiro ano de exílio; longamente, numa espiral de relato sem fim previsível, falei à noiva de Yann Dessau, que ainda não voltara, que talvez estivesse entre os naufragados de Neuengamme.

Jeanine caiu ajoelhada em cima do tapete. Pierre-Aimé Touchard encolheu-se em sua poltrona.

Falei pela primeira e última vez, pelo menos no que se refere aos dezesseis anos seguintes. Pelo menos com tamanha exatidão nos detalhes. Falei até a aurora, até que minha voz ficasse rouca e fraca, até perder a voz. Contei o desespero nas suas linhas gerais, a morte no seu menor desvão.

Não foi inútil, aparentemente.

Yann Dessau voltou afinal de Neuengamme. Talvez seja preciso às vezes falar em nome dos naufragados. Falar em nome deles, no silêncio deles, para devolver-lhes a palavra.

E, dois dias depois, uma curta borrasca de neve caiu sobre as bandeiras do 1º de maio.

Eu estava na esquina da avenida Bel-Air com a praça de la Nation. Estava sozinho, via aproximar-se a maré dos manifestantes, debaixo de cartazes, de bandeiras vermelhas. Escutava o rumor dos cantos antigos.

Eu voltara, estava vivo.

Contudo, uma tristeza comprimia-me o coração, um desconforto surdo e pungente. Não era um sentimento de culpa, de jeito nenhum. Nunca entendi por que era preciso sentir-se culpado por ter sobrevivido. Aliás, eu não tinha sobrevivido de verdade. Não tinha a certeza de ser um verdadeiro sobrevivente. Tinha atravessado a morte, ela fora uma experiência de minha vida. Há idiomas que têm uma palavra para esse tipo de experiência. Em alemão diz-se *Erlebnis*. Em espanhol: *vivencia*. Mas não há palavra francesa para captar de uma só vez a vida como experiência de si mesma. Temos que empregar perífrases. Ou empregar a palavra *vivido*, que é aproximativa. E contestável. É uma palavra chocha e frouxa. Antes de mais nada, e sobretudo, é passivo, o vivido. E depois, é no passado. Mas a experiência da vida, que a vida faz dela mesma, de si mesma enquanto a está vivendo, é ativa. E é no presente, necessariamente. Quer dizer que ela se alimenta do passado para se projetar no futuro.

Seja como for, não era um sentimento de culpa que me apunhalava. Esse sentimento é apenas derivado, vicariante. A angústia nua de viver é-lhe anterior: a angústia de ter nascido, saído do nada confuso por um acaso irremediável. Não há nenhuma necessidade de ter conhecido os campos de extermínio para conhecer a angústia de viver.

Eu estava vivo, portanto, de pé, imóvel, na esquina da avenida Bel-Air com a praça de la Nation.

A tristeza que me comprimia não vinha de nenhum sentimento de culpa. Decerto, não havia mérito em ter sobrevivido. Em estar ileso, ao menos aparentemente. Os vivos não eram diferentes dos mortos por um mérito qualquer. Nenhum dentre nós merecia viver. Morrer tampouco. Não havia mérito em estar vivo. Tampouco haveria em estar morto. Poderia me sentir culpado se houvesse pensado que outros tinham mais que eu merecido sobreviver. Mas sobreviver não era uma questão de mérito, era uma questão de sorte. Ou de falta de sorte, ao sabor das opiniões. Viver dependia de como caem os dados, de mais nada. É isso que expressa a palavra *sorte*, aliás. Os dados caíram bem para mim, só isso.

De repente, no momento em que um cortejo de deportados com roupas listradas desembocava da rua du Faubourg-Saint-Antoine na praça de la Nation, num silêncio respeitoso que ia ficando mais carregado à medida que passavam, de repente o céu escureceu. Uma borrasca de neve caiu, curta mas violenta, sobre as bandeiras do 1º de maio.

O mundo apagou-se ao meu redor numa espécie de vertigem. As casas, a multidão, Paris, a primavera, as bandeiras, os cantos, os gritos escandidos: tudo apagou. Compreendi de onde vinha a tristeza física que me prostrava, apesar da impressão enganadora de estar ali, vivo, na praça de la Nation, naquele 1º de maio. É justamente que eu não tinha certeza de estar ali de verdade, de ter voltado de verdade.

Uma espécie de vertigem arrastou-me para a lembrança da neve sobre o Ettersberg. A neve e a fumaça do Ettersberg. Uma vertigem absolutamente serena, lúcida até a dilaceração. Sentia-me flutuar no futuro dessa memória. Haveria sempre essa memória, essa solidão: essa neve em todos os sóis, essa fumaça em todas as primaveras.

SEGUNDA PARTE

6

O PODER DE ESCREVER

— "Você indagou o que faltava a esses extraordinários pequenos pastiches de Mallarmé (um Mallarmé que teria lido Proust e adotado a prosódia de Aragon) que no ano passado você fabricava em três horas e que sempre me maravilhavam. Faltava-lhes, simplesmente, terem sido escritos por você..."

Ela parou de ler, olhou-me.

Tive uma ligeira vontade de lhe dizer que com certeza Mallarmé jamais lera Proust: isso não podia interessá-lo. A mim tampouco, aliás. No verão de 1939, entre as duas guerras da minha adolescência, li *Du côté de chez Swann*. De fato, não me interessou. Não levei mais adiante minha leitura da *Recherche*. Era familiar demais, familial demais, quase. Quer dizer: era como a crônica de uma família que poderia ser a minha. Além do mais, a frase de Proust, meandrosa, perdendo ocasionalmente no meio do caminho sujeito ou predicado, era-me habitual demais. Nela eu encontrava facilmente o ritmo sinuoso, a prolixidade da minha língua materna: não tinha nada de excêntrico.

Naquele verão dos meus quinze anos, em 1939, o que me impressionava de fato, abrindo-me horizontes novos, era a prosa de Gide. Paludes, mais exatamente. Eis uma escrita que não tinha nada a ver com a complexidade rouca e barroca do castelhano.

Mas não disse nada a Claude-Edmond Magny.

Ela me olhava e eu olhava o céu sobre o cemitério Montparnasse. O azul de um céu de agosto sobre o túmulo de César Vallejo.

En somme, je ne possède rien d'autre que ma mort,
pour exprimer ma vie...

Mas não me lembrava, olhando o azul do céu, desse poema de Vallejo em francês. Lembrava-me dele em espanhol, é claro. Pois o peruano Vallejo foi pouco traduzido. E não era bilíngüe, como o eram o chileno Vicente Huidobro e o espanhol Juan Larrea. Apesar de algumas palavras francesas ironicamente encaixadas nos seus *Poemas humanos*, César Vallejo não era realmente bilíngüe como os outros dois.

En suma, no poseo para expresar mi vida, sino mi
muerte...

Lembrava-me, portanto, em espanhol do início desse poema de Vallejo, enquanto olhava o azul do céu sobre seu túmulo, no cemitério Montparnasse.

Eu havia batido à porta de Claude-Edmonde Magny, na rua Schoelcher, às seis horas da manhã. Sabia que ela se instalava em sua mesa de trabalho desde de manhãzinha. Corrigia as provas de um livro de ensaios críticos que seria publicado semanas mais tarde: estava lhe dando os retoques finais. *As sandálias de Empédocles*: conversamos muitas vezes sobre o livro, desde que voltei de Buchenwald, três meses antes. Não conversávamos necessariamente às seis horas da manhã, é evidente. Nem necessariamente na casa dela, na rua Schoelcher. Pois havíamos retomado nossas perambulações pelo bairro de Montparnasse. Mas já não encontrávamos o sósia de Sartre que, em 1942, freqüentava os bistrôs, do Patrick's ao Dôme, do Select à Coupole. Ao cabo do terceiro equívoco, esse homem de quem sempre ignoramos a verdadeira identidade, a profissão real, fazia-nos grandes gestos quando topávamos com ele, num desses lugares. Gritava: "Não sou Jean-Paul Sartre!" da mesa onde estava sentado. Para criar confusão no espírito de Claude-Edmonde, eu insinuava que Sartre era um fingidor um tanto perverso, bastante genial, de quebra: disfarçava-se em sósia de Sartre para que o deixassem em paz.

Eu havia batido à porta de Claude-Edmonde Magny às seis horas da manhã. Tinha certeza de que não iria acordá-la. Ela nada me perguntou, ao me ver surgir, prostrado por uma noite em claro. Ofereceu-me café de verdade.

Não era a primeira vez que batia à sua porta em hora tão intempestiva, desde que eu voltara. Ela nunca me perguntou as razões. Provavelmente, as adivinhava, minhas desrazões. Ou considerava que cabia a mim dizê-las, se fosse o caso. De toda maneira, eu ainda não tinha lhe falado de Buchenwald. Não propriamente, pelo menos. Cabe dizer que não falava disso com ninguém.

O fato é que Claude-Edmonde Magny abria-me sua porta, oferecia-me café de verdade, e conversávamos. Retomávamos um intercâmbio interrompido durante minha ausência.

Conheci-a em 1939, por ocasião de um congresso do grupo *Esprit*. Antes do verão, mas depois da derrota da República espanhola. Foi em Jouy-en-Josas, se bem me lembro. Meu pai havia sido correspondente geral do movimento personalista de Mounier na Espanha. Ele assistia a esse congresso, eu o acompanhava. Tinha quinze anos, estava interno no Henri-IV desde a queda de Madri em mãos das tropas de Franco. É provável que a reunião tenha sido durante as férias escolares. Talvez nas de Páscoa, poder-se-ia verificar. Ou num fim de semana. Mas a data exata não tem importância. A guerra da Espanha estava perdida, estávamos no exílio, a guerra mundial ia em breve começar: isso era o essencial. Lembro-me que a sombra de sua proximidade pesava em todos os debates do congresso de *Esprit*. Lembro-me muitíssimo bem da impressão que me causaram as intervenções de Luccioni, de Landsberg, de Soutou. Lembro-me que a mulher de Paul-Louis Landsberg era loura e bonita, que dirigia um cabriolé conversível.

Foi lá, se bem me recordo, que encontrei pela primeira vez Claude-Edmonde Magny. Durante esse congresso e em torno dessa data. Foi então que ela começou a utilizar esse nome, que era um pseudônimo, para assinar seus ensaios de crítica literária. Dez anos mais velha que eu, era professora de filosofia, ensinava nos liceus do interior. Em Rennes, durante a *drôle de guerre*. Só retornou a Paris por volta de 1941, data a partir da qual nos encontramos regularmente.

Mas naquele dia, em início de agosto, três meses depois do meu regresso de Buchenwald, Claude-Edmonde Magny resolvera me ler uma longa carta que escrevera dois anos antes, em 1943, para mim. Eu sabia de sua existência, mas desconhecia os detalhes de seu conteúdo. Em 1947, ela publicaria esse texto pela editora Pierre Seghers, numa edição de tiragem limitada que era dedicada a mim, com o título *Carta sobre o poder de escrever*.

Olhou-me, tendo interrompido a leitura após esse trecho sobre os pastiches de Mallarmé.

De modo que tive uma ligeira vontade de fazer uma observação sobre Marcel Proust. Eu não havia lido Proust de verdade, apesar das aparências de minha conversa. Pois era capaz de falar de Proust com pertinência, peremptoriamente até, tanto tempo quanto se desejasse. Não tinha lido a *Recherche* mas praticamente tudo a seu respeito. Na verdade, havia iniciado essa leitura em 1939, durante as férias — "*adieu, vive clarté de nos étés trop courts...*" —, mas não a prossegui. Só terminaria de ler a *Recherche* quarenta anos depois: leitura de toda uma vida. Em Washington, em 1982, é que eu iria ler *Le temps retrouvé*. Yves Montand cantava no Lincoln Center. Havia nevoeiros matinais sobre o Potomac e na National Gallery uma exposição de pintura holandesa. A *Vista de Delft*, de Vermeer, não estava lá, o que me deixou triste. Em sua falta, demorei-me longamente diante do retrato da jovem de turbante. Toda uma vida entre o primeiro e o último volume de Proust. Toda uma vida entre minhas escapadas ao Mauritshuis, em Haia, onde meu pai era encarregado de negócios da República espanhola — visitas interrompidas pelo fim da guerra civil, pela nossa partida para a França, pela minha chegada ao liceu Henri-IV —, e a exposição da National Gallery de Washington.

Mas não era a Claude-Edmonde Magny que eu poderia dizer tudo isso, evidentemente. No mês de agosto do ano de 1945, data dessa conversa com ela, ainda não sabia onde nem quando terminaria minha leitura de Marcel Proust. Em compensação, poderia ter lhe dito que nunca havia indagado o que faltava em meus pequenos poemas: sabia-o perfeitamente.

Fiquei calado, porém.

O cansaço de viver pesava, naquela manhã. A agonia do despertar em plena noite, da fuga desesperada que se seguira ainda me apertava o coração.

Por que Odile e eu tínhamos dormido num apartamento abandonado por seus moradores, perto de Duroc? Ele estava vazio por causa das férias? Ou ainda não havia sido reocupado por uma família que fora se refugiar no interior, em alguma residência campestre, enquanto durassem as hostilidades que ainda se prolongavam, longe, no Extremo Oriente? O apartamento deserto pertencia a alguma tia ou prima de Odile M., que tinha uma família grande e generosa. Emprestavam-lhe as chaves sem problema, o que muito nos convinha.

Na noite de nosso encontro no Petit Schubert, uns dias depois de minha volta de Buchenwald, deixamos a boate, os companheiros, o universo fechado, metálico do jazz. No fresquinho da madrugada de maio, percebemos que não nos sobrava mais dinheiro suficiente para pagarmos um quarto de hotel. Ela não tinha a menor possibilidade de me alojar naquela noite. Afinal, depois de aventarmos todas as possibilidades mais estapafúrdias, com as quais ríamos loucamente, imóveis, de pé, abraçados na calçada da Closerie, levei Odile para a casinha da família Herr, a uma distância razoável, no bulevar de Port-Royal.

Na verdade, desde a minha volta, poucos dias antes, a sra. Lucien Herr pusera à minha disposição o quarto em mansarda onde às vezes eu me refugiava durante a Ocupação.

De repente, um rouxinol cantou, para saudar o dia que raiava e se prenunciava por uma luz lateral, dourada, quando atravessamos o vasto jardim que se escondia (ainda se esconde? Uma aflição me comprime, brusca, brutal, hoje, enquanto escrevo estas linhas, diante da idéia de que esse jardim possa ter desaparecido) atrás da fachada burguesa — no estilo haussmanniano, para ser explícito — do número 39 do bulevar do Port-Royal.

Um canto de rouxinol para saudar nossa chegada.

Metemo-nos furtivamente na casa da família Herr. Todos dormiam. Odile tirou os sapatos para subir a escada. De passagem, dei uma olhada na biblioteca do andar térreo, evocando os manes de todos os que ali estiveram em torno de Lucien Herr.

Todavia, no caso de Léon Blum, íntimo do local, não foram os manes que evoquei. Ele estava vivo, inclusive acabava de ser libertado pelos *partigiani* italianos e pelos soldados americanos, num povoado dos Dolomitas aonde chegara após o longo périplo que se iniciara em Buchenwald. Era justamente naquele dia, 4 de maio se meus cálculos estão certos, que a imprensa tinha divulgado a notícia.

Mas não disse nada a Odile nem sobre Léon Blum nem sobre os outros familiares desse lugar histórico. Convinha não fazer barulho ao subir a escada dessa casa venerável. Um ataque de riso contido de colegiais ainda nos sacudia quando nos jogamos na cama oferecida, na claridade do amanhecer.

Três meses depois, no início de agosto, tínhamos ido dormir numa rua sem saída que começava no bulevar des Invalides, perto do metrô Duroc.

Era um apartamento amplo, luxuoso. Por cima do muro que fechava a rua, víamos ramagens se mexendo ao longe: um ruído múltiplo no ar transparente da noite. Havíamos escolhido um leito de casal. Os lençóis encontrados no armário impecavelmente arrumado tinham o perfume de lavanda dos enxovais engomados do tempo antigo.

Tudo se anunciava bem, aquela noite era uma festa a mais.

Mas provavelmente eu deveria ter prestado atenção em certos sinais apenas perceptíveis. Assim, uma confusa inquietação assaltou-me, fugaz, quando percorri o apartamento vazio com Odile, à procura de uma cama para a noite próxima. Nada de específico, é verdade, nenhuma palpitação, nenhum batimento súbito do coração. Antes, um mal-estar passageiro, suave, um pouco desagradável, que me aflorava a alma. Deveria ter prestado mais atenção ainda por saber muito bem, depois de três meses de experiência, a que ponto a felicidade de viver era frágil para mim. A que ponto eu devia me esforçar de todo o coração para me manter de pé. Já sabia que meu apetite de viver, a avidez que me impelia a consumir os dias sem qualquer moderação, a transformar aquele verão da volta numa estação de noites em claro, sabia que essa vitalidade não evitava que eu fosse vulnerável.

Naquele apartamento perto de Duroc, ganhou-me um difuso mal-estar ao ver os sofás e as poltronas cobertas com capas brancas. Sorrateiramente, isso me trouxe à lembrança minha infância, o apartamento da rua Alfonso XI, em Madri, na volta das longas férias de verão nas praias oceânicas.

No fim do último verão, o da guerra civil, não voltáramos a Madri, já que os acontecimentos nos atiraram no exílio, no desarraigamento. Não revi, não mais reveria os grandes aposentos com móveis fantasmáticos, cobertos por lençóis brancos como mortalhas. Mas, nos anos anteriores, o apartamento reencontrado após as longas férias de veraneio ressoava com nossos gritos, com nossas corridas desvairadas. Havia certa angústia nessa excitação. Pois o retorno à casa dava estranhamente uma sensação de desespero. Era justamente o retorno aos lugares-lares que provocava a incerteza.

Em 1953, quando voltei a Madri pela primeira vez, para trabalhar na clandestinidade da organização comunista, corri até a rua Alfonso XI. Mal deixei a mala no hotel onde me hospedei com meu falso passaporte, corri por Madri até a rua Alfonso XI.

A cidade de minha infância ainda não tinha se tornado a metrópole industrial, tentacular, selvagemente suntuosa e malconservada que ela é hoje. O céu ainda era de um azul profundo, o ar das montanhas vizinhas ainda se respirava, seco e puro, a água era sempre deliciosamente fresca e transparente, como as neves e as fontes de onde vinha. Porém, mais importante, o bairro do Retiro, esse das minhas recordações infantis, não sofrera nenhuma mudança. Eu podia sobrepor as imagens da minha percepção atenta e emocionada às da minha memória: elas se fundiam umas nas outras, suas cores se ajustavam praticamente nos menores matizes.

Entretanto, naquela noite de junho de 1953, apesar da perfeita identificação das recordações com as imagens do presente, uma angústia indistinta, ou melhor, inominável, devastou meu coração assim que cheguei à rua Alfonso XI, assim que contemplei as sacadas do último andar do prédio, as do apartamento onde havia passado minha infância.

Nunca, durante todos esses anos vividos no estrangeiro, tive uma sensação tão pungente de exílio, de estranheza, quanto naquele momento privilegiado do regresso à paisagem originária.

Mas ainda não cheguei lá.

Estou percorrendo com Odile um apartamento luxuoso do 7º *arrondissement* de Paris, e as capas brancas que protegem poltronas e sofás lembram-me de súbito a sensação de incerteza, de vaga angústia que eu tinha outrora ao voltar das férias. Eram os sinais do desenraizamento. De repente, não só tornava-se evidente, claramente legível, que eu não estava em casa, como também que não estava em lugar nenhum. Ou em qualquer lugar, o que dá no mesmo. Minhas raízes, doravante, estariam sempre em lugar nenhum, em qualquer lugar: no desenraizamento, em todos os casos.

Mas essa sensação confusa só durou um instante. Tanto mais breve porque Odile logo começou a jogar para os ares as capas brancas que protegiam os assentos no salão onde estávamos. Mexia-se no espaço canforado do salão, graciosa, alegre, viva. A brancura do pano das capas formava-lhe uma auréola rodopiante.

Cantava aos brados uma ária de *Cármen*, enquanto percorria o salão em passo de dança.

Ainda hoje, toda uma vida mais tarde, basta um instante de devaneio acordado, em qualquer lugar, em qualquer momento, ou um instante de distração deliberada a fim de fugir de uma conversa estéril, de um relato mal construído, de um espetáculo medíocre, para que abruptamente, sem relação aparente com as preocupações ou os desejos circunstanciais, surja na minha memória um vôo de deslumbrante brancura de imagens em câmara lenta. Asas de gaivotas, na aurora, atrás dos vãos envidraçados de um quarto de hotel, na Bretanha? Bujarronas dos veleiros sob a luz de estanho da baía de Formentor? Nevoeiros leitosos, esgarçados pelos ventos, rodopiando no estreito de Eggemogging?

Acontece-me não identificar essas imagens. Fico então no limite da legibilidade de cada uma, convulsionado por uma emoção indefinível: algo de forte e de verdadeiro permanece escondido, me escapa e se esquiva. Algo se desfaz, tão logo surge, qual um desejo insatisfeito. Mas também ocorre que elas se tornem nítidas, que deixem de ser tremidas, de me fazer tremer.

Reconheço o corredor comprido do apartamento da rua Alfonso XI, em Madri, ressoando com o barulho das nossas corridas, das portas abertas estabanadamente. Reconheço na penumbra de uma noite de fim do verão os móveis preciosos cobertos com capas brancas. E é então que reaparecem, ligadas à lembrança infantil, estranhamente por ela governadas, todas as outras: um vôo de pombos, na praça de la Cibeles; as gaivotas da Bretanha; as velas de Formentor; os nevoeiros de Little Deer Isle. E a lembrança de Odile, rodopiando por um salão parisiense, arrancando alegremente as mortalhas deslumbrantes das poltronas e dos sofás, transformando-as em auriflamas do prazer anunciado, enquanto cantava aos brados a ária do *toreador* de Bizet.

No Petit Schubert, bulevar du Montparnasse, poucos dias depois de minha chegada a Paris, fiquei com Odile M. em meus braços. Perguntei-me se de repente não surgiria alguém para roubá-la de mim. Em Eisenach, no velho hotel onde os americanos haviam instalado um centro de repatriamento, o oficial francês dos comandos me roubara Martine. Mas no Petit Schubert o tempo passou, nada se passava. Nada a não ser a luz acesa nos olhos de Odile, a presença crescente de seu corpo. Ela continuava nos meus braços. Não parecia pertencer a ninguém. Ninguém parecia ter sobre essa jovem um direito de preempção ou de *cuissage*.* Ela seria minha.

Os dias passaram, as semanas: ela era minha.

Mas talvez se deva inverter essa relação de propriedade. Era mais eu que lhe pertencia, já que ela era a vida e que eu queria pertencer à vida, plenamente. Ela reinventou para mim, comigo, os gestos da vida. Reinventou meu corpo, um uso do meu corpo, pelo menos, que já não era estritamente o de uma economia de sobrevivência, que era o do entregar-se, o do desperdício amoroso.

Entretanto, apesar dela, apesar de mim, apesar da exuberância desse verão do regresso, a memória da morte, sua sombra furtiva por vezes me agarrava.

No meio da noite, de preferência.

Eu acordara assustado, às duas horas da manhã.

Acordara não é, aliás, a palavra mais apropriada, embora seja exata. Pois havia saído de fato, num sobressalto, da realidade do sonho, mas apenas para mergulhar no sonho da realidade: no pesadelo, melhor dizendo.

Logo antes disso, estava perdido num universo agitado, opaco, turbilhonante. De repente, uma voz retiniu naquelas paragens confusas, restabelecendo a ordem. Uma voz alemã, carregada da verdade ainda bem próxima de Buchenwald.

"*Krematorium, ausmachen!*", dizia a voz alemã. "Crematório, apaguem!" Uma voz abafada, irritada, imperativa, que retinia no meu sonho e que, estranhamente, em vez de me fazer entender que eu estava sonhando, como em geral acontece em casos semelhantes, me fazia acreditar que eu havia enfim acor-

(*) Direito feudal do senhor de passar a noite de núpcias com a recém-casada.

dado, de novo — ou ainda, ou para sempre —, na realidade de Buchenwald: que jamais saíra de lá, apesar das aparências, que não sairia nunca, apesar dos simulacros e dos salamaleques da existência.

Por alguns segundos — um tempo infinito, a eternidade da lembrança —, vi-me na realidade do campo, numa noite de alerta aéreo. Ouvia a voz alemã dando a ordem de apagar o crematório, mas não sentia nenhuma angústia. Muito pelo contrário, uma espécie de serenidade invadia-me primeiro, uma espécie de paz: como se reencontrasse uma identidade, uma transparência para mim mesmo num lugar habitável. Como se — e admito que a afirmação possa parecer indecente, exagerada, pelo menos, mas é verídica —, como se a noite sobre o Ettersberg, as chamas do crematório, o sono agitado dos companheiros amontoados nos estrados, o chiado enfraquecido dos moribundos, fossem uma espécie de pátria, de local de uma plenitude, de uma coerência vital, apesar da voz autoritária que repetia em tom irritado: "*Krematorium, ausmachen! Krematorium, ausmachen!*".

Essa voz avolumava-se, logo se tornava ensurdecedora. Então eu acordava, assustado. Meu coração batia loucamente, eu tinha a impressão de haver gritado.

Nada disso, Odile dormia a meu lado, sossegada.

Recostava-me na cama, úmido de suor. Ouvia a respiração regular de minha amiga. Acendia um abajur na cabeceira. Afastava o lençol, olhava seu corpo nu. Um medo abominável me comprimia, apesar da certeza dilacerante da sua beleza. Toda essa vida não passava de um sonho, de uma ilusão. Por mais que tocasse no corpo de Odile, a curva de seu quadril, a graça de sua nuca não passavam de um sonho. A vida, as árvores na noite, as músicas do Petit Schubert não passavam de um sonho. Tudo era um sonho desde que eu saíra de Buchenwald, a floresta de faias no Ettersberg, última realidade.

Eu mordia meus punhos cerrados, para me impedir de gritar. Encolhia-me na cama, tentando retomar fôlego.

Eu deveria ter desconfiado, naquela noite. Não deveria ter desprezado os sinais prenunciadores da desgraça de viver.

Primeiro, houve, fugaz, o mal-estar provocado pelos móveis sorrateiramente enterrados sob a mortalha das capas brancas, nos salões do apartamento para onde Odile me arrastara a fim de passarmos a noite. Mais tarde, tínhamos saído. Tínhamos ido, passeando, até Saint-Germain-des-Prés. Jantamos com amigos, na rua Saint-Benoît. Depois do jantar e de um drinque no Montana, ainda andamos até Montparnasse.

Subsistíamos no dia-a-dia, naquele verão. Nenhum de nós tinha alguma vez três tostões no bolso. Eu, em todo caso, vivia de expedientes, mas muito alegre, sem endereço fixo: um barbeador, uma escova de dentes, alguns livros e uns trapinhos num saco de viagem eram meu viático.

No Petit Schubert, na escada que descia para o salão do subsolo, eu havia recebido um segundo aviso. Era "Stardust" que o pequeno grupo de jazz da boate estava tocando. Tropecei, tive de me apoiar em Odile para não levar um tombo. Ela pensou que eu estivesse com vontade de sentir de novo o seu corpo contra o meu, sua tepidez oferecida. Confundiu com um gesto de ternura física o que era apenas um sinal de socorro. Não desmenti, para quê? Não lhe falei do grupo de jazz de Jiri Zak, em Buchenwald, do trompetista norueguês que tocava maravilhosamente os solos de "Stardust", nas tardes de domingo em Buchenwald.

Ela se apoiou em mim, seu quadril pressionou o meu. Descemos juntos, apertados um contra o outro, os últimos degraus da escada, em meio à sonoridade inquietante do solo de pistom. Mas flocos de neve flutuavam na minha memória. A menos que fossem flocos de fumaça cinzenta.

Eu acordara assustado.

Mas o despertar não me acalmou, não suprimiu a angústia, muito pelo contrário. Aprofundou-a, transformando-a também. Pois a volta ao estado de vigília, ao sonho da vida, era aterrorizante em si mesma. Que a vida fosse um sonho, depois da realidade cintilante do campo, é que era aterrorizante.

Eu havia acendido o abajur, afastado o lençol.

O corpo de Odile oferecia-se ao meu olhar na plenitude lânguida do repouso. Mas a certeza tranqüilizadora de sua beleza não me distraíra de minha dor. Nada me distrairia de minha dor. Nada a não ser a morte, evidentemente. Não a lembrança da morte, da vivência que dela eu tinha: a experiência de avançar para ela junto com os outros, os meus, de dividi-la com eles, fraternalmente. De ser para a morte, junto com os outros — os companheiros, os desconhecidos, meus semelhantes, meus irmãos —, o Outro, o próximo. De nela basear nossa liberdade em comum. Não essa lembrança da morte, portanto, mas a morte pessoal, o passamento: esta que não se pode viver, decerto, mas que se pode decidir.

Só a morte voluntária, deliberada, poderia me desviar de minha dor, livrar-me dela.

Afastei-me de Odile, aterrado por essa evidência.

Para mim, ela encarnava a vida, suas despreocupações, sua inocência: sua irresponsabilidade imprevisível e encantadora. Era o presente sempre renovado, sem outro projeto que não o de perseverar nessa maneira de estar no mundo: uma presença leve e fervilhante, uma espécie de estado de graça, de liberdade cúmplice e carinhosa.

Mas nada apagava o saber mortífero no qual se enraizava nosso companheirismo libertino. Se ela me escolhera, desde a noite do nosso primeiro encontro, entre todos os jovens que giravam em torno do seu viço, do seu desembaraço zombeteiro, de seu bonito corpo e de seu olhar claro, que revelavam candidamente os tesouros de uma ternura disponível, era mesmo, conforme me contara, porque sabia de onde eu estava chegando, porque meu olhar, confessou-me mais tarde, parecera-lhe carregado de uma noite inabitual, de uma glacial exigência, praticamente descontrolada.

Odile cuidava de mim com os gestos inventivos do amor físico, com seus risos sem quê nem para quê, sua insaciável vivacidade. Mas não sabia o que fazer quando o temporal desabava na minha vida. Não sabia administrar a catástrofe. Assim que a sombra me agarrava, turvando meu olhar, jogando-me num silêncio de nó na garganta; assim que a voz do *Sturmführer* ss, ordenando que se apagassem as chamas do crematório, me acordava em plena noite do sonho da minha vida, Odile perdia pé. Acariciava-me o rosto, como se acaricia uma criança amedrontada, falava comigo, para superar esse silêncio, essa ausência, esse abismo com uma tagarelice que acalmava.

Era insuportável.

Era óbvio que Odile viera ao mundo para trazer-lhe alegria, vivacidade: o leite da ternura humana. Não viera para escutar as vozes da morte, seus murmúrios insistentes. Menos ainda para chamá-los a si, assumi-los, arriscando sua própria tranqüilidade de espírito, seu próprio equilíbrio.

Mas quem terá estado disponível, ao nosso redor, naqueles tempos do regresso, para uma escuta incansável e mortal das vozes da morte?

Apaguei o abajur da cabeceira, escorreguei para fora da cama, vesti-me tateando. Fugi na noite, voltei ao Petit Schubert. O conjunto de jazz ainda tocava para uma meia dúzia de notívagos. Instalei-me no bar, ofereceram-me um drinque. Já não tinha como pagá-lo, mas me conheciam. Tinham me visto com Odile, umas horas antes. Viam-me freqüentemente com ela, com amigos, de umas semanas para cá. Desde a minha volta. É verdade que não sabiam que eu estava voltando, nem de Buchenwald nem de qualquer lugar que fosse. Meus cabelos cresciam de novo, muito depressa. E, além disso, havia um monte de ex-militares de todo tipo, de cabelos mais ou menos rentes, naquele verão de 1945. Ninguém fazia perguntas a ninguém a respeito de seu passado. Era um verão em que só o presente contava.

Ofereceram-me um drinque, portanto. E o garçom não se espantou ao me ver voltar sem Odile. O baterista me fez um gesto de conivência.

Ouvi a música, era a única coisa a fazer. Quase todos os clientes haviam ido embora, pelo menos os que tinham vindo para dançar. Restava meia dúzia de pessoas para ouvir jazz. A pequena banda da boate era bastante boa. Os músicos se embalavam, agora que estavam tocando para si.

Saí do bar, fui me sentar no salão. Estávamos reunidos em torno dos músicos que improvisavam temas clássicos, de Louis Armstrong em particular. O que para mim era perfeito, pois eu conhecia bem o repertório de Armstrong. Estávamos ali, o tempo passava. Nada nos aproximava, nada além dessa música. Era o suficiente, ao que parece. Talvez só tivéssemos em comum o mesmo amor por essa música. O mesmo respeito por essa música de liberdade, violenta e terna, de uma rigorosa fantasia. Bastava, ao que parece.

No fim da madrugada, a boate fechou. Ainda era muito cedo para bater à porta de Claude-Edmonde Magny, na rua Schoelcher. Andei um pouco ao léu, no frescor selvagem do amanhecer.

Para terminar, pulei a grade de uma pracinha, no final da rua Froidevaux, e deitei-me num banco.

Uma intuição me perseguira, desde a *jam session* de Eisenach, durante uma outra madrugada, meses antes. Essa música, esses solos consternados ou coloridos de pistom e de sax, essas baterias surdas ou tônicas como as batidas de um coração vigoroso estavam paradoxalmente no centro do universo que queria descrever: do livro que queria escrever.

A música seria sua matéria nutriz: sua matriz, sua estrutura formal imaginária. Eu construiria o texto tal qual uma melodia, por que não? Ele se banharia no ambiente de todas as músicas dessa experiência, não só a de jazz. A música das canções de Zarah Leander que os SS transmitiam pelo circuito dos alto-falantes do campo, em qualquer ocasião. A música eloqüente e marcial que a orquestra de Buchenwald tocava de manhã e de noite, na praça de chamada, na partida e na volta dos kommandos de trabalho. E depois, a música clandestina pela qual nosso universo se ligava ao da liberdade: música clássica tocada certas noites num subsolo do armazém central, o *Effektenkammer*, por um quarteto de cordas reunido em torno de Maurice Hewitt; música de jazz do conjunto criado por Jiri Zak.

A música, as diferentes músicas ritmariam o desenrolar da narrativa. Um domingo, por que não? O relato de um dia de domingo, hora a hora.

Assim, desde o amanhecer de abril, em Eisenach, depois da discussão com os repatriados sobre a melhor maneira de contar, eu havia trabalhado nessa idéia, deixei-lhe fazer seu trabalho no meu imaginário. Não me parecia absurdo conceber uma forma narrativa estruturada em torno de algumas peças de Mozart e de Louis Armstrong, a fim de trazer à tona a verdade da nossa experiência.

Mas meu plano afigurava-se irrealizável, pelo menos no imediato e na sua totalidade sistemática. A memória de Buchenwald era demasiado densa, demasiado implacável, para que eu conseguisse alcançar logo de saída uma forma literária tão depurada, tão abstrata. Quando acordava às duas horas da manhã, com a voz do oficial SS no meu ouvido, com a chama alaranjada do crematório cegando-me a vista, a harmonia sutil e sofisticada do meu plano explodia em dissonâncias brutais. Só um grito vindo do fundo das entranhas, só um silêncio de morte poderia expressar o sofrimento.

— "...faltava-lhes, simplesmente, terem sido escritos por você. Expressá-lo, por mais superficialmente que fosse..."

Claude-Edmonde Magny recomeçara a leitura da carta que me escrevera dois anos antes. Eis-nos de volta a meus pequenos poemas. A esses extraordinários pequenos pastiches de Mallarmé que sempre a maravilhavam. São as suas próprias palavras, apenas as reproduzo. Não as retomo como se fossem minhas. Evitarei qualificar esses poemas de juventude, não terei essa presunção. Não conservo nenhum vestígio deles, aliás. Esses textos desapareceram, na tormenta desses anos, sua lembrança praticamente se apagou de minha memória. Terei de acreditar na palavra de Claude-Edmonde Magny.

Tempo passou, desde que ela interrompeu a leitura que acaba de recomeçar. Duas horas, durante as quais fez café várias vezes. Contei-lhe meu despertar em plena noite: suas razões, sua desrazão.

Agora, ela retomou a leitura:

— "...faltava-lhes, simplesmente, terem sido escritos por você. Expressá-lo, por mais superficialmente que fosse. Ligarem-se de certa forma ao que há de essencial em você, a essa coisa que você deseja mais que tudo mas que ainda não sabe o que é..."

Claude-Edmonde pára de novo. Olha-me.

— Agora você sabe?

A coisa que eu desejaria mais que tudo é o descanso. Não só o descanso físico, depois de uma noite em claro. Sou uma assombração inexaurível, parece-me, um sobrevivente à prova de tudo. Já sei com que facilidade recupero minhas forças. O descanso físico é secundário, pensando bem. A coisa que desejaria mais que tudo é o repouso espiritual.

O esquecimento, em outras palavras.

— Penso saber...

Ela espera uma continuação, que não vem.

Desejaria apenas o esquecimento, mais nada. Acho injusto, quase indecente, ter atravessado dezoito meses de Buchenwald sem um só minuto de angústia, sem um só pesadelo, movido por uma curiosidade sempre renovada, sustentado por um apetite de viver insaciável — quaisquer que fossem, aliás, a certeza da morte, sua experiência cotidiana, sua vivência inominável e preciosa —, para me encontrar agora, ocasionalmente, ao retornar de tudo isso, às voltas com a angústia mais nua, mais desvairada, já que alimentada pela própria vida, pela serenidade e pelas alegrias da vida, tanto quanto pela lembrança da morte.

Assim, naquela noite, o que me jogou para fora da cama, o que me arrancou dos braços de Odile, não foi só o sonho em que vibrava a voz de um *Sturmführer* SS ordenando que se apagasse o crematório, foi também, mais até, encontrar-me vivo, forçado a assumir esse estado absurdo, ou pelo menos improvável, de ter de me projetar num futuro intolerável de imaginar, mesmo na felicidade.

Eu olhara o corpo de Odile, sua beleza lânguida no sono, suas promessas bem próximas: uma felicidade, uma espécie de felicidade, eu sabia. Mas era um saber inútil, que não me dava qualquer segurança, que não me possibilitava nenhuma saída.

Tudo recomeçaria, depois daquela felicidade, daquelas mil felicidades mínimas e dilacerantes. Tudo recomeçaria enquanto eu estivesse vivo: assombração na vida, melhor dizendo. Enquanto estivesse tentado a escrever. A felicidade da escrita, eu começava a saber, jamais apagava essa desgraça da memória. Muito pelo contrário: aguçava-a, escavava-a, reavivava-a. Tornava-a insuportável.

Só o esquecimento poderia me salvar.

Claude-Edmonde observava-me, esperando talvez que eu fosse mais explícito. Cansada de esperar, recomeçou a leitura de sua carta:

— "Por instantes pensei que esse anonimato dos seus poemas devia-se ao fato de que você pastichava (voluntariamente, mas pouco importa), ou, mais profundamente, à estranheza que conservavam para você as palavras da língua francesa, qualquer que fosse a sua familiaridade gramatical com elas — essas palavras que não sabiam nada da sua infância, dos seus antepassados, nas quais a sua alma não se enraizava... Você ainda não saiu do limbo da criação literária: nada do que você pode fazer tem *gravidade*, no sentido quase físico do termo..."

Pára bruscamente, olha-me.

— Escrevi isso há dois anos! Hoje, mais seria o contrário... Tudo o que você poderia escrever corre o risco de ter gravidade *demais*!

Tem toda a razão, aquiesço com um gesto.

Procura outro trecho da carta, folheando as páginas datilografadas.

— Ouça — diz. — Às vezes parece que lhe escrevi para preparar esta conversa de hoje, no entanto imprevisível!

Lê:

— "Não quis dizer outra coisa a não ser isto: é que a literatura é possível apenas ao término de uma primeira ascese e como resultado desse exercício pelo qual o indivíduo transforma e assimila as suas recordações dolorosas, ao mesmo tempo em que constrói sua personalidade..."

Afundo-me no silêncio, no esgotamento do desejo de viver.

— Você voltou há três meses — ela prossegue. — Nunca me disse uma palavra sobre Buchenwald. Pelo menos diretamente. É estranho, inclusive excepcional... Conheço outros resistentes que voltaram da deportação... Todos estão tomados por uma verdadeira vertigem de comunicação... De tentativa de comunicação, quando nada... Um delírio verbal do testemunho... Você é o silêncio mais completo... Retomamos nossas conversas de antes no ponto exato onde elas haviam ficado... Mas você apareceu três vezes em casa, no raiar da aurora... sem explicação... Pensando bem, você pode se dar a esse luxo, é um dos privilégios da amizade: obter alguma coisa sem dar nada em troca... A primeira vez que irrompeu às seis horas da manhã, lembra-se do que me falou?

Balancei a cabeça, lembrava-me muito bem.

— De Schelling! — ela exclamou. — De suas pesquisas sobre a liberdade... Fiquei surpresa de que houvesse esse livro na biblioteca do campo, feliz de que Schelling o tivesse interessado... Pois, afinal, nos últimos tempos antes da sua prisão, você me parecia obcecado por Marx, pela sua leitura de *Geschichte und Klasenbewusstsein* de Lukács... Parecia-me sucumbir, depois de tantos outros, à ilusão mais nefasta que existe, a que Marx exprime numa de suas teses sobre Feuerbach: os filósofos apenas interpretaram o mundo, e trata-se de transformá-lo... O que é uma imensa bobagem, grandiloqüente e de graves conseqüências... Em poucas palavras, Marx liquida com a filosofia como atividade específica, autônoma... Coloca-a a serviço do poder, de preferência absoluto, pois é preciso o poder absoluto, seja qual for sua origem, divina ou popular, para transformar o mundo, pretender ao menos, com alguma legitimidade histórica... Mas, afinal, você me falou de Schelling, de seu ensaio sobre a essência da liberdade... E, a esse respeito, mencionou rapidamente os domingos em torno de Maurice Halbwachs...

Ela parou, ainda tentou extrair uns pingos de líquido de uma cafeteira positivamente vazia.

— Os belos domingos! — disse eu então. — De tarde, terminada a chamada, devorada a sopa de macarrão dominical, eu descia ao Pequeno Campo... A barraca 56 era a dos inválidos inaptos para o trabalho... Nós nos reuníamos em torno do estrado de Halbwachs e de Maspero... Os alto-falantes transmitiam canções de Zarah Leander... Foi ali que Schelling me apareceu, um *Bibelforscher* me falou dele...

Ela me escuta com uma atenção tão intensa que os traços de seu rosto se vincam. Mas estou exausto, marco um tempo de pausa.

— Contar um domingo, hora a hora, é uma possibilidade...

Olho o céu azul sobre o túmulo de César Vallejo, no cemitério Montparnasse. Ele tinha razão, Vallejo. Nada mais possuo a não ser minha morte, minha experiência da morte, para contar minha vida, expressá-la, levá-la adiante. Tenho que fabricar vida com toda essa morte. E a melhor maneira de conseguir é a escrita. Ora, esta me leva à morte, aí me tranca, aí me asfixia. Estou nesse ponto: só posso viver assumindo essa morte pela escrita, mas a escrita me impede literalmente de viver.

Faço um esforço, arranco-me as palavras, uma a uma.

— É rico, um domingo, hora a hora... É compacto, surpreendente, abominável... Há abjeção, crueldade, grandeza... Tudo é humano, nada do que é qualificado de desumano, na nossa linguagem moral superficial, banalizadora, ultrapassa o homem... Sabe qual foi o último livro que li, antes de ser preso em Joigny? Foi Michel que o trouxe... A tradução de *A religião nos limites da simples razão*, de Kant... 1793, lembra-se? A teoria do Mal radical, *das radikal Böse*... Donde Schelling, meu interesse por suas pesquisas, talvez emaranhadas na histeria conceitual do idealismo romântico, mas nas quais se elabora, a partir de Kant e da crítica das teodicéias, a concepção muito forte, determinante, de uma base originária em que se enraíza a liberdade humana, capaz de produzir o Bem e o Mal, ontologicamente equivalentes... Donde a impossibilidade de decretar a desumanidade do Mal...

Em Buchenwald, os ss, os *Kapo*, os dedos-duros, os torturadores sádicos faziam parte da espécie humana tanto quanto os melhores, os mais duros dentre nós, dentre as vítimas... A fronteira do Mal não é a do desumano, é algo muito diferente. Donde a necessidade de uma ética que transcenda esse fundamento originário no qual se enraíza tanto a liberdade do Bem quanto a do Mal... Uma ética, portanto, que se livre para sempre das teodicéias e das teologias, já que Deus, por definição, como os tomistas diversas vezes proclamaram, é inocente do Mal. Uma ética da Lei e de sua transcendência, das condições de sua dominação, portanto, da violência que justamente lhe é necessária...

Mas estou me perdendo, não é nada disso que queria lhe dizer.

— A profundidade dos domingos! Há o bordel para os que têm esse direito, uns poucos. Há os contrabandos de todo tipo. Há o amor homossexual, muitas vezes ligado ao interesse ou ao abuso de uma posição de poder, mas nem sempre... Produto também da simples paixão, da pura paixão. Há as músicas de Zarah Leander, as orquestras clandestinas, as representações teatrais improvisadas... Há as reuniões políticas, o treinamento dos grupos de combate da Resistência internacional. Há as chegadas, as partidas dos comboios. Há a morte por exaustão, na atroz solidão do *Revier*...

Paro de novo, ela espera o resto.

— Há obstáculos de todo tipo à escrita. Puramente literários, alguns. Pois não pretendo fazer um simples depoimento. Já de início, quero evitar, evitar-me a enumeração dos sofrimentos e dos horrores. Outros se aventurarão, de toda maneira... Por outro lado, sou incapaz, hoje, de imaginar uma estrutura romanesca na terceira pessoa. Não desejo sequer enveredar por esse caminho. Portanto, preciso de um "eu" da narração, nutrido com a minha experiência, mas ultrapassando-a, capaz de nela inserir o imaginário, a ficção... Uma ficção que seria tão esclarecedora quanto a verdade, sem dúvida. Que ajudaria a realidade a parecer real, a verdade a ser verossímil. Esse obstáculo, hei de superá-lo, mais dia menos dia. De repente, num dos meus rascunhos, vai explodir o tom exato, vai se estabelecer a distância correta, tenho certeza. Mas há um obstáculo fundamental, que é espiritual... Lembra-se do que lhe falei na minha segunda vinda intempestiva à sua casa?

Ela sacode a cabeça, ela se lembra.

— Você me falou de Faulkner, de *Absalão! Absalão!* Também havia esse romance na biblioteca de Buchenwald... Você o leu em alemão.

— É isso — disse-lhe. — Faulkner, você sabe como o aprecio. *Sartoris* é um dos romances que mais me marcaram. Mas *Absalão! Absalão!* leva ao extremo, de modo obsessivo, a complexidade do relato faulkneriano, sempre construído para trás, voltado para o passado, numa espiral vertiginosa. É a memória que vale, que governa a obscuridade fervilhante do relato, que o faz avançar. Você com certeza se lembra das nossas conversas de dois anos atrás... Hemingway constrói a eternidade do instante presente por meio de um relato quase cinematográfico... Quanto a Faulkner, ele persegue interminavelmente a reconstrução aleatória do passado: de sua densidade, sua opacidade, sua ambigüidade fundamentais... O meu problema, que, todavia, não é técnico, é moral, é que não consigo, pela escrita, penetrar no presente do campo, contá-lo no presente... Como se houvesse uma proibição da figuração do presente... Assim, em todos os meus rascunhos a coisa começa antes, ou depois, ou em torno de, jamais começa no campo... E quando afinal chego lá, quando ali estou, a escrita fica bloqueada... Invade-me a angústia, torno a cair no vazio, abandono... Para recomeçar de outra forma, em outro lugar, de modo diferente... E o mesmo processo se reproduz...

— O que se compreende — diz ela com voz suave.

— O que se compreende, mas o que me mata!

Ela mexe inutilmente uma colher na xícara de café vazia.

— Talvez seja o seu caminho de escritor — murmura. — A sua ascese: escrever até que toda essa morte acabe...

Ela tem razão, provavelmente.

— A não ser que ela acabe comigo!

Não é uma frase, ela entendeu.

— Lembra-se de Wittgenstein? — ela perguntou, após um longo silêncio.

Eu olhava o céu azul do mês de agosto sobre o cemitério Montparnasse. Sim, poderia, esforçando-me um pouco, lembrar-me de Wittgenstein, de nossas conversas a seu respeito. Mas estava exausto, não tinha vontade de me lembrar de Wittgenstein, de fazer esse esforço.

Pensava em César Vallejo.

Sempre tive sorte com os poetas. Quer dizer: meus encontros com suas obras sempre foram oportunos. Sempre topei, no momento oportuno, com a obra poética que podia me ajudar a viver, me fazer avançar na acuidade da minha consciência do mundo. Assim com César Vallejo. Assim, mais tarde, com René Char e com Paul Celan.

Em 1942, era a poesia de César Vallejo que eu havia descoberto. Não foi nada agradável, aquele ano. Fui obrigado a largar o preparatório para a Escola Normal Superior, no Henri-IV, a fim de ganhar minha vida. Minha sobrevivência, melhor dizendo: algo com que subsistir parcamente. Conseguia, a duras penas, dando aulas de espanhol a alunos de todas as idades, de latim a jovens malandros de boa família, às vezes detestáveis. Só fazia refeições de verdade dia sim, dia não, mais ou menos. Volta e meia me alimentava com bolinhos de trigo-sarraceno comprados sem tíquete de racionamento numa padaria que havia na época no bulevar Saint-Michel, no lugar onde se encontram as ruas Racine e Ecole-de-Médecine.

Mas havia descoberto a poesia de César Vallejo.

Me gusta la vida enormemente
pero, desde luego,
con mi muerte querida y mi café
y viendo los castaños frondosos de París...

Claude-Edmonde Magny acabava de mencionar Wittgenstein, guardei para mim o poema de César Vallejo que me voltara à memória. Não o traduzi, tampouco vou traduzi-lo aqui. Ficará como um segredo, um sinal de conivência com um possível leitor hispanista.

Ela queria saber se eu me lembrava das nossas conversas a respeito do *Tractatus*, três anos antes.

Eu havia descoberto esse livro ao remexer na biblioteca de Edouard-Auguste Frick, na rua Blaise-Desgoffe. Foi lá também que descobri Musil e Broch. O título de Wittgenstein atraiu-me de imediato, por sua insolência. Por seu lado megalômano, também. *Tractatus logico-philosophicus*: que atrevimento! Era uma edição bilíngüe, alemão-inglês, de uma universidade britânica. Naquele inverno, o inverno de 40-1, eu estava fazendo estudos de filosofia. Além dos clássicos do programa, lia Heidegger e santo Agostinho, conforme já mencionei.

A Martin Heidegger, foi Levinas que me levou. Quanto a santo Agostinho, foi Paul-Louis Landsberg. Este aparecera na minha vida adolescente em 1938. Aparição em carne e osso, aliás: foi uma presença física antes de ser um tema de leitura e de reflexão, em especial por seu ensaio sobre *A experiência da morte*.

Foi em Haia, Holanda. Meu pai era encarregado de negócios da República espanhola. Landsberg e ele partilhavam o mesmo universo dos valores cristãos, na linha do movimento personalista, em torno da revista *Esprit*. Naquele ano, quando a guerra civil começou a andar para trás na Espanha — quer dizer, para ser mais exato: quando começou a andar no sentido da história, que não é necessariamente o do Bem, já que a história, ao longo de todos aqueles anos 30, mais andou pela contramão, deixando amadurecer respostas totalitárias à crise da modernidade democrática e capitalista —, ou pelo menos a andar rumo à derrota dos republicanos espanhóis, Landsberg foi à Holanda para alguma conferência ou colóquio. Sobre o pensamento de santo Agostinho, justamente.

Certa noite, jantou na legação com a esposa. Logo antes do jantar, permitiram-me ficar no salão com eles. Eu ia completar quinze anos, tinha entrado para o grupo dos grandes. Pois éramos suficientemente numerosos, irmãos e irmãs, para sermos reunidos em classes de idade bem diversas, com normas de vida diferenciadas.

Fui autorizado a assistir à conversa dos adultos, naquela noite, logo antes do jantar com os Landsberg. Conversa que tratou principalmente da situação européia. Da guerra civil na Espanha e da fraqueza congênita das democracias diante do fascismo. De pronto, nesse contexto surgiu santo Agostinho, numa referência ao alcance político de seu pensamento. E a algum incidente ocorrido no colóquio para o qual Paul-Louis Landsberg fora à Holanda. Não me lembro mais, é claro, do conteúdo exato desse incidente, nem de seu alcance: tudo isso está enterrado na minha memória, irrecuperável. Lembro-me apenas da mulher de Landsberg, erguendo-se subitamente no salão cujos janelões envidraçados davam para um jardim plantado de magnólias e, mais adiante, para o Plein 1813. Mas com certeza não era a época em que as magnólias dão flores, pois guardo a lembrança de um fogo de lenha na grande lareira. A mulher de Paul-Louis Landsberg levantou-se no salão, subitamente (o setter irlandês, Rex, cachorro novo, cachorro louco, deitado perto de mim, pulou sobre as patas, aflito), para comentar esse incidente ocorrido durante o colóquio agostiniano.

— Escolástico, vejam vocês! — ela exclamava, com uma ênfase deliberada —, tratar Paul-Louis Landsberg de escolástico!

Não captei muito bem o sentido dessa exclamação. Também achava estranho que falasse do marido na terceira pessoa do singular. Mas pensava que ela era vistosa; loura e bonita, esguia e empertigada, era uma imagem de mulher comovente e apaixonada: imagem inesquecível para minha adolescência sonhadora em face dos mistérios da feminilidade.

— Lembra-se de Wittgenstein? — perguntara Claude-Edmonde Magny.

Poderia da mesma maneira ter me perguntado se eu me lembrava de Heidegger. Pois a conversa de três anos antes que desejava evocar versara tanto sobre um capítulo verboso, emaranhado nos seus tiques de linguagem, repleto de evidências vazias e de obscuridades gritantes, do livro de Heidegger, em que ele tratava do *Sein-zum-Tode*, como sobre uma frase percuciente, límpida, embora duvidosa quanto a seu significado último, do *Tractatus* de Ludwig Wittgenstein.

Seu olhar brilhava atrás dos óculos austeros.

— O caderno de capa preta envernizada, lembra-se? "*Der Tod ist kein Ereignis des Lebens. Den Tod erlebt man nicht*..."

Ela citava a proposição do tratado de Wittgenstein que eu havia longamente comentado, três anos antes, num caderno grosso de capa preta envernizada no qual mantinha uma espécie de diário íntimo. Foi a única época da minha vida, a de meus dezoito anos, em que mantive um diário. Mais tarde, o abandono da intenção de escrever e os longos anos de clandestinidade me fizeram perder esse hábito. Depois, a partir dos meus quarenta anos, quando comecei a publicar livros — uma das razões deste é explicar, explicar-me também a mim mesmo, por que tão tarde na vida —, sistematicamente destruí os diários de bordo, cadernos de notas de todo tipo que acompanham um trabalho de escrever. Assim como os rascunhos inacabados, tão logo o plano concebido mostrava-se irrealizável, ou era abandonado pelo desejo de realizá-lo. Desagradar-me-ia deixar atrás de mim os vestígios disformes de uma pesquisa, de um tatear, seria quase indecente. Só conta o trabalho concluído, qualquer que seja o seu valor real, do qual o autor é provavelmente o mais íntimo conhecedor, sem ser seu melhor juiz.

Assim, caso se quisesse generalizar essa atitude — seria abusivo, com certeza: cada um, nesse campo, tem o direito de reagir individualmente —, teria que se dizer que os testamentos não são traídos pelos legatários, mas pelos próprios testadores. É Franz Kafka que é responsável pela publicação de suas obras inacabadas, e não Max Brod. Bastava que ele mesmo as destruísse, se de fato estivesse insatisfeito!

Mas, afinal, aos dezoito anos eu tinha uma espécie de diário, mais filosófico e literário, aliás, do que realmente íntimo: sempre fui prudente com a minha intimidade. No caderno grosso de capa preta envernizada eu havia comentado a frase do *Tractatus* de Wittgenstein e as páginas de Martin Heidegger, sobre o ser-para-a-morte, de *Sein und Zeit*.

"A morte não é um acontecimento da vida. A morte não pode ser vivida": esta é a tradução de praxe, feita em francês por Pierre Klossowski, da proposição de Wittgenstein. Eu havia feito uma ligeiramente diferente, para a última parte da sentença (a primeira não apresenta nenhum problema: todos a traduzem do mesmo jeito), na minha longa elucubração juvenil. "Não se pode viver a morte", escrevi. Mais tarde, anos mais tarde, num curto romance que se chama *L'évanouissement* e que me ocorre citar neste relato porque se refere exatamente à época aqui tratada, a época do regresso, do repatriamento no exílio — traduzi essa segunda parte da proposição de Wittgenstein de outra maneira ainda: "A morte não é uma experiência vivida". Mas essa diversidade decorre da dificuldade de traduzir em francês o verbo *erleben* e seu substantivo *Erlebnis*, dificuldade que não se apresentaria se tivesse de traduzir essas palavras para o espanhol.

Sem dúvida, escrevi no caderno de capa envernizada preta, três anos antes, sem dúvida a morte não pode ser uma experiência vivida — *vivencia*, em espanhol —, o que se sabe pelo menos desde Epicuro. Nem tampouco uma experiência da consciência pura, do *cogito*. Será sempre experiência mediatizada, conceitual; experiência de um fato social, prático. Mas é esta uma evidência de extrema pobreza espiritual. Na verdade, para ser rigoroso, o enunciado de Wittgenstein deveria ser escrito assim: "*Mein Tod ist kein Ereignis meines Lebens. Meinen Tod erlebe ich nicht*". Ou seja: *minha* morte não é um acontecimento da *minha* vida. Não viverei *minha* morte.

Só isso, o que não vai muito longe.

— A propósito — disse eu —, onde está o caderno de capa preta? Você nunca me devolveu...

Claude-Edmonde enrubesceu ligeiramente, fazendo um gesto de pesar. Ou de impotência.

— Perdido! — exclama. — O seu texto me pareceu interessante, emprestei o caderno a Jean, para que o lesse...

Anos mais tarde, quando escrevi *A grande viagem*, em Madri, num apartamento clandestino da rua Concepción-Bahamonde, lembrei-me desse detalhe. Lembrei-me dessa conversa com Claude-Edmonde Magny. De certa maneira, meu livro era uma resposta à sua *Carta*. Era impossível que não me lembrasse dessa conversa de agosto de 1945, da leitura que ela me fizera. No momento em que o poder de escrever era-me devolvido, era impensável que não me lembrasse da *Carta* que ela me escrevera, outrora. No momento em que levava a sério — ou na brincadeira, mas em todo caso a bom termo — a tarefa que fracassara anteriormente, lembrei-me do caderno de capa preta, da resposta que ela me dera a esse respeito.

Em Madri, na rua Concepción-Bahamonde, conjecturei quem seria Jean. Ou melhor: a qual dos dois ela se referia, a Jean Gosset ou a Jean Cavaillès? Sabia que de vez em quando ela encontrava um e outro. Talvez encontrasse Gosset mais freqüentemente do que Cavaillès. Fizera-me ler alguns textos deste último. Árduos, pelo menos para mim: a filosofia das matemáticas e a lógica não eram meus terrenos prediletos. Mas impressionantes por sua exigência de método e de coerência. Uma vez, avistei-os, ambos, Cavaillès e Gosset, saindo de um restaurante. Sabia que estavam mergulhados no universo clandestino da Resistência. A verdadeira, quero dizer, a única a meu ver: a resistência armada.

Jean Gosset morreu na deportação, Jean Cavaillès foi fuzilado.

Conhecia o destino dos dois, claro, quando Claude-Edmonde Magny fez alusão ao desaparecimento do meu caderno de capa preta. Compreendia que meu texto havia se perdido com eles, um dos dois. Era uma perda que não me preocupava excessivamente: a do meu caderno, entenda-se. Não perguntei de qual dos dois se tratava, naquela manhã. Mas em Madri, quinze anos depois, ao escrever *A grande viagem*, arrependi-me da minha falta de curiosidade, decorrência sem dúvida do cansaço da noite em claro. De súbito, desejei que Jean Cavaillès fosse aquele a quem Claude-Edmonde tivesse emprestado meu caderno íntimo. Cavaillès, decerto, só poderia mesmo ter sorrido, no máximo com benevolência, diante da leitura de um texto tão arrebatado, tão juvenil como aquele, do qual conservo vaga lembrança. Pouco importa, gostaria que aquele texto febril e desconchavado sobre a experiência da morte tivesse tido como último leitor, antes de justamente desaparecer no esquecimento, Jean Cavaillès.

No último dia, eu também havia me lembrado de Wittgenstein.

Aliás, ele não pareceu um último dia, meu último dia em Buchenwald. Nada me permitiria adivinhar que o seria. Havia começado como todos os dias desde 12 de abril, dia seguinte da libertação do campo. Poderia ter acabado como todos os outros. Na manhã daquele dia — que viria a ser o último —, nada tinha a solenidade, nem a emoção mesclada de inquietação, que em geral têm as horas últimas de um período crucial da sua vida. Na verdade, nada me permitia adivinhar que Yves Darriet teria a idéia de me incluir num comboio da missão Rodhain que saía de Eisenach para Paris no dia seguinte.

O problema que os espanhóis de Buchenwald criavam ainda não estava definitivamente resolvido. Sabíamos muito bem que, mais dia menos dia, porque tínhamos sido presos na Resistência, seríamos levados de volta para a França. Não me atrevo a dizer "repatriados", já me expliquei sobre isso com certa prolixidade. De modo muito pessoal, aliás. A maioria dos espanhóis de Buchenwald — sobreviventes dos maquis, dos grupos de choque da MOI ou das brigadas de guerrilheiros do Sudeste da França — com certeza aceitaria esse termo, "repatriados". Quer dizer: a pátria deles era o combate, a guerra antifascista, e isso, desde 1936. Sendo a França o segundo território dessa pátria, não reclamariam contra o termo *repatriamento*. Em todo caso, seriam menos propensos do que eu a analisar o seu significado concreto, a avaliar os seus prós e contras, o positivo e o negativo, o "sim, mas" e o "não, porém": a maioria dos deportados espanhóis não ficaria, tanto quanto eu, dando tratos à bola a esse respeito.

Sabíamos, pois, que as autoridades militares aliadas haviam decidido nos levar de volta para a França, mas ignorávamos quando. Mais dia menos dia, em resumo. Vivíamos nessa incerteza.

Meu último dia em Buchenwald — esse em que me lembrei de novo de Wittgenstein — começara como um dia incerto. Mais um dia no período confuso entre a morte e a vida, o real e o sonho, que a libertação do campo havia inaugurado. Não me lembro sequer qual era esse último dia, tenho de calculá-lo. E, para isso, não posso começar no dia da libertação, 11 de abril, pois logo me perderia nos meandros da memória. Meandros nebulosos, além do mais. De todos esses longos dias, só alguns instantes mantêm-se espontaneamente na luz da lembrança, penso já tê-lo dito. Instantes que quase sempre me é impossível datar, situar até, numa perspectiva cronológica. Em compensação, outros se inserem, se inscrevem facilmente numa seqüência temporal.

Entretanto, apesar dessa imprecisão da memória, sei que os vestígios desses dias não se apagaram de modo irremediável. Sua lembrança não me vem naturalmente, de forma irrefletida, é verdade. Tenho de ir buscá-la, desencavá-la, graças a um esforço sistemático. Mas a lembrança existe, em algum lugar, mais além do esquecimento aparente. Basta que eu me concentre, crie em mim o vazio das contingências do presente, abstraia-me voluntariamente do meu círculo ou do ambiente, asseste para aqueles longínquos dias o raio de uma visão interior, paciente e concentrada. Rostos emergem então, episódios e encontros voltam à tona da vida. Palavras apagadas pelo turbilhão do tempo passado são novamente ouvidas. Como se, de certa forma, o filme impressionado outrora por uma câmera atenta nunca tivesse sido revelado: ninguém terá visto essas imagens, mas elas existem. Assim, guardo como reserva um tesouro de lembranças inéditas, que poderia utilizar quando chegasse o dia, se ele chegasse, se sua necessidade se impusesse.

Seja como for, se quero determinar qual foi o meu último dia em Buchenwald — esse em que de novo me lembrei de Wittgenstein e da sentença abrupta e vazia do *Tractatus*—, é melhor partir do fim da história, para refazer o curso do tempo, com a ajuda de algumas referências indiscutíveis. E o fim se situa em 1º de maio.

Eu estava em Paris, nesse dia, na praça de la Nation, esquina com a avenida Bel-Air, quando uma súbita borrasca de neve turbilhonou sobre as bandeiras vermelhas do desfile tradicional.

Na véspera, 30 de abril, portanto, havia passado o dia em Saint-Prix, na casa onde minha família vivera na época da Ocupação, na colina que liga Montlignon a Saint-Leu e é evocada por Victor Hugo num famoso poema. Na antevéspera, 29 de abril, inevitavelmente, havia chegado a Paris. Passara a noite na rua du Dragon, em casa de Pierre-Aimé Touchard. E no dia anterior, 28, o comboio de caminhões da missão Rodhain chegara ao campo de repatriamento de Longuyon. Foi ali que pude verificar a que ponto estava certo, a que ponto não tinha sido repatriado: foi em Longuyon que reencontrei minha identidade de apátrida, que nunca mais recusei, desde então, apesar das aparências administrativas e dos cargos oficiais. Assim, uma coisa puxa a outra, chego à conclusão de que 27 de abril, véspera de meu regresso à França via Longuyon, via a confirmação de minha incapacidade profunda em ser considerado um repatriado, é o dia dedicado a percorrer a distância entre Eisenach, ponto de partida do comboio, e Frankfurt, onde fizemos uma escala para pernoitar num acampamento de pessoas deslocadas. Portanto, e esta é a conclusão desse breve itinerário, foi em 26 de abril que Yves Darriet veio me buscar para levar-me a Eisenach: meu último dia em Buchenwald.

Nesse dia, lá pelo meio da manhã, fui ao block 34 para encontrar Boris Taslitzky.

Desde 12 de abril, *Seuls demeurent*, o livro de René Char, me acompanhava por todo lado. Mais uma vez, um poeta chegava à minha vida no momento oportuno. Lia trechos de Char para os companheiros. Em pouco tempo, fui capaz de recitar os poemas de cor: de todo o meu coração.

Yves Darriet gostava tanto quanto eu, André Verdet também. Freqüentemente eu me encontrava com este último, que preparava uma antologia dos poetas de Buchenwald. Tinha lhe dado um texto de minha distante adolescência, que ainda pairava em minha memória. Mas Verdet conhecia Char, o que me envergonhou um pouco. Lembrava-se de *Ralentir travaux*, uma coletânea escrita em colaboração com Breton e Éluard. Não fiquei aborrecido por seu avanço em relação a mim: o essencial era que ele gostasse, sem reservas.

Boris Taslitzky, de seu lado, era mais reticente, mas não estava agindo de boa-fé. Quer dizer, fui eu que provavelmente levei-o a não estar. Pois tinha lhe dito à queima-roupa, brandindo na sua frente o livro de Char: "Aqui está um verdadeiro poeta, melhor do que o seu Aragon!". O que era um pouco provocador. Um pouco sumário também, devo reconhecer. Mas estava habituado a provocá-lo, demonstrando um desprezo deliberadamente exagerado pela poesia de Aragon: era uma brincadeira entre nós.

Naquele dia, sentamo-nos no refeitório da ala B, no térreo do block 34 — que era um barracão de madeira, de um só andar —, e comparamos a partir dos textos Char e Aragon.

Eu lia para ele os poemas de *Seuls demeurent*, Boris me recitava versos de Aragon. Dos de *Crève-coeur*, eu me recordava muito bem. Não discutia a sua virtuosidade, mas a profundidade real. Então, decidido a me convencer ou a me seduzir, Boris recitou-me poemas de circunstância e de resistência, mas também versos mais antigos, tirados principalmente de *Hourra l'Oural!*. Fiquei impressionado com a violência semântica e moral desses últimos, com o seu gosto de apocalipse social.

Nesses últimos anos, veio-me por vezes a idéia de analisar os poemas dessa época aragoniana, comparando-os com outros, contemporâneos, do alemão Bertolt Brecht e do espanhol Rafael Alberti. De estudar a violência textual e política comum aos três, sejam quais forem, e eles são evidentes, os traços específicos que os distinguem, do ponto de vista cultural.

Não são decerto os únicos textos literários impregnados de violência, durante esse período de crise do final dos anos 20, início dos anos 30. Violência contra a ordem moral, hipócrita ou cínica, da sociedade burguesa, que terá desabado, qual uma avalanche, sobre a literatura, as artes e o pensamento, em seguida à catástrofe de 1914-8. Ainda nenhum estudo de conjunto fez, me parece, o inventário dos desastres espirituais provocados por essa guerra. Para não falar dos desastres políticos.

Mas, à violência expressionista, surrealista, dadá, libertária, no final das contas, o comunismo terá acrescentado — sobretudo após a crise de 1929, que causou reviravoltas tanto na URSS quanto no mundo capitalista: reviravoltas diversas, muitas vezes contraditórias, pelo menos formalmente, mas convergentes num ponto essencial, o do crescimento do papel do Estado, providência ou comitre —, o comunismo, portanto, terá acrescentado a violência fria, esclarecida, racional, numa palavra, totalitária, de um Espírito-de-Partido convencido de agir no sentido da história, como o *Weltgeist* hegeliano. E esses três poetas terão sido os porta-vozes mais dotados dessa violência comunista.

Conhecia a poesia de Rafael Alberti: seus poemas políticos dos anos 30, os da guerra civil. Mas sua violência não me chocava, então, não mais que a de Aragon. Eu ainda vivia no mesmo universo de verdades e de valores incisivos como o fio da espada dos anjos exterminadores. Por outro lado, naquela época, em plena maturidade de seu talento, Rafael Alberti conseguia preservar o rigor formal, a riqueza prosódica de uma obra que desde então demasiadas vezes se deliqüesceu ao obedecer aos imperativos inconstantes da estratégia política do comunismo.

Quanto a Bertolt Brecht — que eu havia descoberto graças a uma jovem vienense que usava o nome de guerra de Julia —, é incontestavelmente o maior dos três: aquele que dominou o registro mais amplo, do elegíaco ao épico. Foi também — paradoxalmente, já que terá sido o único dos três a não ser militante do PC — aquele que encarnou de modo paradigmático a ilusão positiva, as artimanhas e a baixeza de todo intelectual marxista da época ultrapassada da perversa Virtude revolucionária.

Em abril de 1945, no refeitório de um barracão francês de Buchenwald, o 34, declamamos Char e Aragon, meu colega Taslitzky e eu.

De repente, no instante em que Boris me recitava com voz cheia um poema de Aragon à glória do GPU, ouvimos um berro, interrompendo-o.

Viramos a cabeça.

Um velho deportado francês estava sentado na cabeceira da mesa. No calor de nossas recitações, não tínhamos prestado atenção. Ele estava comendo. Arrumara cuidadosamente suas provisões diante de si. Estava comendo seriamente: meticulosamente.

De uns dias para cá, o abastecimento do campo era feito pelo exército americano. O trabalho nas cozinhas fora reorganizado. A alimentação dos deportados passara a ser suficiente. Inclusive, rica demais, copiosa demais, muitas vezes, para organismos desabituados, debilitados. Nos últimos dias, a abundância provocava tantas vítimas quanto as seqüelas da fome anterior.

Mas o velho francês não devia acreditar nisso, devia desconfiar. Era bom demais para durar, devia pensar. Então, arrumou com todo o cuidado, sobre a mesa, as suas provisões de reserva e comia meticulosamente. Nunca se sabe: ele recuperava forças para a eventualidade em que tudo voltasse a piorar. Alimentava-se, por via das dúvidas, ainda que não tivesse mais fome propriamente. Passava grossas camadas de margarina nas fatias de pão preto, cortava-as em quadradinhos bem pequenos, os quais ia mastigando devagar, junto com salaminho. Provavelmente, estava comendo assim havia muito tempo. Provavelmente, não pretendia parar antes de ter engolido tudo, deglutido tudo. Mastigava devagar, esticando o prazer. Mas essa palavra decerto não convém: há gratuidade na palavra *prazer*. Há leviandade, há o imprevisível. É uma palavra desenvolta demais para falar da seriedade com que o velho francês cumpria, um tanto histérico, o rito de se alimentar.

Assim, ele berrou para chamar nossa atenção. E conseguiu.

— Absconsos, os seus poetas! — gritava a plenos pulmões. — Fanfarrões, torturadores da língua!

Mas não queria que uma bendita indignação o desviasse de sua ocupação principal. Pôs na boca mais um pedaço de pão preto, mastigou-o devagar.

Esperávamos pelo resto, com pena de sua idade avançada e do desespero colérico de seus olhos transparentes. O resto surgiu de repente. Com uma voz que ele engrossou, que vibrou no espaço vazio do refeitório, declamou-nos *La légende des siècles.* Mais exatamente, o trecho sobre Waterloo, sombria planície. Para terminar, levantou-se, imitou a chegada de Blücher ao campo de batalha, no lugar de Grouchy. Comandou com um amplo gesto de braço o início da marcha da Guarda Imperial, "todos os de Friedland e os de Rivoli vestindo o preto colbaque ou o capacete polido", entrando na fornalha de Waterloo.

Nós o escutávamos, esforçando-nos para manter a seriedade. Não era desagradável, aliás: aprecio *La légende des siècles.*

Não foi naquele dia, 26 de abril, no refeitório do block 34, que Louis Aragon conseguiu me seduzir, apesar da dicção persuasiva de Boris Taslitzky. Foi algumas semanas mais tarde que fiquei seduzido por Aragon. Por ele mesmo, em pessoa, pelo charme indiscutível de sua conversa, fosse qual fosse, ocasionalmente, o seu preciosismo um pouco artificioso.

No verão da volta — emprego esta palavra, apesar de todas as reservas que poderiam ser feitas, para comodidade da leitura —, eu ia muito visitar Boris, no seu ateliê da rua Campagne-Première (ou era na rua Boissonnade? Vem-me uma dúvida). Embora fugisse de todos os meus antigos companheiros de Buchenwald, já tivesse começado a cura de silêncio e de amnésia concertada que se tornaria radical uns meses mais tarde, em Ascona, no Tessino, no dia em que abandonei o livro que estava tentando escrever — abandonando, com isso, qualquer projeto de escrita, por tempo indefinido —, eu continuava a encontrar Boris Taslitzky.

Na época, não me interrogava sobre essa exceção à regra. Era instintivo: de repente, tinha vontade de caminhar até Montparnasse, bater de improviso à porta do ateliê de Boris, olhá-lo pintar ou desenhar. Trocar impressões: os deslumbramentos, os sarcasmos, os desesperos de nossa volta à vida.

Hoje, pensando nisso, tentando compreender esse comportamento instintivo que me levava a afastar todos os outros companheiros de Buchenwald — salvo encontrando-os por acaso ou inadvertência — em benefício exclusivo de Taslitzky, acredito saber por quê. É que ele possuía duas qualidades que para mim o tornavam extraordinariamente fraterno. Um apetite de viver, em primeiro lugar, incansável e revigorante, disponível para todas as surpresas da existência. E, depois, como se o contraponto tenebroso dessa irradiante vitalidade, um sentido agudo da experiência vivida: morte percorrida até o extremo limite que cega.

Eu chegava à rua Boissonnade ou à rua Campagne-Première, não faz diferença: Boris trabalhava numa das telas de um realismo atroz, na qual tentava talvez exorcizar as imagens que o obcecavam. Mas a realidade do campo que produzira aquelas imagens era demasiado próxima, demasiado inacreditável também, brutalmente destituída de uma tradição referencial de mitos ou de alegorias históricas que lhe teriam facilitado a representação. Além do mais, a cor — e a palheta de Boris era excessivamente rica em cores —, a cor não combina com a reprodução dessa realidade. O realismo, em suma, trai essa realidade, esta lhe é essencialmente rebelde.

No ateliê de Boris às vezes eu encontrava Louis Aragon. Lembro-me da sua facúndia, da sua necessidade de seduzir e de brilhar, dos gestos de suas mãos, eloqüentes, de seu insuportável hábito de ir e vir sem parar pelo ateliê, enquanto perorava, observava seu próprio reflexo em todas as superfícies refletoras, espelhava-se em todos os espelhos. Mas também me lembro de seu silêncio atento, de sua capacidade de escutar e de questionar, quando Taslitzky, raramente, falava da experiência de Buchenwald, tentando extrair o essencial.

Num desses dias, de repente Aragon virou-se para o meu lado.

— Nosso herói está bastante calado! — exclamou, dirigindo-se a mim.

Levei um susto.

Boris ficou aflito, implorando com o olhar e com um gesto que ele não dissesse mais nada. Mas Aragon continuou, imperturbável.

— Está sim, está sim! Boris pretende que você foi heróico... Aconteceu-me ficar com ciúmes da amizade que ele tem por você! Mas, ora veja, você nunca diz nada quando se trata do campo!

Taslitzky sumiu, constrangido por ter sido desse jeito posto em causa e em primeiro plano. Ouvimo-lo remexendo alguma coisa na cozinha.

Tentei dizer a Aragon por que me mantinha calado quando se tratava de Buchenwald. Disse-lhe que estava tentando escrever, que preferia não falar muito do assunto, a fim de guardar o seu frescor para a escrita, evitando as rotinas e as manhas dos relatos repetidos com demasiada freqüência.

Não era totalmente verdade, decerto. Era apenas uma parte da verdade, pelo menos. Uma parte bem pequena, até. Mas isso possibilitou uma verdadeira conversa entre nós, pela primeira vez. Uma discussão sobre a sinceridade literária ou, o que dá no mesmo, sobre o romanesco, o mentir verdadeiro da literatura, cuja lembrança conservarei para sempre.

Vinte anos depois, quando eu havia publicado *A grande viagem* e acabava de ser excluído do Partido Comunista Espanhol, bateram à minha porta. Louis Aragon estava no patamar. Trazia-me um exemplar de seu romance *La mise à mort*. Havia uma dedicatória: "Contra ventos e marés".

Mas não é por causa dessa dedicatória, pelo menos não só, que muito terei perdoado a Louis Aragon. Não só, tampouco, por causa de sua imagem patética dos últimos meses: fantasma encanecido, fantoche do grande circo dos simulacros, em cujo olhar rebentava porém uma verdade profunda, por muito tempo sublimada. É sobretudo por causa de um poema em que percebo o vestígio das conversas no ateliê de Boris, na rua Campagne-Première — ou Boissonnade: nenhuma importância! — e que foi publicado no *Nouveau Crève-Coeur*, em 1948.

É uma coletânea de versos de circunstância, de "versos de almanaque", como diz o título de uma das poesias — uma outra tem o seguinte título, que dispensa comentários: "Uma reviravolta da política é possível na França" —, peças poéticas de conteúdo um tanto deplorável. Mas, de repente, ao virar uma página, cai-se em cima de "Canção para esquecer Dachau":

*Ne réveillez pas cette nuit les dormeurs...**

Murmurei o fim do poema de Aragon, anos mais tarde. Era numa boate da rua Saint-Benoît. Uma moça alemã estava sentada na mesma mesa que eu, e eu a achava bonita: loura, lisa, inocente. Mas justamente, naquela noite, tive a impressão de despertar de um sonho. Isso ainda me acontecia, de vez em quando, apesar da decisão de esquecimento deliberado que me fizera muito bem. Naquela noite, porém, de repente — ou era a presença da jovem beldade alemã? —, pareceu-me mais uma vez que a vida fora apenas um sonho, desde a volta de Buchenwald, poucos anos antes. Talvez tivesse bebido demais, naquela noite, tendo despertado desse sonho que era a vida. Talvez ainda não tivesse bebido demais, quando observei a moça alemã sentada na mesma mesa, mas com toda a certeza ia beber demais. Porém a bebida talvez não tivesse nada a ver com essa história, e eu não precisasse buscar nenhuma razão externa, acidental, para a angústia que agora acreditava ter esquecido, dominado, e que ressurgia de súbito.

A moça alemã era loura, lisa, inocente. Eu não suportava a inocência, naquela noite.

Nul ne réveillera cette nuit les dormeurs

(*) Não desperteis esta noite os que dormem...

*Il n'y aura pas à courir les pieds nus dans la neige...**

Recitava para mim mesmo, em silêncio, o poema de Aragon, olhando a moça alemã que eu achava bonita. Desejável também, sem dúvida. Não me recordo do desejo, mas não é improvável. O essencial era que eu não suportava sua presumida inocência. Sobretudo, que eu mesmo me sentia culpado, naquela noite: o que era raro. Despertando desse sonho que era a vida, sentiame, uma vez ao menos, culpado de ter deliberadamente esquecido a morte. De ter desejado esquecê-la, de ter conseguido. Tinha eu o direito de viver no esquecimento? De viver graças a esse esquecimento, às suas custas? Os olhos azuis, o olhar inocente da moça alemã tornavam-me esse esquecimento insuportável. Não só o meu: o esquecimento geral, maciço, histórico, de toda essa antiga morte.

Ton corps n'est plus cette dérive aux eaux d'Europe
Ton corps n'est plus cette stagnation cette rancoeur
Ton corps n'est plus la promiscuité des autres
*N'est plus sa propre puanteur...***

Talvez haja no texto de Aragon escórias retóricas, virtuosidades prosódicas que ele não foi capaz de se proibir. Talvez seu poema ainda precisasse de um trabalho de polimento, de fricção maníaca até desnudar a própria ossatura da linguagem, com toda a adiposidade verbal eliminada. Trabalho que caracteriza a poesia de Paul Celan, sempre. De René Char, freqüentemente.

Pode-se, contudo, extrair de "Canção para esquecer Dachau" alguns diamantes de uma água puríssima, algumas incursões, surpreendentes pelo acerto, na experiência da deportação, no entanto indecifrável se vista de fora.

Quand tes yeux sont fermés revois-tu revoit-on

(*) Ninguém despertará esta noite os que dormem/Não haverá que correr de pés descalços pela neve...

(**) Teu corpo não é mais essa deriva pelas águas da Europa/Teu corpo não é mais essa estagnação esse rancor/Teu corpo não é mais a promiscuidade dos outros/Não é mais sua própria fetidez...

Mourir aurait été si doux à l'instant même
Dans l'épouvante où l'équilibre est stratagème
*Le cadavre debout dans l'ombre du wagon...**

Eu recitava para mim mesmo o poema de Aragon, escolhendo os versos que mais mexiam com a minha memória. Recitava-o sem voz, boca fechada, naquela noite, numa boate da rua Saint-Benoît. Olhava a moça alemã inocente, esquecida, necessariamente, e recitava para mim mesmo esse poema da memória. Mas também recitei para mim mesmo esse poema em voz alta. Nas ruas das grandes cidades, de vez em quando, correndo o risco de provocar um olhar apiedado nos passantes. Recitei-o a plenos pulmões diante do rumor do marulho oceânico na praia espanhola de Oyambra. Diante das brumas cintilantes do litoral de Little Deer Isle, no Maine.

Toda a minha vida terei recitado para mim mesmo esse poema de Aragon, toda a minha vida ele terá me acompanhado. Ainda há pouco, em 8 de março de 1992, na praça de chamada de Buchenwald, declamei para mim mesmo o fim desse poema.

Eu voltava lá pela primeira vez, quarenta e sete anos depois da época de que trata este relato. Até então, sempre havia me recusado a voltar. Não havia sentido nem a necessidade nem o desejo, por todo tipo de razões. Mas este relato estava praticamente terminado — pelo menos, era minha impressão equivocada — e veio-me de repente a idéia de verificar-lhe a coerência, a verdade interna. Por outro lado, as circunstâncias históricas haviam mudado, desde a reunificação democrática da Alemanha. Resolvi aproveitar uma ocasião de voltar lá: uma emissora de televisão alemã propunha-me participar de um programa sobre Weimar, cidade de cultura e de campo de concentração.

Na praça de chamada de Buchenwald, num dia do mês de março de 1992, recitei para mim mesmo, em voz baixa, o poema de Aragon. Acabava de descobrir que teria de reescrever boa

(*) Quando teus olhos estão fechados revês revês-se/Morrer teria sido tão doce agorinha mesmo/No horror em que o equilíbrio é estratagema/O cadáver de pé à sombra do vagão...

parte do meu relato. Que seria preciso mergulhar mais uma vez nesse longo trabalho de luto da memória. Interminável, mais uma vez. Mas isso não me aborrecia, curiosamente.

Estava acompanhado por Thomas e Mathieu Landman, meus netos pelos laços do coração: parentesco que vale tanto quanto qualquer outro. Escolhera-os para me acompanharem à Alemanha e eles realmente me fizeram companhia. Senti ao longo de toda essa viagem a presença emocionada, risonha, calorosa do jovem olhar dos dois sobre minhas velhas recordações: as cinzas do meu passado. E estavam perto de mim, na praça de chamada de Buchenwald. Mathieu tirava fotografias, Thomas olhava o horizonte dos meus vinte anos, no sopé do Ettersberg. Havia à nossa direita a chaminé acachapada do crematório. Havia o barulho do vento que sopra desde sempre sobre o Ettersberg. Havia o alarido estrepitoso dos pássaros de volta: lembrei-me do tenente Rosenfeld. Floresta sem pássaros, outrora, floresta de faias cujos pássaros tinham sido expulsos pelos odores nauseabundos do forno crematório.

Então, declamei para mim mesmo o fim desse poema:

Il y a dans ce monde nouveau tant de gens
Pour qui plus jamais ne sera naturelle la douceur
Il y a dans ce monde ancien tant et tant de gens
Pour qui toute douceur est désormais étrange
Il y a dans ce monde ancien et nouveau tant de gens
Que leurs propres enfants ne pourront pas comprendre

Oh vous qui passez
*Ne réveillez pas cette nuit les dormeurs...**

(*) Há neste mundo novo tanta gente/Para quem nunca mais será natural a doçura/Há neste mundo antigo tanta e tanta gente/Para quem qualquer doçura e doravante estranha/Há neste mundo antigo e novo tanta gente/Que seus próprios filhos não poderão compreender//Oh, vós que passais/Não desperteis esta noite os que dormem...

— *No hay derecho...* — murmura Morales, virado para mim.

O lençol branco cobre seu corpo qual um sudário, no estrado do *Revier* onde está deitado. Tem o rosto chupado, uma brancura salientada por uma barba de vários dias, hirsuta, uma negrura azulada.

Eu me separara de Boris Taslitzky, um pouco antes. Depois das recitações de René Char, de Louis Aragon e de *La légende des siècles*, voltei para meu block, o 40, para ali esperar a hora da refeição do meio-dia. Pois agora tínhamos direito a duas refeições, ao meio-dia e à noite. Ainda não sabia que aquele 26 de abril seria meu último dia em Buchenwald. Ainda não tinha me lembrado de Ludwig Wittgenstein.

Anos mais tarde, quando publiquei *L'évanouissement*, no qual me ocupava de Wittgenstein e de seu *Tractatus*, um respeitável crítico pensou que eu tinha inventado esse personagem de filósofo. Achou que era uma bela invenção romanesca. Cabe dizer que, na época, lá por meados dos anos 60, Wittgenstein não era conhecido na França. Lendo o artigo, fiquei dividido entre um espanto um pouco encabulado diante da ignorância do crítico e a satisfação literária. Acreditar-me capaz de ter inventado um personagem tão fascinante e insuportável como Wittgenstein não era um elogio de se jogar fora, a bem da verdade.

Mas em Buchenwald, em 26 de abril de 1945, naquela hora do dia, ainda não tinha inventado Wittgenstein. Nem sequer havia pensado nisso. Nem sequer tinha me lembrado da sentença peremptória do seu *Tractatus* que comentei longamente, três anos antes, no caderno de capa preta envernizada que Claude-Edmonde Magny emprestara a um de seus Jean, Gosset ou Cavaillès. Estava no sol, defronte da porta do block 40, à toa, sonhador, esperando a distribuição da comida do meio-dia. Perguntava-me o que ia fazer naquela tarde.

Vi Bolados chegar, com passo apressado.

Ele era o principal responsável pela organização clandestina do PC da Espanha, em Buchenwald. Em síntese, o número um da troika dirigente. A seu lado, havia Palazón, o responsável pelo aparelho militar, e Falcó, o secretário da organização. Todos esses nomes eram pseudônimos, aliás. Eles tinham sido presos na França, na Resistência, com esses nomes falsos, e os conservaram. Foi só depois de 12 de abril, depois da libertação do campo, que fiquei sabendo seus nomes verdadeiros. Palazón se chamava Lacalle, Falcó se chamava Lucas. E Bolados se chamava Nieto, Jaime Nieto.

Uma semana antes, em 19 de abril, os delegados de todos os partidos comunistas de Buchenwald tinham se reunido para redigir uma declaração política. Onze partidos estavam representados nessa reunião: os da França, da URSS, da Itália, da Polônia, da Bélgica, da Iugoslávia, da Holanda, da Tchecoslováquia, da Espanha, da Áustria e da Alemanha. O delegado espanhol assinou com seus dois nomes: acrescentou entre parênteses o pseudônimo de Bolados, pelo qual era conhecido em Buchenwald, ao seu nome verdadeiro, Jaime Nieto.

Chegava com passo apressado.

— Você está aí, que bom — dizia-me, sem fôlego. — Morales está morrendo, quer vê-lo!

Saímos em disparada até a enfermaria que fica no outro extremo do local cercado de arame farmado.

— *No hay derecho...* — acaba de murmurar Morales, voltado para mim.

Tem razão: não é justo.

Diego Morales chegou ao campo lá por fins do verão de 1944, após uma breve passagem por Auschwitz. Bastante longa, porém, para que pudesse captar o essencial dos mecanismos de seleção que eram específicos do complexo de exterminação maciça de Auschwitz-Birkenau. Antes mesmo do testemunho decisivo do sobrevivente do *Sonderkommando*, foi por Morales que tive uma primeira idéia do horror absoluto que era a vida em Auschwitz.

Conosco, Morales logo encontrara um trabalho qualificado na usina Gustloff: era um torneiro — ou um fresador: não sou uma autoridade em matéria de nomenclatura metalúrgica — realmente fora do comum. Tão hábil e preciso que a organização clandestina acabou lhe confiando um posto-chave na cadeia de montagem dos fuzis automáticos: aquele, no final da cadeia, onde se devia, inteligentemente, sabotar uma peça decisiva do mecanismo a fim de que a arma ficasse inutilizável.

Instalado no block 40, no mesmo dormitório que eu, depois do período de quarentena, Morales me maravilhara por sua facúndia de contador. Não me cansava de ouvi-lo. É bom que se diga que sua história era o máximo do romanesco.

Ele costumava dizer que um livro era responsável pelo lado aventuroso de sua vida. "Um desgraçado livrinho", dizia. *Un jodido librito*... Um livro cuja leitura transtornou sua vida, atirando-o de cabeça — é o caso de dizer — no turbilhão das batalhas políticas. Na verdade, aos dezesseis anos ele leu o *Manifesto comunista*, e sua vida mudou. Ainda falava disso, em Buchenwald, com uma emoção existencial. Como outros nos falam dos *Cantos de Maldoror* ou de *Uma temporada no inferno*.

Aos dezenove anos, Morales fez a guerra da Espanha numa unidade de guerrilha que operava do lado de lá das linhas de frente, no território inimigo. Foi depois da derrota da República espanhola, em Prades, que teve o seu segundo choque literário. Ali, foi recolhido e escondido por uma família francesa, depois de sua fuga do campo de refugiados em Argelès. Foi lá que leu *O vermelho e o negro*. Por certo, o fato de que esse livro lhe tivesse sido aconselhado por uma moça de quem ele ainda se lembrava, lembrança a um só tempo carnal e sublimada, não parecia alheio ao fascínio provocado. Entretanto, fosse qual fosse a parte do ardor, da amorosa chama de antigamente, ele atribuía ao romance de Stendhal, no seu relato, efeitos comparáveis aos do panfleto de Marx, num plano diferente. Se o *Manifesto* tinha lhe aberto a compreensão dos grandes movimentos de massa e inelutáveis da história, *O vermelho e o negro* tinha-o iniciado nos mistérios da alma humana: falava do livro com uma precisão emocionada e sutil, inexaurível, assim que o encaminhávamos para esse tema, e eu não me privava do prazer de fazê-lo.

— Não é justo — acaba de me murmurar Morales, mal me sentei na cabeceira de sua maca, mal tomei sua mão com a minha.

Tem razão, não é justo morrer agora.

Morales sobreviveu à guerra da Espanha, aos combates do planalto dos Glières — é sua mais terrível lembrança, ele me disse: a longa andança pela neve profunda, sob o fogo cruzado das metralhadoras, para escapar do cerco das tropas alemãs e dos destacamentos da gendarmaria e da milícia francesas. Sobreviveu a Auschwitz. E a Buchenwald, ao risco diário de ser apanhado por um *Meister* civil ou um *Sturmführer* ss, em flagrante de sabotagem na cadeia de montagem da Gustloff, o que o teria levado direto para a forca. Sobreviveu a mil outros perigos, para acabar assim, estupidamente.

— *Morirse así, de cagalera, no hay derecho...* — ele murmura no meu ouvido.

Ajoelhei-me perto de sua cama, para que não tivesse de fazer esforço ao falar comigo.

Tem razão: não é justo morrer bestamente de caganeira depois de tantas ocasiões de morrer de armas na mão. Depois da libertação do campo, além do mais, quando o essencial parecia conquistado, a liberdade, reencontrada. Quando as ocasiões de morrer de armas na mão, na guerrilha antifranquista, na Espanha, ofereciam-se de novo a ele, como desafio de liberdade, justamente, era estúpido morrer de uma disenteria fulminante provocada por uma alimentação que de repente voltara a ser rica demais para o seu organismo debilitado.

Não lhe digo que a morte é imbecil, por definição. Tão imbecil quanto o nascimento, pelo menos. Tão imbecilizante, também. Não seria um consolo. Além disso, ele não tem nenhum motivo para apreciar nesse momento considerações metafísicas ou desencantadas.

Aperto-lhe a mão, em silêncio. Penso que já segurei em meus braços o corpo em agonia de Maurice Halbwachs. Era a mesma decomposição, o mesmo mau cheiro, o mesmo naufrágio visceral, deixando ao abandono uma alma chorosa mas lúcida até o último segundo: pequena chama tremelicante que o corpo não mais alimentava com seu oxigênio vital.

Ô mort, vieux capitaine, il est temps levons l'ancre...

Eu havia murmurado para Halbwachs, à guisa de prece dos agonizantes, alguns versos de Baudelaire. Ele me escutara, me entendera: seu olhar brilhara com terrível orgulho.

Mas o que podia dizer a Diego Morales? Que palavras lhe murmurar que fossem um consolo? Podia consolá-lo, aliás? Não seria melhor falar de compaixão?

Afinal de contas, não ia lhe recitar o *Manifesto* de Marx. Não, só via um único texto para lhe recitar. Um poema de César Vallejo. Um dos mais bonitos da língua espanhola. Um dos poemas de seu livro sobre a guerra civil, *España, aparta de mi este cáliz.*

Al fin de la batalla,
y muerto el combatiente, vino hacia él un hombre
y le dijo: "No mueras, te amo tanto!"
Pero el cadáver ¡ay! siguió muriendo...

Não tenho tempo para murmurar o início desse poema pungente. Um sobressalto convulso agita Morales, uma espécie de explosão pestilencial. Ele se esvai, literalmente, sujando o lençol que o enrola. Agarra-se em minha mão, com todas as suas forças reunidas num derradeiro esforço. Seu olhar exprime o desespero mais abominável. Lágrimas correm sobre sua máscara de guerreiro.

— *Qué vergüenza* — diz num último suspiro.

Será que ouço esse murmúrio? Será que pressinto em seus lábios as palavras que expressam a sua vergonha?

Seus olhos reviram-se: está morto.

"*No mueras, te amo tanto*", tenho vontade de gritar, como no poema de Vallejo. "Não morras, te amo tanto! Mas o cadáver, ai! continua morrendo..."

Ele continua morrendo, continua penetrando na eternidade da morte. É então que me lembro de Ludwig Wittgenstein. "A morte não é um acontecimento da vida. A morte não pode ser vivida", escrevera esse imbecil do Wittgenstein. No entanto, eu tinha vivido a morte de Morales, estava vivendo-a. Assim como, um ano antes, tinha vivido a morte de Halbwachs. E não tinha vivido, da mesma forma, a morte do jovem soldado alemão que cantava "La paloma"? A morte que eu havia lhe dado? Não tinha vivido o horror, a compaixão de todas essas mortes? De toda a morte? A fraternidade também, que ela punha em xeque?

Fecho os olhos de Morales.

É um gesto que nunca vi ninguém fazer, que ninguém me ensinou. Um gesto natural, como o são os gestos do amor. Gestos, num e noutro casos, que nos vêm naturalmente, do fundo da mais antiga sabedoria. Do mais longínquo saber.

Levanto-me, viro-me. Os companheiros ali estão: Nieto, Lucas, Lacalle, Palomares... Também viveram a morte de Morales.

— "Não se sublinhou o suficiente, parece-me, todo o *terror* que há em Keats, no início de 'Hyperion' por exemplo:

> *There was a listening fear in her regard*
> *As if calamity had but begun...**"

Claude-Edmonde Magny reiniciara a leitura da sua *Carta sobre o poder de escrever.*

— "Keats enxergou o bicho no miolo de cada fruta, a falha no coração de toda existência, sabe que para o homem não há salvação no mundo, e fica aterrorizado. Mas agora esse terror é cósmico, e não mais psicológico. Consegue ser a transposição serena de uma experiência que foi atroz, decerto, mas que agora está superada..."

Ela interrompe, me olha.

Mas não tenho vontade de falar. Estou exausto, vazio de qualquer palavra possível.

(*) Havia um temor atento em seu olhar/Como se a calamidade tivesse apenas começado...

Dois anos depois daquela manhã de agosto na rua Schoelcher, recebi um exemplar da *Carta sobre o poder de escrever*. A edição original, da Seghers, tinha trezentos exemplares, em papel velino Lafuma: o meu trazia o número 130.

Em 1947, ano dessa publicação, já não encontrava Claude-Edmonde Magny com a regularidade de outrora. Acho até que só a encontrava por acaso, por ocasião, muito rara, de um vernissage, de uma peça de teatro. Qualquer coisa desse gênero. Qualquer coisa de tão aleatório, de tão fútil quanto.

Seja como for, estou certo de nunca mais ter voltado à casa dela, ao ateliê da rua Schoelcher. Nem às seis da manhã nem a qualquer outra hora mais conveniente. Quer dizer: mais habitual. A última vez que terei batido à sua porta foi aquela, no amanhecer de um dia de agosto de 1945, véspera de Hiroshima.

É verdade que em 1947 eu havia abandonado o plano de escrever. Tornara-me um outro, para permanecer em vida.

Em Ascona, no Tessino, num dia de inverno ensolarado, em dezembro de 1945, eu havia sido intimado a escolher entre a escrita e a vida. Fui eu que me intimei a fazer essa escolha, por certo. Era eu que tinha de escolher, só eu.

Qual um câncer luminoso, o relato que eu me arrancava da memória, fiapo por fiapo, frase após frase, devorava minha vida. Meu gosto de viver, quando nada, minha vontade de perseverar nessa alegria miserável. Tinha certeza de que estava chegando a um ponto último, quando deveria registrar o meu fracasso. Não porque não conseguia escrever: mais porque não conseguia sobreviver à escrita. Só um suicídio poderia assinar, pôr fim voluntariamente a esse trabalho de luto inconcluso: interminável. Ou a própria inconclusão lhe poria fim, arbitrariamente, pelo abandono do livro em andamento.

Uma moça, sem saber, sem tê-lo premeditado, segurou-me na vida. Chamava-se Lorène, dar-se-á a conhecer quando for o momento, brevemente: sua hora está chegando. Salvou-me — ou perdeu-me: não me cabe julgar; recuso antecipadamente qualquer julgamento a esse respeito —, manteve-me na vida, de um jeito ou de outro.

Eu vivia em Solduno, naquele inverno, nos arredores de Locarno. Minha irmã Maribel alugara uma casa no vale do Maggia, ao sol do Tessino, para que eu descansasse. Para que escrevesse também. Ali passei o outono do meu regresso, depois o inverno, com ela e um sobrinho de três anos. Jean-Marie Soutou, meu cunhado, inaugurava em Belgrado a embaixada da França, com Jean Payart. Às vezes, outro irmão vinha nos encontrar, Gonzalo, que vivia em Genebra. Era um lugar sossegado, cheio de risadas, relatos, recordações: uma alegria tecida de cumplicidades. Era a fase das pequenas atenções para com a assombração que eu era. Eu me deixava amar e tentava escrever. Ou por outra: tentava sobreviver à escrita que me corroía a alma.

Encontrava-me com Lorène em Ascona, uma aldeia vizinha, à beira do lago. Lorène nada sabia a meu respeito, nada de essencial: de onde eu estava chegando, quem eu era realmente. Mal-e-mal, o que eu fazia ali. Não tinha nenhuma outra razão para se interessar por mim a não ser eu mesmo: isso é que era perturbador. Eu mesmo no presente, na aparente despreocupação de um inverno em Ascona, onde nós dois descansávamos. Ela, de uma aventura conjugal sinistramente fracassada. Eu, não sei mais de quê. Inventara uma razão para estar ali, em família, esqueci qual era.

Graças a Lorène, que não sabia nada a respeito, que nunca soube de nada, voltei à vida. Quer dizer, ao esquecimento: a vida era a esse preço. Esquecimento deliberado, sistemático, da experiência do campo. Esquecimento da escrita, também. Na realidade, estava fora de cogitação escrever sobre qualquer outra coisa. Teria sido ridículo, talvez até ignóbil, escrever qualquer coisa contornando essa experiência.

Tinha de escolher entre a escrita e a vida, escolhi esta. Escolhi uma longa cura de afasia, de amnésia deliberada, para sobreviver. E era nesse trabalho de retorno à vida, de luto da escrita, que havia me afastado de Claude-Edmonde Magny, é fácil compreender. Sua *Carta sobre o poder de escrever*, que me acompanhava por todo canto, desde 1947, mesmo nas minhas viagens clandestinas, era o único vínculo, enigmático, frágil, com aquele que eu gostaria de ter sido, um escritor. Comigo mesmo, em resumo, com a parte de mim mais autêntica embora frustrada.

Mas eu ainda não sabia de nada disso, naquela manhã, com o céu do mês de agosto sobre o cemitério Montparnasse, sobre o túmulo de César Vallejo.

— Que poetas lemos juntos? — perguntou Claude-Edmonde Magny. — Keats, é claro... E Coleridge, Rainer Maria Rilke, eu me recordo...

Ela acaba de fazer um novo café, serve-nos mais uma xícara.

— César Vallejo — digo-lhe. — Traduzi alguns poemas para você...

— Vallejo, é mesmo! — diz com voz abafada. — Depositei flores na sepultura dele, regularmente, enquanto você estava longe!

Será que realmente voltei?

7

O GUARDA-CHUVA DE BAKUNIN

O tempo passara, era o mês de dezembro, Lorène me esperava em frente de um cinema de Locarno.

Eu tinha ido à matinê assistir a um filme americano baseado numa peça de Eugene O'Neil. Uma história de marinheiros de longo curso, tirando ao rude.

— Quer que lhe mostre o guarda-chuva de Mikhail Alexandrovitch Bakunin? — ela exclamou.

Lorène estava no volante de um cabriolé Mercedes conversível, um modelo bastante antigo mas luxuoso. Tinha estacionado na frente do cinema, ao sol. Apesar da tradicional discrição helvética — talvez menos disseminada no Tessino, na vizinhança da Itália —, olhares ciumentos pousaram sobre mim.

Meu coração logo bateu mais rápido.

Não era Bakunin que me deixava perturbado, não exatamente. Nem ele nem o seu guarda-chuva. Ela poderia ter me dito qualquer outra coisa, o efeito sobre mim teria sido o mesmo. Era sua presença que era perturbadora, o fato de que estivesse ali, a me esperar.

Aproximei-me, fiquei de pé ao lado dela, com as duas mãos apoiadas na beira da porta do carro. Ela levantou os olhos para mim, vi-os brilhar com uma luz alegre e castanho-dourada.

— Quero — disse-lhe —, me mostre esse famoso guarda-chuva!

Todos os pretextos eram bons para ficar com ela, para me refugiar na ternura provável de seus braços.

Eu tinha visto o filme de O'Neil — quer dizer, adaptado de uma peça de O'Neil — num estado de estupor, praticamente. As imagens se sucediam, picadas, sem grande coesão entre si, apesar de sua força indiscutível. Sem que nem sempre eu fosse capaz de inseri-las na continuidade de um relato, no fluxo de um desenrolar temporal. Às vezes, elas me escapavam, seu significado se esfumava: restava apenas uma agressiva beleza formal.

Sentia-me como que atacado de estupor, num estado segundo. Sem nenhuma aflição, porém: mergulhado na serenidade do desespero mais suave, macio.

Não foi o próprio filme — era John Ford que o dirigia? — que provocou esse estupor, é claro. Foi antes, foram as atualidades que precederam a sua projeção.

De repente, após a reportagem sobre uma competição esportiva e alguma reunião internacional em Nova York, tive de fechar os olhos, por um segundo ofuscado. Reabri-os, não tinha sonhado, as imagens continuavam lá, na tela, inevitáveis.

Esqueci qual era o pretexto ou a ocasião, mas as atualidades que passaram naquele dia no cinema de Locarno voltavam à descoberta dos campos de concentração nazistas pelos exércitos aliados, uns meses antes.

O olho da câmera explorava o interior de um barracão: os deportados completamente sem forças, afundados nos estrados, esquálidos a ponto de morrer, fixavam com um olhar saltado os intrusos que lhes levavam — tarde demais para muitos deles — a liberdade. O olho da câmera captava o movimento dos tratores do exército americano empurrando centenas de cadáveres descarnados para as valas comuns. O olho da câmera pegava o gesto de três jovens deportados de cabelos rentes, roupa listrada, que faziam circular entre si uma guimba partilhada, na entrada de uma barraca... O olho da câmera seguia o lento andar de um grupo de deportados mancando na esplanada de uma praça de chamada, ao sol, rumo a uma distribuição de comida...

As imagens tinham sido filmadas em diferentes campos libertados pelo avanço aliado, alguns meses antes. Em Bergen-

Belsen, em Mauthausen, em Dachau. Havia também as de Buchenwald, que eu reconhecia.

Ou melhor: que sabia com absoluta certeza que vinham de Buchenwald, sem ter certeza de reconhecê-las. Ou melhor: sem ter certeza de tê-las visto eu mesmo. Era a diferença entre o visto e o vivido que era perturbadora.

Pois era a primeira vez que eu via imagens desse tipo. Até aquele dia de inverno, um pouco por acaso, muito por estratégia espontânea de autodefesa, conseguira evitar as imagens cinematográficas dos campos nazistas. Tinha as da minha memória, que às vezes surgiam, brutalmente. Que eu também podia convocar, deliberadamente, dando-lhes inclusive uma forma mais ou menos estruturada, organizando-as num percurso de anamnese, numa espécie de relato ou de exorcismo íntimo. Eram imagens íntimas, justamente. Recordações que me eram tão consubstanciais, tão naturais — apesar de sua parcela de intolerável — quanto as da infância. Ou quanto as da felicidade adolescente das iniciações de todo tipo: à fraternidade, à leitura, à beleza das mulheres.

De repente, porém, no silêncio daquela sala de cinema de Locarno — onde se extinguiam os cochichos e os sussurros, onde se imobilizava um silêncio de horror e de compaixão: silêncio escandalizado, também, provavelmente —, essas imagens de minha intimidade tornavam-se alheias para mim, ao se objetivarem na tela. Assim, escapavam dos meus processos pessoais de memorização e de censura. Deixavam de ser meu bem e meu tormento: riquezas assassinas de minha vida. Eram apenas, ou eram enfim, a realidade radical, exteriorizada, do Mal: seu reflexo glacial e todavia ardente.

As imagens cinzentas, às vezes tremidas, filmadas entre os pulos de uma câmera segurada com a mão, adquiriam uma dimensão de realidade incomensurável, aflitiva, que minhas próprias recordações não alcançavam.

Ao ver surgir na tela do cinema, sob um sol de abril tão próximo e tão distante, a praça de chamada de Buchenwald por onde zanzavam coortes de deportados em meio ao desespero da liberdade recuperada, eu me via trazido de volta à realidade, reinstalado na veracidade de uma experiência indiscutível. Tudo fora verdade, portanto, tudo continuava a sê-lo: nada fora um sonho.

Ao me tornar, graças aos operadores dos serviços cinematográficos dos exércitos aliados, espectador de minha própria vida, voyeur da minha própria vivência, parecia-me escapar das incertezas dilacerantes da memória. Como se, paradoxalmente à primeira vista, a dimensão de irreal, o teor de ficção inerentes a qualquer imagem cinematográfica, mesmo a mais documental, lastreassem com um peso de realidade incontestável minhas recordações mais íntimas. Decerto, por um lado, sentia-me despossuído delas; por outro, via-lhes confirmada a realidade: eu não havia sonhado Buchenwald.

De modo que minha vida não era apenas um sonho.

Entretanto, se as imagens das atualidades confirmavam a verdade da experiência vivida — que por vezes me era difícil captar e fixar nas minhas lembranças —, ao mesmo tempo elas acentuavam, beirando o desespero, a dificuldade sentida para transmiti-la, para torná-la, se não transparente, pelo menos comunicável.

Na verdade, as imagens, embora mostrando o horror desnudo, a decadência física, o trabalho da morte, eram mudas. Não só porque filmadas, de acordo com os meios da época, sem gravação de som direto. Mudas sobretudo porque não diziam nada de preciso sobre a realidade mostrada, porque só deixavam transparecer uns poucos fragmentos, mensagens confusas. Seria necessário trabalhar o filme no corpo, na sua própria matéria fílmica, ocasionalmente parar a projeção: fixar a imagem para ampliar certos detalhes; recomeçar a projeção em câmera lenta, em alguns casos, acelerar-lhe o ritmo, em outros momentos. Sobretudo, seria necessário comentar as imagens, para decifrá-las, inscrevê-las não só num contexto histórico mas numa continuidade de sensações e de emoções. E esse comentário, para se aproximar o mais possível da verdade vivida, deveria ser narrado pelos próprios sobreviventes: as assombrações dessa longa ausência, os Lázaros dessa longa morte.

Em resumo, seria preciso tratar a realidade documental como matéria de ficção.

A seqüência de atualidades durou três ou quatro minutos, no máximo. O que bastou para me mergulhar num turbilhão de pensamentos e emoções. Fiquei perturbado a ponto de só poder prestar no filme que as sucedia uma atenção esporádica, entrecortada de devaneios angustiados.

Mas havia Lorène, à saída do cinema. Vira-me entrar, por acaso, parece, informara-se sobre a duração da sessão, voltara para me esperar.

Uma espécie de imensa gratidão levou-me até ela.

— Locarno! — eu havia exclamado dois dias antes. — Então você deve conhecer Bakunin!

Queria desconcertá-la, é evidente. Despertar sua curiosidade, sua atenção. Seu assombro maravilhado, por fim, quando me visse brilhar com os meus conhecimentos desenvoltos e irônicos a respeito de Bakunin em Locarno.

Foi um fracasso. Lorène balançou a cabeça, imperturbável.

— De fato — respondeu, como se fosse óbvio. — Temos até o guarda-chuva dele em casa!

Fiquei com cara de bobo.

Estávamos no final de uma refeição que fora agradável, apesar de meus temores iniciais. O vagão-restaurante estava quase vazio, mas ela se sentara na minha frente, de propósito. Precisava de companhia, vontade de conversar, disse-me depois.

Eu preferiria ficar sozinho na minha mesa.

Tinha resolvido fazer um lauto almoço, substancial, saboreá-lo calmamente. Pretendia beber e comer até me fartar, com o respeito e o deleite que mereciam as comidas helvéticas.

Antes, sempre havia um fim para a comida. Por mais que mastigássemos com o maior vagar possível a fatia de pão preto, cortada em pedaços miudinhos, sempre chegava um momento em que acabava. Era quase como se nada tivesse acontecido: acabava-se o pão preto, boca vazia, estômago murcho. Nada a não ser a fome que logo voltava. No vagão-restaurante das Estradas de Ferro Helvéticas, seria diferente: não havia limite imaginável para a comida oferecida. Só havia limite para a fome. A palavra, aliás, era inconveniente, pouco adequada: a fome tornara-se banal apetite.

Naquele dia, porém, a velha obsessão reaparecera. Mais num registro moral do que físico, aliás. Era a idéia da fome, sua lembrança exaustiva, que de súbito me afligia. Num contexto bem diferente: eu sabia que podia matá-la. A fome voltava a ser apetitosa.

Assim sendo, pedi um gin-fizz à guisa de aperitivo, com o firme propósito de beber em seguida uma garrafa de pontet-canet 1929, de organizar meu almoço em torno desse vinho admirável.

Havia descoberto a existência do pontet-canet na minha primeira viagem entre Locarno e Berna — ida e volta no mesmo dia —, no vagão-restaurante das Estradas de Ferro Helvéticas. Na verdade, uma vez por mês — era a terceira, em dezembro, no dia em que Lorène apareceu —, eu era obrigado a carimbar meu visto de permanência em Berna, num departamento da polícia federal. Foi impossível obter da dita polícia que minha carteira de permanência na Suíça fosse controlada em Locarno, a cidade mais próxima da minha residência de inverno. Não sei que obscura e obtusa razão burocrática obrigava-me a me deslocar até Berna. Assim, em vez de tomar simplesmente o bonde que ia de Solduno a Locarno, eu pegava nesta cidade um trem rápido — "leve", na terminologia franco-suíça das EFH — e fazia uma ida e volta no mesmo dia.

Portanto, daquela vez, para a minha terceira e última viagem — minha carteira de permanência expirava em janeiro de 1946 —, ia fazer uma festa no almoço solitário: a garrafa de pontet-canet, um menu composto em torno dos aromas desse vinho fantástico.

Em tais circunstâncias, pode-se compreender que a proximidade inopinada daquela jovem mais me incomodava. Teria que haver um mínimo de conversa. E, além disso, sobretudo, não se come da mesma maneira diante de um olhar estranho. Com a mesma displicência, a mesma liberdade. A gente se comporta, diante de um olhar estranho, feminino, para completar. A gente se reprime, se refreia, se retrai. Mas, justamente, eu tinha vontade de relaxar, de me comportar, se fosse o caso, como um esganado e um glutão, de saborear gulosamente os pratos escolhidos.

Decerto ela me incomodava, mas era deslumbrante. À vontade, com sua pele brilhante, bronzeada, suave ao olhar. À vontade, dentro de suas roupas de uma qualidade discreta mas ancestral. Era isso que mais impressionava: a tradição que se manifestava por trás de tanto desembaraço, de um leve parecer. O peso dos patrimônios, a longa linhagem das ascendências por trás de tanta evidente desenvoltura. Visivelmente, ela era o produto quase perfeito de várias gerações de Palmolive, cashmeres e aulas de piano.

Essa aparência não enganava. De fato, Lorène era a herdeira de uma família patrícia, de sobrenome tão famoso na indústria química suíça quanto no mecenato artístico.

— Você está festejando o quê? — disse sentando-se à minha mesa e vendo a garrafa de vinho que o sommelier acabava de abrir e de me fazer provar com gestos cheios de unção.

— Nada! — respondi. — A vida!

Ela pediu um prato leve, água mineral.

— E o que você faz na vida? — acrescentou.

— Nada, ainda... Viver!

Meu laconismo não a desconcertou, menos ainda a desencorajou. Prosseguia sua investigação, sem grande êxito. A maioria das informações que conseguiu extorquir de mim era falsa, a começar por meu nome de batismo: Manuel, disse-lhe eu. Cansada de perguntar, falou de si mesma. Era patético, mas banal. Aliás, toda vez que desconhecidos contam sua vida nos trens, é pateticamente banal. Lorène acabava de sair de uma experiência matrimonial catastrófica. Seis meses de pesadelo, segundo ela. Um divórcio sofrido acabava de pôr fim ao inferno conjugal.

Eu a escutava distraído, mas a olhava deleitado. Seus gestos eram graciosos, sua voz, harmoniosa, seu porte à mesa, perfeito, sem pose. Um regalo para os olhos, enquanto me deliciava com comidas sutis ou consistentes.

Num dado momento, não sei mais por quê, falou da casa familiar em Locarno.

— Então você deve conhecer Bakunin! — disse-lhe.

Sua resposta me deixou estarrecido.

— De fato, temos até o guarda-chuva dele em casa!

Uma prima de Teresa Pedrazzini, a senhoria do revolucionário russo, havia trabalhado com os bisavós de Lorène, na residência que a família possuía em Locarno, desde a mais remota eternidade patrícia, esta dos patrimônios, dos morgados e dos pactos nupciais preservadores dos bens de raiz. Num dia de chuva, nos anos 70 do século passado, essa doméstica — que também se chamava Teresa, como sua prima Pedrazzini, o que complicava singularmente os relatos dos descendentes, ancilares mas prolixos, dizia Lorène —, a Teresa de seus bisavós, portanto, ao voltar de uma visita à casa da prima, pedira emprestado para se proteger do temporal um grande guarda-chuva preto, notável pelo cabo de ponta trabalhada, e cujo dono, ela ignorava, era Mikhail Alexandrovitch, aquele russo barbudo e poliglota refugiado na Suíça italiana e que alugava com a Pedrazzini um apartamento mobiliado. Esquecido no vestíbulo dos antepassados de Lorène, o guarda-chuva conservou seu anonimato durante certo tempo. Era um guarda-chuva esquecido, mais nada. Estava ali, sem suscitar interesse nem discórdia. Até o dia em que Bakunin em pessoa apresentou-se para pedi-lo de volta. A lenda familiar conferia a esse acontecimento um relevo especial: todos os detalhes, com certeza embelezados com penduricalhos, acréscimos, floreios e exageros ao longo dos decênios de transmissão oral de uma geração a outra, tinham sido conservados, codificados. Quaisquer que fossem as variantes, o desfecho do relato era sempre idêntico: o bisavô de Lorène teria se recusado a entregar o guarda-chuva a Mikhail Alexandrovitch, com a desculpa, moralmente fútil embora juridicamente impecável, de que este não podia provar ser seu dono. Além do mais, como um adversário tão convicto da propriedade privada, anarquista e fora-da-lei bem conhecido, ousava invocar esse direito sagrado numa história pessoal tão duvidosa quanto mesquinha? Parece que este último argumento arrancou de Bakunin uma gargalhada estrondosa. Depois do quê, saiu da residência dos bisavós de Lorène, deixando o seu guarda-chuva com o inimigo, qual uma bandeira no campo de batalha.

A história do guarda-chuva de Bakunin, as risadas que provocou, nos aproximaram. Uma espécie de intimidade cúmplice parecia tomar corpo. A possibilidade de um novo encontro pairara nas nossas palavras, sem maiores detalhes. Mas acabamos sendo cortesmente expulsos do vagão-restaurante, onde nossa conversa se eternizava. Precisavam arrumar as mesas para o jantar de um rápido noturno Lugano-Genebra, explicaram-nos.

Lorène levantava os olhos para mim, diante do cinema de Locarno.

— Está bem — disse eu. — Vamos ver o guarda-chuva de Bakunin!

Mas não pensava em Mikhail Alexandrovitch, para quem estava pouco ligando.

Pensava em Paul-Louis Landsberg. Ou por outra, na mulher de P.-L. Landsberg. Acabava de descobrir com quem Lorène se parecia. Já na antevéspera, no vagão-restaurante, contemplando-a com um interesse admirativo, Lorène me lembrara alguém: uma mulher de outro lugar, de antes. Não sabia quem me lembrava, mas tinha certeza dessa semelhança. Também tinha certeza de que era uma mulher de antes: de minha adolescência. Todavia, por mais que tentasse evocar, convocar à minha memória as imagens das mulheres de minha adolescência, não descobria. A lembrança, a semelhança, a evocação permaneceram enigmáticas, a um só tempo evidentes e indecifráveis.

Num estalo, a coisa acabava de se esclarecer. Foi o cabriolé conversível que possibilitou decifrar essa obscura semelhança, que lhe deu uma evidência luminosa.

Era com a jovem esposa de P.-L. Landsberg que Lorène se parecia.

Na primavera de 1939, no momento do congresso de *Esprit* do qual creio já ter falado, a mulher de Landsberg às vezes nos dava carona, a Jean-Marie Soutou e a mim. Tinha um cabriolé conversível e eu viajava no *spider*, o vento me açoitava o rosto. Uma vez, pelos lados de Ville-d'Avray, segurei a porta aberta para que ela descesse do carro. Havia raios de sol mexendo-se na sombra das folhagens de uma avenida. Ela deslocou o corpo com um movimento brusco que descobriu suas pernas no momento em que punha os pés no chão. Suas pernas à mostra até a liga e a pele leitosa da coxa. O transtorno sentido era redobrado com a lembrança de uma leitura recente: era como em *A conspiração*, de Nizan. O joelho de Catherine Rosenthal, à mostra numa circunstância semelhante: a forma da imagem romanesca aprofundava minha comoção.

Quanto ao guarda-chuva de Bakunin, estava exposto numa vitrine feita sob medida, no vasto saguão da casa familiar de Lorène, em Locarno.

Contemplei-o com uma espécie de beatitude. Foi nesse momento, contemplando com uma graça enternecida o grande guarda-chuva preto de Bakunin, que tomei a decisão que ia mudar minha vida.

Minha morte também, aliás.

Ou por outra, foi ali que comecei a tomá-la. Melhor ainda: que ela começou a ser tomada, a tomar consistência, sem que eu tivesse de intervir para inflectir o curso dos acontecimentos. A tomar consistência, portanto, como se diz do sorvete que ele toma consistência; a cristalizar, como se diz de um sentimento que ele cristaliza.

Lorène estava apoiada em meu ombro, mas não lhe disse nada. De toda maneira, não podia lhe dizer nada, a não ser despertando as dores que minha decisão se propunha, justamente, me evitar.

Foi na hora de sair da casa familiar, quando uma velha empregada — esqueci de perguntar se era a descendente de Teresa, a prima da outra, a Pedrazzini, que foi a senhoria de Bakunin! — nos trouxe um chá aromático, antes de oportunamente desaparecer, que Lorène me mostrou a vitrine especialmente concebida para guardar o espólio triunfal que era o guarda-chuva preto e rural de Bakunin.

Acabávamos de atravessar a biblioteca, para voltar ao saguão. Era um lugar imenso, cheio de livros, de pé-direito alto — uma galeria corria ao longo das paredes, permitindo o acesso às prateleiras mais altas. Não guardo a lembrança de muitas bibliotecas particulares tão belas quanto essa. Talvez fosse inclusive a mais bonita de todas as que conheci. A única, provavelmente mais modesta, que lhe poderia ser comparada, porém, seria a dos Banfi, em Milão, na via Bigli, que descobri bem mais tarde. Na verdade, talvez fosse a única a irradiar a mesma paz luminosa, a mesma aura de recolhimento vivaz. Foi lá, na via Bigli, toda uma vida mais tarde, que Rossana Rossanda me deu para ler os primeiros livros de Primo Levi.

Provavelmente eu não teria sido capaz de me desgarrar da contemplação e da exploração da biblioteca da casa de Locarno, de seus tesouros previsíveis, se tivéssemos começado por ali a visita da residência. Nessa hipótese, seria impossível conseguir de mim o que quer que fosse. Mas Lorène, guiada por um pressentimento, ou muito simplesmente por sua impaciência, levara-me direto para o seu quarto.

Eu olhava o guarda-chuva de Bakunin, depois, num estado de beatitude. Sentia o peso de Lorène contra o meu ombro. De súbito, na proximidade a um só tempo aguçada e entorpecida de nossos dois corpos, de nossas sensações e de nossos sentidos, uma violenta ilusão começou a despontar.

A vida ainda era vivível. Bastava esquecer, tomar essa decisão com determinação, brutalmente. A escolha era simples: a escrita ou a vida. Teria eu a coragem — a crueldade comigo mesmo — de pagar esse preço?

— Cuidado, é a minha orelha ruim! — dizia a Lorène quinze dias mais tarde.

Ela se afastava de mim.

— Você tem uma orelha boa e uma ruim?

Devia pensar que eu estava brincando. Balancei a cabeça, afirmativo.

— Deixe eu ver! — ela disse.

Debruçou-se sobre mim, afastando os cabelos que agora eu usava compridos demais, descobriu a cicatriz azulada que contornava a parte superior da minha orelha direita, acompanhando o ligamento que a unia ao crânio.

— É verdade mesmo — exclamou.

— Nas pequenas coisas, não minto nunca!

Acendemos cigarros.

— É o quê? — perguntou Lorène.

— Resolvi cortar a orelha direita para ofertá-la a uma dama, mas não tive coragem de ir até o fim...

Riu, acariciou-me de novo a orelha, os cabelos, a nuca. Eu não apreciava, olhava a paisagem do lago Maior.

Na realidade, eu havia caído de um trem.

De um trem de subúrbio, inclusive, bastante trivial: não tinha nada de aventureiro, nada de exaltante. Mas caí daquele trem suburbano, superlotado, banal, ou joguei-me voluntariamente na via férrea? As opiniões divergiam, eu mesmo não tinha uma definitiva. Após o acidente, uma moça sustentou que eu me atirara pela porta aberta. O trem estava superlotado, eu me encontrava na beira da plataforma, entre os dois compartimentos de um vagão. Fazia um calorão naquele final de dia do mês de agosto, véspera de Hiroshima. A porta ficara aberta, havia inclusive uns passageiros no estribo. Era freqüente, se não habitual, nessa época de transportes insuficientes. Seja como for, a moça tinha muito respeito, talvez excessivo, pela liberdade alheia. Pela minha, em todo caso. Pensou que eu queria me suicidar, declarou depois, e afastou-se para me facilitar a tarefa. Viu-me atirar-me no vazio.

Eu não tinha opinião definitiva sobre a questão.

Lembrava-me do meu cansaço, depois da noite em claro. Lembrava-me da minha excitação, depois da conversa com Claude-Edmonde Magny, de todas as xícaras de café bebidas juntos. Do dia com Laurence, em seguida. Lembrava-me da vertigem, na beira da plataforma, espremido entre os passageiros rabugentos.

Mas talvez a morte voluntária seja uma espécie de vertigem, mais nada. Não saberia dizer com exatidão o que me aconteceu. Mais tarde, ao sair de uns deliciosos minutos no nada, escolhi a hipótese do desmaio. Não há nada mais bobo do que um suicídio fracassado. Um desmaio não chega a ser uma glória, é verdade, mas é menos complicado para administrar.

Portanto, eu havia caído na via férrea, de um modo ou de outro, e o cabo de transmissão, de aço cortante, que corre ao longo do balastro, decepara-me justamente a orelha direita. Pela metade, ao menos. Foi preciso recosturar. Mas, ao que tudo indica, não há nada mais fácil do que recosturar uma orelha arrancada pela metade.

Era o mês de agosto, estamos em dezembro, sob o sol de inverno, em Ascona, na varanda de um café, diante da paisagem do lago Maior.

— Manu — diz Lorène.

— Não — digo eu.

— Não o quê?

— Tenho horror aos diminutivos carinhosos, demasiado íntimos — esclareci o mais seco possível.

Ela levanta os óculos escuros, olha-me.

— Hoje você me detesta — diz.

Não era verdade, muito pelo contrário. Seja como for, não se tratava disso. Estava com vontade de ficar sozinho, e mais nada. Precisava.

— Manuel não é meu nome verdadeiro... Portanto, esse negócio de "Manu" não tem o menor cabimento!

Ela dá de ombros.

— Eu sei... Imagine você que fiz minha investigaçãozinha em Solduno! Qual é a importância?

Nenhuma, de fato.

— Por que você hoje me detesta?

Não respondo, olho a paisagem. Não penso na paisagem, claro, penso numa coisa completamente diferente. Aliás, não há nada a pensar dessa paisagem. É uma paisagem lindíssima, basta olhá-la, alegrar-se com a sua beleza ao contemplá-la. Uma beleza evidente não resulta em pensamento mas em felicidade: uma espécie de beatitude, só isso. Sinto-me beato diante daquela paisagem de Ascona ao sol de dezembro e penso numa coisa completamente diferente.

Na estrada de Brissago, o pára-brisa de um carro em plena velocidade agarra um raio de sol e o reflete, resplandecente. Fecho os olhos: lantejoulas brancas, brilhantes, rodopiam atrás de minhas pálpebras cerradas. Como freqüentemente, em qualquer ocasião.

— A neve — murmurei reabrindo os olhos.

A neve noturna no feixe luminoso dos holofotes.

Rio, não consigo deixar de rir. Pois é um sinal de adeus, pressinto. Adeus às neves de antigamente!

Ela está bem na minha frente, encostada na mesa. Não ainda inquieta, mas intrigada.

— Que neve?

Lá longe, o carro ultrapassou o ponto exato da estrada de Brissago, na saída de uma curva, onde o sol o agarrou sob os seus raios, reverberados no pára-brisa. Tudo voltou à ordem transparente da tarde: o lago, o céu, as árvores, as montanhas ao redor.

Ela não se dá por vencida com o meu silêncio.

— Por que a neve? Que neve?

Mas é a única pessoa a quem não posso, não devo explicar. É a sua ignorância que pode me salvar, a sua inocência que me repõe nos caminhos da vida. Nenhuma palavra sobre a neve de antigamente, portanto, em nenhuma hipótese. Então, viro-me para ela, afasto-a de mim com um gesto determinado, com um olhar esvaziado de toda ternura, de toda curiosidade, inclusive. O que leva tempo, ela acaba capitulando. Põe a mão no rosto, desanimada.

— Vou embora? — pergunta Lorène.

Com um dedo, acaricio-lhe a arcada da sobrancelha, a maçã do rosto alteada, a comissura dos lábios.

— É isso — digo-lhe.

Ela se levanta.

Com minha mão direita aberta, toco no movimento de seu corpo que se estica. O seio encantador, a esbeltez achatada do ventre, a suave curva do quadril. Minha mão permanece agarrada em volta de um joelho redondo.

Ela está de pé, toda encostada em mim. Olho a paisagem.

Minha mão sobe levemente por sua coxa, com um tênue arranhão de unha sobre a seda, até o frescor da pele nua, acima da liga.

— Você está mentindo — diz.

Ela se distancia, recolhe as suas coisas em cima da mesa: os óculos escuros, os cigarros, um isqueiro de ouro, seu lenço, uma carta que não abriu, da qual apenas olhou o nome do remetente. Põe tudo isso na bolsa.

Parece hesitar, balança a cabeça, vai embora.

Vejo-a afastar-se.

— Lorène!

Ela dá meia-volta.

— Vou com você — digo.

Ela tropeça, sorri, recomeça a andar.

Dia 5 de agosto de 1945, véspera do dia em que Hiroshima desapareceu debaixo do fogo atômico, eu havia caído de um trem de subúrbio. Ao sair do meu desmaio, havia objetos em cima das prateleiras: é tudo o que eu poderia dizer. Mas nem sequer poderia dizer, não sabia que a palavra existia. Sabia apenas que havia objetos e que eu via esses objetos. Embora, pensando melhor, tivesse me sido difícil dizer "eu", pois não havia nenhuma consciência de si nessa situação. Nenhuma consciência de mim mesmo como identidade separada. Havia objetos, mais nada, um mundo de objetos visíveis do qual a visão fazia parte, e ainda não sabia que se podiam designar esses objetos, para diferenciá-los. Eram coisas que estavam ali e foi assim que tudo começou.

Eu não tinha a sensação que se tem ao sair do sono, com as coisas se encaixando no lugar, no tempo e no espaço. Muito depressa, se acordarmos num quarto habitual. Depois de um instante de acomodamento à realidade, se for num lugar desconhecido.

Num ou noutro caso, porém, o primeiro olhar do despertar abre-se para um mundo onde os objetos têm uma utilidade, um significado decifrável. Um mundo onde logo se inscrevem os traços de um passado que remetem à existência de antes do sono; onde se delineia em filigrana uma certa imagem do futuro, pela consciência recuperada espontaneamente de tudo o que teremos de fazer, ou, muito pelo contrário, pela disponibilidade pressentida que, naquele momento, pode parecer total, cheia de alegrias possíveis, se for domingo, por exemplo, ou se forem as férias e se houver o mar: podemos até readormecer com uma certeza de areia e de sol, mais tarde.

Mas eu não saía do sono, saía do nada.

Assim, de súbito, houve objetos. Nunca houve nada antes. Talvez não houvesse nada depois: de toda maneira, a questão não se colocava. Havia simplesmente objetos não identificados, não ainda nomeados, talvez inomináveis. Cujo sentido, cuja função não eram sequer obscuros, sequer opacos, pura e simplesmente inexistentes. Cuja realidade integral limitava-se à sua forma e à sua cor, facilmente diferenciáveis.

Não havia nenhuma possibilidade de dizer "eu", naquele momento, originário de certo modo. Eu não existia: ele, esse "eu", esse sujeito que teria olhado, ainda não existia. Havia o mundo, um fragmento ínfimo de mundo que se tornava visível, mais nada. Meu olhar só surgiu depois. Foi a visibilidade do mundo que me levou a ver. A ser voyeur também, decerto.

— Está melhor? — perguntaram-me.

Invadiu-me uma felicidade física, uma felicidade inaudita, ao escutar esse ruído de voz, ao descobrir que essa voz tinha um significado, sem que eu entendesse perfeitamente do que se tratava. As razões reais dessa pergunta eram obscuras, era uma pergunta que pairava numa névoa de ignorância. Mas tinha um significado exato, que se podia captar com exatidão.

— Está se sentindo perfeitamente bem? — insistiam.

Por um segundo, temi que as primeiras palavras tivessem sido, de certo modo, apenas um repentino clarão numa noite de silêncio. Algumas palavras e, depois, mais nada: um escuro oceano de objetos mudos. Mas não, outras palavras se seguiram, que também tinham um significado. Novas palavras, igualmente compreensíveis. Portanto, não era por acaso que eu havia compreendido as primeiras. Não havia razão para existirem limitações à linguagem. Talvez se pudesse dizer tudo.

— Estou bem — disse.

A frase veio por si só, sem esforço. Não busquei as palavras.

Tentei me erguer, mas a cabeça me doía. Uma dor viva, lancinante, no lado direito do meu crânio.

— Não se mexa — disseram. — Você está ferido!

No entanto, eu me erguia, dolorosamente. Via um homem, vestido com um jaleco branco, que me observava atento.

Foi nesse instante que comecei a existir. Que recomecei a saber que era o meu olhar que contemplava o mundo, ao redor: aquele minúsculo fragmento de universo onde havia objetos coloridos e um personagem de jaleco branco. Voltei a ser "eu" nesse instante preciso, diante do olhar atento daquele homem. Antes, havia objetos visíveis: de agora em diante, eles o eram para a minha visão, para mim. O universo era-me visível, nos mínimos fragmentos que me cercavam. O mundo e meu olhar se confrontavam, coexistiam. Melhor ainda, não eram nada, um sem o outro. Era o mundo que conferia a meu olhar sua consistência, era meu olhar que lhe conferia seu brilho.

Apesar da alegria dessa descoberta, uma surda irritação me ganhava. Um sensação de mal-estar, de desconforto, ao ouvir que estava ferido. Acabava de compreender que existia, de aprender a me identificar — pelo menos, como eu outro que não o mundo, se não fosse como eu mesmo: sabia que eu era, sem saber quem —, e precisava, além disso, assumir essa afirmação peremptória segundo a qual estaria ferido. Era irritante, isso invadia todo o meu corpo, o desconforto, como um sintoma do ferimento do qual eu ainda não sabia nada de preciso.

Mas uma agitação se produzia, uma correnteza, ondas de novos barulhos chegavam-me aos ouvidos. Uma música, primeiro, por cima de todos os outros ruídos. Música frágil, estridente, com certeza a de um realejo. Ou essa que acompanha o rodopio dos pequenos carrosséis de cavalinhos de pau, primitivos, que às vezes são girados à mão, nas praças dos vilarejos. E dentro do edifício aéreo dessa música, toda uma gama de barulhos diversos: vozes, algumas infantis e risonhas; marteladas; uma campainha de bicicleta; e, verrumando essa massa sonora, densa e porosa ao mesmo tempo, um apito de locomotiva, bem pertinho, e o engasgo de um trem a vapor que parte.

Tentava esquecer a irritação que produzira a notícia de um ferimento, para me deixar embalar na onda refrescante de ruídos, músicas, apitos de trem: barulhos do mundo do lado de lá de uma porta que devia ter sido aberta. Tentava me concentrar nesse pressentimento de um universo animado, vivo, com crianças de bicicletas e homens trabalhando materiais sólidos, madeira, metal, a marteladas, e trens que partiam, que se distanciavam num espaço que devia se espraiar em algum lugar, atrás de uma porta que fora aberta: um mundo tão desconhecido quanto a criatura que eu era para mim mesmo, surgida de parte alguma, mas existindo.

Os rumores desapareceram de repente — deviam ter fechado a porta que dava para fora — e ouviu-se uma nova voz.

— A ambulância está aí!

A aflição se reavivou. Eu precisava realmente saber mais.

— Me diga...

Mas o absurdo do que eu devia perguntar me levou a vacilar. "Quem sou eu?", deveria perguntar. Prossegui, no entanto, contornando esse absurdo:

— Não se espante com a minha pergunta... Que dia é hoje?

O homem de jaleco branco me observava, interessado mas visivelmente inquieto.

— Como? — gritava. — Você está perguntando que dia?

De súbito, tive vontade de rir. Teria sorrido se não estivesse me sentindo tão mal, no corpo inteiro, um mal agora presente na dor, atrapalhando-me com essa presença. Teria sorrido, pois acabava de encontrar a palavra para designar aquele homem vestido com jaleco branco. E junto, a palavra também para designar o lugar onde eu estava: aquelas prateleiras, aquelas caixas, aqueles frascos multicoloridos.

O farmacêutico, portanto, me olhava.

— Hoje é segunda-feira — disse ele.

Achava maravilhoso que fosse segunda-feira, mas não era de jeito nenhum o que eu queria saber.

— Não, refiro-me a que dia do mês... E que ano...

Brotou nos olhos do farmacêutico um lampejo amistoso, mas condoído. Ele compreendia que eu não sabia mais onde estava, quem eu era, o que era.

Falava devagar, separando cada sílaba.

— Hoje é segunda-feira, cinco de agosto, mil novecentos e quarenta e cinco...

Não foi essa exatidão que me impressionou, no início. Ela nada provocou no meu espírito. Pelo menos, nada de esclarecedor sobre mim mesmo. O que me impressionou, tocou o coração, foi aquela palavra miúda, aguda, a palavra *août*, que explodiu em mim e que logo se desdobrou, virou a palavra *agosto*.

Repeti aquela palavra no meu silêncio íntimo: *agosto*. Dava-me água na boca, ao revirar essa palavra debaixo da minha língua. Havia talvez duas palavras para cada uma das realidades deste mundo. Tentei, numa espécie de febre. De fato, havia *août* e *agosto*, *blessure* e *herida*, *lundi* e *lunes*. Tomei coragem, procurei as palavras mais afastadas da experiência imediata: continuava a funcionar. Havia sempre duas palavras para cada objeto, cada cor, cada sensação. Uma outra palavra para *ciel*, para *nuage*, para *tristesse*: *cielo, nube, tristeza*.

As palavras surgiam emparelhadas, ao infinito.

— E estamos na farmácia de Gros-Noyer-Saint-Prix, ao lado da estação — dizia o farmacêutico.

Era uma informação que deveria me tranqüilizar, pela sua exatidão. Por seu aspecto anódino, também, sua banalidade. Uma farmácia, uma estação de trem, um nome de vilarejo tão tradicional, tudo isso deveria me tranqüilizar.

Mas invadia-me nova aflição.

As palavras continuavam a surgir no meu espírito, em dupla rajada iluminadora. A mesma alegria continuava a me habitar: a felicidade de viver. A mais pura, a mais devastadora felicidade de viver. Pois não se baseava na lembrança de antigas felicidades, nem na premonição, menos ainda na certeza das felicidades vindouras. Não se baseava em nada. Em nada a não ser no fato mesmo de existir, de saber que eu estava vivo, ainda que sem memória, sem projeto, sem futuro previsível. Por causa dessa ausência de memória e de futuro, talvez. Uma felicidade alucinante, de certa forma, não fundamentada em razão: gratuita, selvagem, inesgotável na sua vacuidade.

Porém, nessa extrema, radical alegria de viver, toda nua, impensada, começara a despontar, a surdir surdamente uma nova inquietação. Que era carregada pela vaga de palavras chegando em rajadas desdobradas.

Com efeito, de repente surgiu a palavra *nieve*. Dessa vez, não era primeiro a palavra *neige*, que em seguida teria se desdobrado para assumir a forma *nieve*. Não, esta última forma primeiro, cujo significado eu conhecia: "neve", justamente. Da qual eu também desconfiava que fosse originária, que não fosse apenas a tradução da palavra *neige*, mas seu significado mais antigo. O mais primitivo, talvez. Seria por isso que a palavra *nieve* era inquietante? Porque era originária?

Não sabia, mas a inquietação provocada por essa palavra começou a embaralhar confusamente a clareza impensada de minha alegria de viver sem outra amarra ou fundamento que não a própria vida.

— Você sofreu um acidente — prosseguia o farmacêutico. — Caiu do trem de Paris justo no momento em que ele entrava na estação... Você está ferido!

A memória me voltou de estalo.

Soube abruptamente quem eu era, onde estava, e por quê.

Estava num trem que acabava de parar. Houve um solavanco, no rangido barulhento dos freios puxados. Houve gritos, uns de pavor, outros de raiva. Estava preso numa ganga de corpos amontoados, que se balançavam, espremidos uns contra os outros. Via um rosto voltado para mim, boca aberta, procurando respirar. O jovem de rosto sofredor, voltado para mim, me implorava: "Não me deixe, Gérard, não me deixe!". A porta corrediça do vagão se abria, ouviam-se nitidamente latidos raivosos de cachorros. Estávamos sob a luz crua dos holofotes que iluminavam uma plataforma de estação. Estávamos diante de uma paisagem noturna, nevada. Havia gritos, ordens breves, guturais. E os cachorros, sempre: um horizonte noturno de cachorros uivantes diante de uma cortina de árvores sob a neve. Saltávamos para a plataforma, misturados, desajeitados. Corríamos de pés descalços pela neve. Capacetes, fardas, coronhadas de fuzil. E os cachorros, sempre, roucos, babando de raiva mortal. Saíamos da estação, em filas de cinco, a passos céleres. Estávamos numa avenida larga iluminada por altos lampiões. Colunas sustentavam a intervalos regulares águias hitleristas.

Foi assim, no brilho dessa lembrança abruptamente ressurgida, que soube quem eu era, de onde vinha, para onde ia de fato. Era nessa lembrança que se realimentava minha vida reencontrada, ao sair do nada. Ao sair da amnésia provisória mas absoluta provocada por meu tombo no balastro da via férrea. Foi assim, pelo retorno dessa lembrança, da desgraça de viver, que fui expulso da felicidade alucinante do esquecimento. Que passei do delicioso nada à angústia da vida.

— Alguém no trem o reconheceu — concluiu o farmacêutico. — Você tem gente da família no alto de Saint-Prix. Vamos levá-lo até lá de ambulância.

— É, 47, rua Auguste-Rey! — eu dizia, para mostrar que tinha realmente voltado a mim.

Em todo caso, eu fingia, para não preocupar mais esse bravo farmacêutico. Pois não tinha apenas caído de cabeça na estação de Gros-Noyer-Saint-Prix, subúrbio ao norte de Paris.

Pelo menos, não era isso o essencial. O essencial era que havia pulado, em meio a uma barulheira de cachorros e de berros dos SS, para a plataforma da estação de Buchenwald.

Era ali que tudo começara. Que tudo sempre recomeçava.

— Você vai me deixar, não vai? — dizia Lorène.

Ela acabava de desfazer a cama, com um gesto brusco, no quarto que alugava em Ascona, para facilitar os nossos encontros. Agora, a brancura dos lençóis destacava-se na penumbra, cortinas fechadas contra um sol poente.

— Vou deixar a Suíça — respondi —, não é a mesma coisa... Mas você sabia!

Lorène meneava a cabeça, sabia, sem dúvida. Sempre soubera.

Esticava-me a mão, puxava-me para si.

— De que neve você estava falando? — murmurou no meu ouvido, mais tarde.

Era uma jovem suíça obstinada. Meiga, entregue a seu ardor, inventiva, mas obstinada. Impossível evitar as perguntas precisas, a busca do detalhe. Eu evocara a neve — que neve? — ainda há pouco. Ela queria saber.

Estava fora de cogitação que lhe dissesse a verdade, porém.

— Os Glières — respondi.

Ela não entendeu, eu também não. Quer dizer: não entendeu do que eu estava falando. E não entendi por que estava lhe falando disso. Paciência, continuei. Contei-lhe a batalha do planalto dos Glières, como se estivesse lá. Não era eu, como se sabe, era Morales. Contei-lhe a batalha dos Glières tal qual ela se inscreveu na memória de Morales. A neve, a fuga pela neve profunda, no frio glacial do inverno, sob o fogo cruzado das metralhadoras.

A noite caíra sobre o meu relato, em Ascona. Sobre o relato de Morales, a bem da verdade. Lorène me escutava, fascinada. Escutava o relato de um morto desconhecido, com a impressão de que, finalmente, aprendia alguma coisa a meu respeito. Alguma coisa que me pertencesse de verdade, que me fosse essencial.

A neve, portanto, em Ascona, a neve da epopéia dos Glières na memória transida de Morales. A neve de antigamente, como presente de despedida para Lorène, inesquecível amante do esquecimento.

TERCEIRA PARTE

8

O DIA DA MORTE DE PRIMO LEVI

Anos mais tarde — toda uma vida, várias vidas mais tarde —, num sábado de abril de 1987, lá pelo meio da tarde (às cinco e quinze, mais exatamente), pareceu-me que eu não conservaria as páginas escritas naquele dia. Que pelo menos não as conservaria no romance em andamento.

No entanto, haviam sido escritas com uma felicidade desconcertante — quero dizer que senti uma desconcertante felicidade em escrevê-las, fosse qual fosse a da escrita —, tal como ocorria toda vez que se tratava desse passado. Como se, paradoxalmente, a memória voltasse a ser viva, vivificante, a escrita, fluida (ainda que depois eu tivesse de pagar o preço por isso, muito alto, exorbitante talvez), as palavras, mais fáceis e adequadas, assim que aquela morte antiga recuperava os seus direitos imprescritíveis, invadindo o mais banal dos presentes, em qualquer ocasião.

No rascunho do livro em andamento — cujo título provisório era *Un homme perdu*, e que acabou ficando com o de *Netchaiev está de volta* —, na articulação narrativa já elaborada, eu não previa abordar longamente Buchenwald. Três ou quatro páginas deveriam bastar, parecia-me, para evocar a viagem de Roger Marroux pela Alemanha derrotada, em abril de 1945, à procura de Michel Laurençon, seu companheiro de Resistência deportado.

Estava escrito assim, de início:

"Na manhã de 12 de abril de 1945, Marroux descia do carro diante do escritório da Politische Abteilung, a seção da Gestapo no campo de Buchenwald. O portão de entrada monumental, com sua grade de ferro fundido, ficava a umas dezenas de metros, no final da longa avenida, ladeada por colunas sustentando águias hitleristas, que ligava a estação de Buchenwald ao campo propriamente dito."

Reli a frase, ela não me dizia nada.

Só continha informações, decerto necessárias. Mas as informações, mesmo as mais necessárias à transparência do relato, nunca me apaixonaram.

Não me apaixonava o modo como eu fazia Roger Marroux, personagem romanesco, chegar àquele território da realidade.

Um breve mal-estar indistinto e surdo, aliás costumeiro, mergulhou-me numa cética meditação. Não se pode escrever realmente sem conhecer tais momentos de desespero. A distância, às vezes com um toque de repugnância, ou pelo menos de insatisfação, que então tomamos do que nós mesmos escrevemos reproduz de certa forma aquela, intransponível, que separa o imaginário de sua realização narrativa.

O tempo passou: um minuto, uma hora, uma eternidade, numa solidão vulnerável mas altiva. A memória começava a se agitar. A minha, entenda-se, não só a de Roger Marroux.

Estava escrevendo em Paris, num sábado, de manhã cedo, no primeiro andar de um edifício do início do século, no 7º *arrondissement*, defronte de um vasto jardim particular. Ou ministerial, talvez. Fechado ao público, em todo caso.

De repente, relendo a frase em questão para tentar afastar ou contornar sua platitude informativa, observei a data que havia escrito: 12 de abril de 1945. Não a escolhi, evidentemente. Escrevi-a sem pensar, imposta que ela era pela verdade histórica. A chegada de Roger Marroux, personagem de romance, à entrada real do campo de concentração de Buchenwald só podia ter ocorrido nessa data, ou a partir dessa data, depois da libertação pelas tropas americanas do III Exército de Patton.

No entanto, uma estratégia do inconsciente, suave e furtiva em suas formas, brutal em sua exigência, levara-me a descrever essa chegada no próprio aniversário do acontecimento, quarenta e dois anos mais tarde, exatamente no mesmo dia.

Pois estávamos no sábado, 11 de abril de 1987.

Um sombrio júbilo me comoveu.

Mais uma vez, sem tê-lo premeditado, ao menos aparentemente, eu era fiel ao encontro marcado do mês de abril. Ou melhor, uma parte de mim, áspera e profunda, era fiel, contra mim mesmo, ao encontro marcado da memória e da morte.

Em Ascona, sob o sol do inverno tessinense, no final daqueles meses do regresso dos quais faço aqui um relato bastante elíptico, eu havia tomado a decisão de abandonar o livro que estava tentando em vão escrever. *Em vão* não quer dizer que não conseguisse: isso quer dizer que só conseguia pagando um preço exorbitante. O preço de minha própria sobrevivência, de certa maneira, pois a escrita me conduzia permanentemente à aridez de uma experiência mortífera.

Havia me vangloriado de minhas forças. Pensei que poderia voltar para a vida, esquecer no dia-a-dia da vida os anos de Buchenwald, deixar de levá-los em conta em minhas conversas, minhas amizades, e, no entanto, executar o projeto de escrever que tanto me interessava. Fui suficientemente orgulhoso para pensar que poderia administrar essa esquizofrenia premeditada. Mas o fato é que, de certa forma, escrever era me recusar a viver.

Por isso em Ascona, sob o sol do inverno, decidi escolher o silêncio ruidoso da vida em vez da linguagem assassina da escrita. Fiz a escolha radical, era a única maneira de proceder. Escolhi o esquecimento, pus para funcionar, sem demasiada condescendência com minha própria identidade, baseada essencialmente no horror — e talvez na coragem — da experiência do campo, todos os estratagemas, a estratégia da amnésia voluntária, cruelmente sistemática.

Tornei-me um outro, para poder permanecer eu mesmo.

A partir daí, desde a primavera de 1946, ao retornar voluntariamente ao anonimato coletivo de um pós-guerra cintilante, aberto a todos os tipos de possibilidades de futuro, vivi mais de quinze anos, o tempo histórico de uma geração, na bem-aventurança obnubilada do esquecimento. Raras terão sido as vezes em que a repentina recordação de Buchenwald perturbou minha tranqüilidade de espírito, duramente conquistada: domínio provisório, renovado sem cessar, da parte de treva que me coubera na partilha.

Mas a partir da publicação de meu primeiro livro, *A grande viagem*, tudo passou a ser diferente. A angústia de outrora voltou a me habitar, em especial no mês de abril. Para tanto, concorre uma série de circunstâncias que dificultam percorrê-lo incólume: a renovação perturbadora da natureza, o aniversário da libertação de Buchenwald, a comemoração do Dia da Deportação.

Assim, se em 1961 eu havia conseguido escrever o livro abandonado dezesseis anos antes — escrever, quando nada, um dos relatos possíveis da experiência de outrora, inesgotável por essência —, eu pagava por esse feito, que iria mudar minha vida, o retorno, com força total, das velhas angústias.

Seja como for, nada no romance em andamento em abril de 1987 deixava prever um desvio rumo à sombra mortal onde se enraíza, independentemente do que eu faça, e de qualquer astúcia ou razão que empregue para me afastar do assunto, o meu desejo de viver. E a minha incapacidade permanente de consegui-lo de forma plena.

Na verdade, o tema de *Netchaiev está de volta* referia-se a algo totalmente distinto: a passagem de uma ação militante à sua perversão militarista, terrorista. Esses temas estavam em gestação numa cena de *A guerra acabou*, filme escrito em 1965. Na época, num estúdio do bulevar Edgar-Quinet, com uma vista deslumbrante para o cemitério Montparnasse, um grupo de jovens leninistas, prestes a cair na luta armada, atacava Diego, militante comunista espanhol interpretado por Yves Montand e que defendia uma estratégia de luta de massa, pacífica.

No mesmo bulevar Edgar-Quinet, defronte do local da ficção cinematográfica, mais tarde, os assassinos do Ação Direta iriam matar Georges Besse, presidente da fábrica Renault, e vangloriar-se disso publicamente, ignobilmente, como de um ato revolucionário, no delírio verbal de uma arrogância teórica autista e sanguinária.

Ao escrever *Netchaiev está de volta*, tinha plena consciência de suas origens longínquas. Sabia como a cena do filme, depois de ter longamente derivado pela nebulosa dos meus projetos, terminara atraindo para si outros temas, outros fragmentos e fiapos de sonho ou de realidade, para enfim cristalizar-se no núcleo de um novo livro.

Estava tão consciente disso que retomava nesse romance as paisagens urbanas do roteiro de *A guerra acabou* no bairro de Montparnasse. Paisagens que, por sinal, haviam sido lugares privilegiados da minha adolescência.

Ergui a cabeça, contemplei o jardim que estava diante de mim, deserto naquela hora matutina, sob um céu de abril encarneirado.

Agora eu desmascarava as tramóias do inconsciente literário. Adivinhava quem Roger Marroux ia encontrar na entrada de Buchenwald: eu mesmo. A lembrança real dos três oficiais de uma missão aliada que se desvendava por trás da ficção começou a ganhar forma e contorno, como as imagens que emergem da falta de nitidez originária de uma fotografia polaróide.

Recomecei a escrever com certa excitação:

"Um sujeito jovem — mas era difícil calcular sua idade exata: uns vinte anos, ele imaginou — montava guarda na porta do barracão da Gestapo. Usava botas russas, de couro macio, uma roupa disparatada. Tinha cabelo rente. Mas sobre seu peito pendia uma metralhadora alemã, sinal evidente de autoridade. Os oficiais de ligação americanos haviam lhe dito, de manhãzinha, que a resistência antifascista de Buchenwald conseguira armar algumas dezenas de homens que haviam participado da fase final da libertação do campo, depois da entrada das vanguardas motorizadas de Patton. Provavelmente ele fazia parte desses homens, aquele sujeito jovem. Que os olhava sair do jipe, espreguiçar-se ao sol da primavera, no silêncio denso, estranho, da floresta de faias que margeava a cerca de arame farpado do campo. Marroux sentiu-se agarrado na frieza devastada desse olhar, brilhando num rosto ossudo, cadavérico. Teve a impressão de ser observado, aferido, por olhos de além ou de aquém da vida. Como se o raio neutro, insípido daquele olhar lhe viesse de uma estrela morta, de uma existência desaparecida. Como se esse olhar tivesse viajado até ele através das estepes de uma paisagem sombria, mineral, para lhe chegar impregnado de bárbara frieza. De solidão irremediável..."

Assim, no dia 11 de abril de 1987, aniversário da libertação de Buchenwald, acabei por me reencontrar de novo. Por redescobrir uma parte essencial de mim, de minha memória, que eu tinha sido, que ainda era obrigado a recalcar, a manter à margem, para poder continuar a viver. Para, muito simplesmente, poder respirar. Disfarçadamente, no desvão de uma página de ficção que de início não parecia exigir minha presença, eu surgia no relato romanesco, carregando unicamente a sombra devastada dessa memória.

Eu invadia o relato, inclusive.

Com efeito, a partir desse momento a escrita caiu na primeira pessoa do singular. Na extrema singularidade de uma experiência difícil de partilhar. Escrevi durante muito tempo, com impaciência. Na facilidade das palavras exatas que afluíam, parecia-me. Na dor revigorante de uma memória inesgotável, cujas riquezas soterradas, obliteradas, cada nova linha escrita me desvendava.

Entretanto, no meio da tarde, às cinco e quinze mais exatamente, compreendi que não conservaria as páginas escritas naquele dia a partir de minha súbita aparição, insidiosamente concertada, num relato que não me dava a menor importância, que poderia dispensar minha presença, que devia dispensá-la.

Pus essas páginas de lado. Expulsei-me do relato. Retomei a ordem que estava prevista, a articulação narrativa cuja progressão eu havia estabelecido anteriormente. Voltei à terceira pessoa do universal: ao "ele" do deus dos romances e das mitologias.

Assim:

"O sujeito jovem observara o escudo tricolor, tendo em cima a palavra *France*, no blusão militar de Marroux. Falou-lhe em francês.

"— O senhor parece estarrecido... O que é? O silêncio do lugar? Nunca há pássaros nesta floresta... Parece que a fumaça do crematório os expulsou...

"Deu uma risadinha.

"— Mas o crematório parou de funcionar ontem... Nunca mais haverá fumaça... Nunca mais o cheiro de carne queimada na paisagem...

"Riu novamente."

Eu também ria, tantos anos mais tarde.

Apesar dos desvios, das manhas do inconsciente, das censuras deliberadas ou involuntárias, da estratégia do esquecimento; apesar das escapatórias e dos sinais de interferência na lembrança; apesar de tantas páginas já escritas para exorcizar essa experiência, torná-la ao menos parcialmente habitável; apesar de tudo isso, o passado conservava seu brilho de neve e de fumaça, como no primeiro dia.

Eu ria sem alegria, mas com gosto, com uma espécie de orgulho alucinado.

Ninguém pode se pôr no teu lugar, pensava eu, nem sequer imaginar o teu lugar, o teu enraizamento no nada, a tua mortalha no céu, a tua singularidade letal. Ninguém pode imaginar a que ponto essa singularidade governa surdamente a tua vida: teu cansaço da vida, tua avidez de viver; tua surpresa infinitamente renovada diante da gratuidade da existência; tua alegria violenta de ter retornado da morte para respirar o ar iodado de certas manhãs oceânicas, para folhear livros, para tocar o quadril das mulheres, suas pálpebras adormecidas, para descobrir a imensidão do futuro.

Havia motivo para rir, de fato. De modo que eu ria, mergulhando de novo no orgulho tenebroso da minha solidão.

* * *

Pus de lado as páginas escritas naquele dia. Reli as primeiras linhas:

"Eles estão na minha frente, olho arregalado, e subitamente me vejo nesse olhar de espanto: o pavor deles.

"Fazia dois anos que eu vivia sem rosto. Nenhum espelho em Buchenwald. Via meu corpo, sua progressiva magreza, uma vez por semana, no chuveiro. Nenhum rosto, em cima daquele corpo irrisório. Às vezes, com a mão eu tocava uma arcada de sobrancelha, maçãs do rosto saltadas, uma face chupada..."

Um outro livro acabava de nascer, eu sabia. De começar a nascer, ao menos. Talvez ainda levasse anos para amadurecer, era algo que já havia acontecido. Quero dizer que eu já tinha visto livros levarem anos para amadurecer. Nunca até seu termo, aliás. A publicação desses livros, determinada por circunstâncias externas, objetivas, sempre me parecera prematura. Falo dos livros que se referem de forma imediata à experiência dos campos, é claro. Os outros, ainda que façam alusão a isso, porque essa experiência faz parte da biografia de um personagem romanesco, não amadurecem com tanta lentidão: dolorosa lentidão. Desde *A grande viagem*, escrito de um jato, em poucas semanas, em circunstâncias que contarei quando chegar o momento, outros livros sobre a experiência dos campos vagam e divagam longamente no meu imaginário. No meu trabalho concreto da escrita. Obstino-me em abandoná-los, em reescrevê-los. Eles se obstinam em voltar, para serem escritos até o fim do sofrimento que impõem.

Foi o caso de *Que belo domingo!* Seria novamente o caso, eu pressentia.

Independentemente do que fosse acontecer, pus essas páginas de lado, numa pasta de cartolina azul-clara, desbotada. Onde logo escrevi o título do novo livro. No entanto, não era este o meu hábito. Por via de regra, meus livros tardam a encontrar um título satisfatório. Este o teve de imediato. Escrevi com pilot grosso: A ESCRITA OU A MORTE... Às quinze laudas escritas naquele sábado 11 de abril de 1987, grampeadas juntas, que iam esperar naquela pasta um tempo indeterminado até que eu as retomasse, acrescentei uma nota. Ou melhor, um nome. Um único nome em letra maiúscula, sublinhado várias vezes: LAURENCE, escrito numa ficha branca.

Laurence?

Eu tinha me esquecido dela, porém. Naquela manhã, quando comecei a descrever a chegada de Roger Marroux à entrada de Buchenwald, num romance que acabou se chamando *Netchaiev está de volta*, não pensei em Laurence. Sabia — um tanto confusamente: não fazia, ao escrever, nenhum esforço para elucidar essa lembrança, iluminá-la plenamente, não sentia a menor necessidade disso — que a chegada de Marroux à entrada de Buchenwald, no final da avenida das Águias, tinha sua origem na minha própria memória.

Já havia feito alusão, em *Que belo domingo!*, ao meu encontro com os oficiais de farda britânica, algumas horas depois da libertação do campo. Alusão fugaz, da qual excluí o essencial, porque isso não fazia parte do meu propósito da época. Excluí o oficial francês e o livro dos poemas de René Char, *Seuls demeurent*.

Entretanto, na manhã de 11 de abril de 1987, descrevendo a chegada de Roger Marroux à entrada de Buchenwald, seu encontro com o jovem deportado espanhol, retomei inconscientemente as palavras do oficial francês — seu nome era Marc — para me descrever. As palavras que ele utilizara na longa carta enviada a Laurence no dia seguinte do nosso encontro. As mesmas palavras, uma a uma, palavra por palavra.

Escrevi:

"Marroux sentiu-se agarrado na frieza devastada desse olhar, brilhando num rosto ossudo, cadavérico. Teve a impressão de ser observado, aferido, por olhos de além ou de aquém da vida. Como se o raio neutro, insípido daquele olhar lhe viesse de uma estrela morta, de uma existência desaparecida...".

Eram as palavras que o oficial francês empregara na sua longa carta a Laurence. Ele descrevia o nosso encontro, falava da conversa a respeito de Char, contava-lhe a visita ao campo.

Laurence me lera essa carta em 8 de maio de 1945, quando me apresentei na rua de Varenne para devolver ao oficial francês o exemplar de *Seuls demeurent*.

Beauté, je me porte à ta rencontre, pensei ao vê-la surgir na porta. Ela me arrancou o livro de René Char que eu segurava na mão.

Laurence demonstrara um humor desigual, durante aquele primeiro encontro. Às vezes distante, quase hostil, como se me recriminasse por estar vivo, ao passo que Marc estava morto.

— Você não tem o olhar que Marc mencionava, de jeito nenhum, ele se enganou — dizia-me, ríspida. — É mais um olhar cheio de apetite de viver!

Eu lhe observava que não era contraditório. Mas ela insistia.

— Um olhar concupiscente — dizia.

Eu caía na gargalhada, debochava dela.

— Não seja pretensiosa!

Ela se aborrecia, ficava vermelha de raiva.

— De toda maneira — eu acrescentava —, você tem razão, é muito feio, a concupiscência, a acreditar em santo Agostinho.

Ela arregalava os olhos.

— Você leu santo Agostinho?

— Li quase tudo — eu lhe dizia, assumindo uma pose condescendente. — Aliás, não lhe aconselharia muito ler o tratado *De bono conjugali*. É ideal para uma moça da sua condição. Aprende-se que a procriação é o fundamento do casamento, sua única razão. Mas aprendem-se também todas as maneiras de satisfazer a concupiscência sem correr o risco da procriação. Claro, é em latim... Mas ao ver o apartamento onde você mora, com toda a certeza a sua família teve meios para lhe oferecer bons estudos clássicos!

Ela ficou atônita, na dúvida entre a raiva fria e o acesso de riso.

E depois, em outros momentos, abandonou-se, meiga, refugiou-se em meus braços. Mas, naquele primeiro dia, mandou-me embora, aos prantos, com ódio.

Foram precisos outros encontros, risos, livros lidos juntos, poemas murmurados ao sol no Jardim de Luxemburgo, na frescura das noites à beira do Sena, músicas partilhadas — Mozart e Armstrong, impus-lhe meus gostos, naquele verão — para que numa tarde ensolarada ela fechasse as janelas do seu quarto. Entregou-se como quem se joga n'água, de olhos fechados, com gestos de uma exatidão decidida, que não se deviam à competência nem à artimanha, mas a uma pressa desesperada de verificar mais uma vez sua inaptidão para o prazer, por vezes tocado de perto, jamais alcançado plenamente.

Apesar disso, apesar do aspecto frustrante de nossas relações, episódicas, seqüência descontínua de ímpetos calorosos e de rompimentos, de entendimento espiritual e de contrastes agudos, foi com Laurence e só com ela que terei conseguido naquele verão da volta falar de meus anos de Buchenwald. Por causa de Marc, sem dúvida, o oficial francês. Por causa da longa carta que ele lhe escrevera sobre nosso encontro. As palavras de um morto tinham nos reunido na vida, Laurence e eu, fugazmente.

A noite do sábado, 11 de abril de 1987, foi como são as noites quando essas lembranças se impõem, proliferam, devorando o real por um processo de metástases fulgurantes. Como o são, ao menos, desde que a escrita deixou-me de novo vulnerável aos horrores da memória. Ela se dividiu entre uma felicidade de superfície — naquela noite eu jantava com amigos queridos — e a angústia profunda que me murava. Foi um espaço dividido em dois territórios, brutalmente. Dois universos, duas vidas. E não saberia dizer, no momento, qual era a verdadeira, qual, um sonho.

Decerto, bebi naquela noite mais do que de costume. Talvez até mais do que o razoável. Sem resultado apreciável: o álcool não cura as dores da morte.

Tais angústias não têm nada de singular. Numa ou noutra forma, todos nós as expressamos. Todos os relatos de ex-deportados as descrevem, quer tenham sido escritos na urgência do testemunho imediato, que perde o fôlego e às vezes se esgota na reconstrução minuciosa de um passado pouco crível, positivamente inimaginável, ou mais tarde, no recuo do tempo, na tentativa interminável de prestar contas de uma experiência que se distancia no passado, da qual certos contornos ficam, porém, cada vez mais nítidos, já que certos territórios se iluminam com uma luz nova entre as brumas do esquecimento.

"*È un sogno entro un altro sogno, vario nei particolari, unico nella sostanza...*"

Sem dúvida: um sonho, sempre o mesmo.

Um sonho dentro de um outro sonho, que varia nos seus detalhes mas cuja substância é única. Um sonho que pode acordar você em qualquer lugar: no sossego de um verde campo, à mesa com os amigos. Por que não com a mulher amada?, acrescentarei. Às vezes com a mulher amada, no instante mesmo do amor. Em suma, em qualquer lugar, com qualquer pessoa, de súbito, uma angústia difusa e profunda, a certeza angustiada do fim do mundo, ou pelo menos da sua irrealidade.

Primo Levi fala disso na última página de *A trégua*. Fala sem altear a voz, conciso, com a sequidão dos enunciados da verdade.

Nada pode sustar, diz Levi, o desenrolar desse sonho, nada pode nos desviar da angústia que ele faz surdir, surdamente. Mesmo se alguém se vira para você, mesmo se lhe estendem a mão amiga. Ou amante. "O que há com você? Em que está pensando?" Mesmo se adivinham o que há com você, o que o submerge, o aniquila. Nada, nunca, desviará o curso desse sonho, o fluxo desse rio Estige.

"*Tutto è ora volto in caos: sono solo al centro di un nulla grigio e torbido, ed ecco, io so che cosa questo significa, ed anche di averlo sempre saputo: sono di nuovo in Lager, e nulla era vero all'infuori del lager. Il resto era breve vacanza, o inganno dei sensi, sogno: la famiglia, la natura in fiore, la casa...*"

Não se poderia dizer melhor do que Primo Levi.

É verdade que tudo se torna caótico, quando essa angústia reaparece. Encontramo-nos no centro de um turbilhão do nada, de uma nebulosa de vazio, cinza e conturbado. Agora, sabemos o que isso significa. Sabemos que sempre o soubemos. Sempre, debaixo da superfície cintilante do cotidiano, esse saber terrível. Ao alcance da mão, essa certeza: nada é verdade a não ser o campo de concentração, todo o resto não terá sido mais que um sonho, desde então. Nada é verdade, a não ser a fumaça do crematório de Buchenwald, o cheiro de carne queimada, a fome, as chamadas debaixo da neve, as pauladas, a morte de Maurice Halbwachs e de Diego Morales, o fedor fraterno das latrinas do Pequeno Campo.

Foi em 1963 que li *A trégua* de Primo Levi.

Até então, não sabia nada dele. Não tinha lido seu primeiro livro, *Isto é um homem?* É verdade que havia deliberadamente evitado a leitura dos depoimentos sobre os campos nazistas. Isso fazia parte de uma estratégia de sobrevivência.

Li *A trégua* de Primo Levi em Milão, na via Bigli, na biblioteca dos Banfi. As janelas davam para um jardim interno onde os pássaros cantavam, onde a folhagem de uma árvore centenária começava a endossar as cores do outono.

Foi Rossana Rossanda que me deu para ler o livro de Primo Levi, publicado algum tempo antes. Li-o de um fôlego, como se bebe água fresca, no verão. Mas é que em 1963, no outono, o tempo do silêncio e do esquecimento havia passado. O tempo da surdez de mim mesmo também: da mais sombria, porém mais verdadeira parte de mim mesmo.

Alguns meses antes, eu havia publicado *A grande viagem*.

Nevara naquela noite sobre o meu sono.

Eu morava na rua Concepción-Bahamonde, em Madri, perto das arenas de Ventas: a periferia da cidade, naquele tempo. À noite, na hora de voltar para esse domicílio clandestino, descia no metrô Goya. Não era a estação mais próxima, é verdade, mas não tinha pressa, vigiava minhas retaguardas. Perambulava, parando diante das vitrines, mudando de repente de calçada, passando por dentro de algum supermercado, encostando-me em balcões de bares, para um café forte ou um chope gelado, dependendo das estações. Assim sendo, ao chegar à entrada da minha rua eu tinha a certeza de não ter sido seguido.

Mas houve a neve, naquela noite, no meu sono.

Uma borrasca de neve, brusca. Era numa praça, para a qual convergiam avenidas. Um lugar não identificado imediatamente, mas conhecido. Em todo caso, predominava a certeza, nebulosa, de que o sonhador poderia identificar essa paisagem do sonho. Bastaria talvez querer. Uma praça, avenidas, a multidão, um desfile. A neve rodopiava entre os raios de um sol poente, em breve extinto. Depois, em outro lugar, sem transição aparente, num outro sonho, porém, houve uma neve profunda, abafando o ruído dos passos entre as faias da floresta.

Neve no meu sono, após tantos anos.

Naqueles dias, eu não saíra do meu domicílio da rua Concepción-Bahamonde. Tinha havido prisões, bastante numerosas. Segmentos inteiros da organização clandestina pareciam desmoronar. Eu era o responsável pela organização comunista de Madri, havia dado instruções aos dirigentes ilegais: cortar todos os contatos com os setores atingidos pela onda de prisões, mexer-se o menos possível, mudar as caixas de correio, as senhas, os pontos de encontro. Fingir-se de morto por algum tempo, em resumo. Depois, reatar os fios, um por um, com extrema prudência. Não se aventurar num terreno onde não tivessem sido desativadas as possíveis armadilhas de efeito retardado da polícia franquista.

Praticamente não saí da rua Concepción-Bahamonde, naqueles dias, esperando que as coisas ficassem mais claras.

Foi assim que me vi partilhando as refeições de Manuel e Maria A. Era um casal de militantes, haviam comprado o apartamento por conta do partido. Eram desconhecidos da polícia franquista, e a única tarefa dos dois consistia em manter esse apartamento. Manuel era motorista particular, Maria cuidava da casa. Dois dos cômodos do apartamento estavam reservados para mim. Ou melhor, estavam reservados para os dirigentes do aparelho clandestino, fossem quem fossem. Para não dar na vista diante dos vizinhos, Manuel e Maria fingiam ter um inquilino: botavam um anúncio no jornal, e pronto. Por vários anos utilizei esse apartamento da rua Concepción-Bahamonde, durante minhas temporadas clandestinas em Madri. A partir de 1962, quando fui afastado do trabalho na Espanha, antes de ser excluído, foi Julián Grimau que ocupou esse apartamento. Ele ainda vivia com Manuel e Maria A., no ano seguinte, quando foi preso e fuzilado.

Portanto, eu partilhava as refeições deles, nessa época. Na hora do almoço, era uma coisa rápida, Manuel não tinha muito tempo para comer. À noite, podia demorar mais: entabulávamos uma conversa. O que é um exagero, sem dúvida. Era sobretudo um monólogo de Manuel A., enquanto Maria tirava a mesa e lavava a louça. Fumávamos, bebíamos juntos um traguinho. Manuel contava a sua vida, eu o escutava. Mantinha-me em silêncio, escutava-o. Primeiro, sempre gostei de escutar os militantes que contam sua vida. E depois, não podia contar a minha, em troca dos serviços prestados. Quanto menos soubessem, Maria e ele, melhor seria. Na verdade, não sabiam praticamente nada. Conheciam o nome que eu usava na minha falsa carteira de identidade: precisavam, já que em princípio eu era inquilino deles. Sabiam que eu era um dirigente, é claro. Mas não sabiam meu papel exato na organização clandestina, não conheciam nem sequer meu pseudônimo, Federico Sanchez.

Depois do jantar, portanto, na hora do charutinho das Canárias e do copo de pinga, eu escutava Manuel A. me contar sua vida. Ora, ocorre que ele fora deportado para Mauthausen, um campo nazista da Áustria, extremamente duro. Um dos mais duros do sistema de campos de concentração, com a exceção dos campos do complexo de Auschwitz-Birkenau, especializados no extermínio maciço do povo judeu.

Jovem soldado do exército republicano, Manuel A. conhecera depois da derrota os campos de refugiados do Roussillon. Em 1940, como milhares de outros espanhóis, fora incorporado a uma companhia de trabalho, sob o jugo do exército francês. Após o armistício de Pétain, Manuel foi parar num *stalag** ale-

(*) Campo alemão da Segunda Guerra onde estavam os presos de guerra não oficiais.

mão, misturado — todos os seus compatriotas estavam no mesmo caso — com os presos de guerra franceses. Mais tarde, quando o estado-maior alemão procedeu a uma classificação mais rigorosa da massa de presos em seu poder, os poucos milhares de espanhóis das companhias de trabalho foram mandados embora dos *stalags* e transferidos para Mauthausen, na qualidade de deportados políticos.

Manuel A. era um sobrevivente desse campo. Uma assombração, como eu. Contava-me a sua vida em Mauthausen, à noite, depois do jantar, na hora do copinho de bebida e do charuto das Canárias.

Mas eu não reconhecia nada, não me identificava com aquilo.

Por certo, entre Buchenwald e Mauthausen houve diferenças: em cada um dos campos nazistas a vida dos deportados foi submetida a circunstâncias específicas. O essencial do sistema, porém, era idêntico. A organização dos dias, o ritmo de trabalho, a fome, a falta de sono, as humilhações eternas, o sadismo dos SS, a loucura dos velhos detidos, as lutas de faca para controlar parcelas do poder interno: o essencial era idêntico. No entanto, não me identificava com os relatos de Manuel A.

Era desordenado, confuso, prolixo demais, a coisa se atolava nos detalhes, não havia nenhuma visão de conjunto, tudo recebia o mesmo enfoque. Era, em suma, um depoimento em estado bruto: imagens a granel. Uma maçaroca de fatos, de impressões, de comentários inúteis.

Eu me continha, não podendo intervir para lhe fazer perguntas, para obrigá-lo a pôr ordem e sentido no sem-sentido desordenado de sua avalanche de palavras. Sua sinceridade indiscutível nada mais era senão retórica, sua veracidade não era nem mais sequer verossímil. Mas não podia lhe dizer nada, não podia ajudá-lo a dar forma às suas lembranças, já que ele não devia saber que eu também havia sido deportado. Já que estava fora de cogitação que o fizesse partilhar desse segredo.

Certa noite, de repente, após uma longa semana de relatos desse gênero, caiu neve sobre o meu sono.

A neve de antigamente: neve profunda sobre a floresta de faias ao redor do campo, faiscante à luz dos holofotes. Borrasca de neve sobre as bandeiras do 1º de maio, na volta, lembrete inquietante do horror e da coragem. A neve da memória, pela primeira vez em quinze anos. Em Ascona, à beira do lago Maior, num dia de inverno límpido, em dezembro de 1945, eu fechara os olhos, ofuscado pela reverberação de um raio de sol no pára-brisa de um carro que chegava pela estrada de Brissago. Fechara os olhos, os cristais de neve tênue, tenaz, cintilaram na minha memória. Reabrira os olhos, ali estava uma moça, Lorène. As neves de antigamente, em Ascona, pela última vez. Abandonara o projeto de escrever, Lorène me ajudara, sem saber, a permanecer na vida.

Em quinze anos, jamais caíra neve no meu sono. Eu a havia esquecido, recalcado, censurado. Dominava os meus sonhos, dos quais expulsei a neve e a fumaça sobre o Ettersberg. Às vezes, é verdade, uma dor aguda, breve, transpassava-me o coração. Um instante de sofrimento mesclado de nostalgia. De estranha felicidade, quem sabe? Como contar esse absurdo, a felicidade insólita dessa recordação? Às vezes, uma dor aguda como uma ponta de estilete feria-me o coração. Escutando um solo de Armstrong, talvez. Mordendo com vontade um pedaço de pão preto, ocasionalmente. Fumando até queimar os lábios uma guimba de Gitane. Alguém se espantava de me ver fumar desse jeito, até o fim, o meu cigarro. Eu não tinha explicação para esse hábito: era assim, dizia. Mas às vezes, brutalmente, deliciosamente, a lembrança surgia: a guimba de *machorka* dividida com os companheiros, circulando de mão em mão, de boca em boca, droga suave da fraternidade.

Mas a neve desaparecera do meu sono.

Levantei-me sobressaltado, depois de uma semana dos relatos de Manuel A. sobre Mauthausen. Era em Madri, na rua Concepción-Bahamonde, em 1961. Todavia, a palavra *sobressaltado* não convém, refletindo melhor. Pois acordei num pulo, decerto, logo fiquei desperto, lúcido, disposto. Mas não era a angústia que me acordava, a aflição. Estava estranhamente calmo, sereno.

Tudo me parecia claro, de agora em diante. Sabia como escrever o livro que tive de abandonar quinze anos antes. Melhor dizendo: sabia que, agora, podia escrevê-lo. Pois sempre soube como escrevê-lo: o que me faltou foi coragem. Coragem de enfrentar a morte por meio da escrita. Mas já não precisava dessa coragem.

O dia estava raiando, um sol oblíquo batia nas vidraças do quartinho com paredes caiadas da rua Concepción-Bahamonde. Eu ia começar imediatamente, aproveitando as circunstâncias que me obrigavam a ficar em casa, a evitar os perigos da rua.

Ia escrever para mim mesmo, é claro, só para mim. Na verdade, estava fora de cogitação publicar o que quer que fosse. Era impensável publicar um livro enquanto eu fosse um dirigente clandestino do PCE.

Na aurora de um dia de primavera, na rua Concepción-Bahamonde, sentei-me à minha mesa, diante da minha máquina de escrever. Era uma Olivetti portátil, com teclado espanhol: paciência, dispensaria os acentos graves e circunflexos.

"Há esse amontoamento dos corpos no vagão, essa lancinante dor no joelho direito. Os dias, as noites. Faço um esforço e tento contar os dias, contar as noites..."

Na última página do relato de Primo Levi, *A trégua*, tão familiar — mas sua experiência foi bem mais terrível do que a minha —, tão fraterna — como o olhar de Maurice Halbwachs, agonizando no estrado do bloco 56 de Buchenwald —, fechei os olhos.

"*È un sogno entro un altro sogno, vario nei particolari, unico nella sostanza...*"

Um sonho dentro de um outro sonho, sem dúvida. O sonho da morte dentro do sonho da vida. Ou melhor: o sonho da morte, única realidade de uma vida que, ela mesma, não passa de um sonho. Primo Levi formulava essa angústia que nos era comum com uma concisão inigualável. Nada era verdade a não ser o campo de concentração, é isso. O resto, a família, a natureza em flor, o lar, não passava de breve vacância, ilusão dos sentidos.

Naquela noite, 11 de abril de 1987, lembrei-me de Primo Levi. E de Rossana Rossanda, que me fizera conhecer seus livros. Lembrei-me igualmente de Juan Larrea, que também os lera. De madrugada, Larrea andou até o Sena, para os lados de Freneuse. A água do rio estava escura. Ficou imóvel, reunindo, para dar-lhe um fim, as últimas forças da sua vida.

No declive gramado que descia em suaves várzeas até a margem, Juan Larrea parara um instante. O castanheiro cor-de-rosa ia florir, num dia breve. Contemplou a árvore isolada, na luz ainda incerta, levemente tépida graças a um primeiro raio de sol. Sorriu com tristeza: naquele ano ele não veria as flores minúsculas e cor-de-rosa do castanheiro de Franca Castellani. Sua morte, a ausência de seu olhar não impediriam Franca de contemplar as flores do castanheiro. A árvore floresceria apesar de sua ausência morta. O mundo continuaria a existir, sob o olhar de Franca Castellani.

Depois, seguiu seu caminho até a beira do rio, escuro: o fim.

Na véspera, 24 de abril de 1982 — não é impossível datar com precisão os acontecimentos tratados no romance —, na véspera, havia se lembrado do cheiro do forno crematório sobre o Ettersberg.

Em fevereiro de 1986, por ocasião do lançamento de *A montanha branca*, tinham-me às vezes feito perguntas idiotas. Ou inúteis. Em que Juan Larrea se parecia comigo? Eu havia me identificado com esse personagem?

Já é bastante difícil identificar-se consigo mesmo, disse à guisa de resposta, de esquiva, melhor dizendo, para que uma identificação com seus próprios personagens fosse plausível. Conveniente, até. Não, nenhuma identificação com Juan Larrea, apesar dos sinais de identidade comparáveis: espanhol, escritor, ex-deportado. Em compensação, um pouco de ciúmes de minha parte. Assim, bem que gostaria de conhecer Franca Castellani. Ou de escrever as peças que Larrea conseguiu que fossem montadas, a se acreditar no romance. Mais especificamente, bem que gostaria de escrever *O tribunal do Askanischer Hof*.

Na primeira cena, Franz Kafka estaria muito empertigado em seu assento. Não diria nada, respirando de modo irregular, de boca entreaberta. Grete Bloch é que falaria, com a veemência do desespero. Estaria fazendo calor, seria em julho. Uma grande guerra ia brevemente eclodir. Depois, um garçom de casaco branco chegaria pela esquerda com refrescos.

Seria absurdo que me propusesse a reescrever *O tribunal do Askanischer Hof*. Ocorrer-me-ia a mesma desventura que a Pierre Ménard reescrevendo *Dom Quixote*: eu chegaria ao mesmo texto que Larrea, palavra por palavra.

Mas este deixara uma peça inacabada, na qual trabalhava ainda na véspera do suicídio e da qual haviam encontrado notas, rascunhos, toda uma documentação, no quarto que ele ocupara em Freneuse. Era uma peça de teatro ainda sem título, pelo menos nos papéis encontrados, mas que era sobre a vida de lorde Curzon, personagem britânico fascinante da história deste século. Do início deste século e do final do velho mundo.

Em todo caso, tive o prazer — o que era o mínimo! — de ler os rascunhos de Larrea, e a monumental biografia de George Nathaniel Curzon, primeiro marquês Curzon de Kedleston, escrita por Ronaldshay, com a qual ele trabalhou. Pude sonhar com a máquina dramática que se poderia ter criado a partir de todos esses elementos.

Assim, os gostos literários de Juan Larrea, os projetos que eu havia lhe atribuído — deduzidos de sua própria constituição psicológica, das circunstâncias concretas de sua vida imaginária —, esses gostos e esses projetos me voltavam como algo pessoal: um futuro no qual eu poderia investir por conta própria, alimentando-o com os meus desejos e as minhas incertezas.

Na véspera de seu suicídio, sábado, 24 de abril de 1982, Juan Larrea se lembrou, subitamente. No entanto, pensou que conseguiria se controlar, ainda dessa vez. Em todo caso, resolveu não dizer nada. Guardar para si a angústia nauseosa, quando a fumaça da termoelétrica de Porcheville, no vale do Sena, lhe lembrou a do crematório do Ettersberg, outrora. Guardar, sepultar, recalcar, esquecer. Deixar aquela fumaça dissipar-se em fumaça, não dizer nada a ninguém, não tocar nisso. Continuar a fingir que existia, como o fizera ao longo de todos aqueles longos anos: mexer-se, gesticular, beber, fazer declarações categóricas ou nuançadas, gostar das mulheres jovens, escrever também, como se estivesse vivo.

Ou exatamente o contrário: como se estivesse morto, há trinta e sete anos, partido em fumaça. Como se a sua vida, desde então, tivesse sido apenas um sonho no qual ele houvesse sonhado todo o real: as árvores, os livros, as mulheres, seus personagens. A não ser que estes o tivessem sonhado, a ele mesmo.

Justamente: a não ser que Juan Larrea tivesse me sonhado, a mim mesmo. A não ser que Juan Larrea fosse um sobrevivente de Buchenwald contando uma parte da minha vida num livro assinado por um pseudônimo: meu próprio nome. Quanto a mim, eu não lhe dera o nome de Larrea porque este fora, outrora, um dos meus pseudônimos de clandestinidade na Espanha?

"Como você quer se chamar desta vez?", perguntara-me o companheiro que fabricava nossos falsos documentos de identidade. Gentil companheiro, por sinal, genial falsário. A cena se passava num ateliê de pintor, perto de Montparnasse, onde ele instalara uma das suas oficinas. Naquele dia, lembrei-me de Juan Larrea, escritor secreto e requintado, um dos homens da geração flamejante dos anos 30 que terá feito do século XX um novo século de ouro da literatura espanhola. Bilíngüe, para completar, esse Juan Larrea, tal como o foi seu amigo, o chileno Vicente Huidobro. "Larrea", disse ao companheiro falsário, "faça-me os documentos em nome de Larrea!"

Poucos meses mais tarde, após uma batida policial nos meios universitários de Madri, alguém deu com a língua nos dentes. Entregou à polícia franquista esse pseudônimo que eu usara para certos contatos. O Ministério do Interior mandou então publicar nos jornais um anúncio de convocação. Um certo Larrea, do qual se dava uma descrição física perfeitamente plausível, e que teria declarado ser natural da província de Santander, era intimado a se apresentar às autoridades competentes.

Competentes demais, sem dúvida.

Mas Juan Larrea escapara da polícia franquista. Suicidou-se, morreu no meu lugar, alguns anos depois, nas páginas de *A montanha branca*. O círculo das vidas e das mortes, verdadeiras ou supostas, parecia, portanto, fechar-se assim.

Foi em Milão, na via Bigli, na biblioteca dos Banfi, que li *A trégua* de Primo Levi. No jardim interno, a cor do céu, da luz, das folhas de árvore era a do outono.

Fechei os olhos, na última página do livro. Lembrei-me de Lorène, em Locarno, da minha decisão de abandonar o manuscrito em andamento, em 1945.

Foi Rossana Rossanda que me deu para ler o relato de Levi, assim como seu primeiro livro, *Se questo è un uomo*. Propôs-me apresentar-nos, poderia organizar esse encontro.

Mas eu não sentia a necessidade de encontrar Primo Levi. Quero dizer: de encontrá-lo *fora*, na realidade externa desse sonho que era a vida, desde nosso retorno. Parecia-me que entre nós já estava tudo dito. Ou era impossível dizer, agora. Não julgava necessário, talvez nem sequer conveniente, que tivéssemos uma conversa de náufragos, um diálogo de sobreviventes.

Aliás, tínhamos realmente sobrevivido?

Seja como for, em 11 de abril de 1987, naquele sábado em que, no desvão de uma frase, inesperadamente, o fantasma do jovem deportado que eu fora surgia num romance no qual não estava previsto, não era esperado, para tumultuá-lo, para mirá-lo com um olhar cheio de incerteza, Primo Levi escolhia morrer jogando-se no vão da escada de sua casa de Turim.

Foi a primeira notícia que escutei no rádio, no dia seguinte, domingo.

Eram sete horas, uma voz anônima desfiava as notícias da manhã. De repente, falou de Primo Levi. A voz anunciou seu suicídio, na véspera, em Turim. Lembrei-me de um longo passeio sob as arcadas do centro dessa cidade, num dia ensolarado, com Italo Calvino, pouco depois da publicação de *A grande viagem*. Tínhamos falado de Primo Levi. A voz anônima do rádio rememorou os títulos de seus livros, que recentemente haviam sido festejados na França, com o atraso habitual de toda descoberta francesa.

A voz disse a idade de Primo Levi.

Então, com um tremor de toda a minha alma, pensei que ainda me restavam cinco anos para viver. Na verdade, Primo Levi era cinco anos mais velho do que eu. Sabia que era absurdo, obviamente. Sabia que essa certeza que me fulminava era irracional: não havia nenhuma fatalidade que me obrigasse a morrer com a mesma idade que Primo Levi. Podia, da mesma forma, morrer mais moço do que ele. Ou mais velho. Ou a qualquer momento. Mas logo decifrei o sentido dessa premonição descabida, o significado dessa absurda certeza.

Compreendi que a morte estava de novo no meu futuro, no horizonte do futuro.

Desde que voltei de Buchenwald — e mais exatamente ainda: desde que abandonei o projeto de escrever, em Ascona —, vivi distanciando-me da morte. Ela estava no meu passado, mais longínqua cada dia que passava: como a infância, os primeiros amores, as primeiras leituras. A morte era uma vivência cuja lembrança se esfumava.

Eu vivia na imortalidade desenvolta da assombração.

Mais tarde, essa sensação se modificou, quando publiquei *A grande viagem*. A partir daí, a morte ainda estava no passado, mas este deixara de se afastar, de se dissipar. Muito pelo contrário, voltava a ser presente. Eu começava a remontar o curso da minha vida a essa fonte, esse nada originário.

De repente, o anúncio da morte de Primo Levi, a notícia do seu suicídio, alterava radicalmente a perspectiva. Eu voltava a ser mortal. Talvez não tivesse apenas cinco anos para viver, aqueles que me faltavam para chegar à idade de Primo Levi, mas a morte estava novamente inscrita no meu futuro. Perguntei-me se ainda teria recordações da morte. Ou só pressentimentos, de agora em diante.

Seja como for, em 11 de abril de 1987 a morte apanhara Primo Levi.

Entretanto, já em outubro de 1945, depois da longa odisséia de seu retorno de Auschwitz que ele conta em *A trégua*, ele começara a escrever seu primeiro livro, *Se questo è un uomo*. Fizera-o na pressa, na febre, numa espécie de regozijo. "As coisas que eu tinha vivido, sofrido, queimavam-me por dentro", ele escreveu mais tarde. "Sentia-me mais próximo dos mortos do que dos vivos, sentia-me culpado por ser um homem, porque os homens haviam construído Auschwitz e porque Auschwitz havia tragado milhões de seres humanos, inúmeros amigos pessoais e uma mulher que estava perto de meu coração. Parecia-me que eu me purificaria contando, sentia-me parecido com o velho marinheiro de Coleridge..."

Na verdade, é uma citação do poema de Coleridge que figura como epígrafe do último livro de Levi, *I sommersi e i salvati*, cujo título (Os afogados e os sobreviventes) retoma o de um capítulo de *Isto é um homem?*:

Since then, at an uncertain hour,
That agony returns:
And till my ghastly tale is told
*This heart within me burns.**

"Eu escrevia", prosseguia Levi, "poemas concisos e sanguinolentos, narrava com uma espécie de vertigem, de viva voz ou por escrito, tanto, e de tal forma, que pouco a pouco um livro nasceu: escrevendo, eu reencontrava os instantes de paz e voltava a ser um homem, um entre os outros, nem mártir nem infame nem santo, um desses homens que fundam uma família e que olham para o futuro tanto quanto para o passado."

(*) Desde então, numa hora incerta,/ Volta esta agonia:/ E até que meu horrendo relato seja contado/Queima este coração dentro de mim.

Primo Levi falou várias vezes sobre os seus sentimentos daquela época, as alegrias severas da escrita. Então, sentiu-se voltar à vida, literalmente, graças a ela.

O livro terminado — obra-prima de comedimento, de fabulosa nudez no testemunho, de lucidez e de compaixão —, o livro incomparável não achou, porém, quem o quisesse. Todas as boas editoras o recusaram. Afinal, foi publicado por um pequeno editor e passou totalmente despercebido. A partir daí, Primo Levi abandonou qualquer veleidade de escrever e dedicou-se à sua profissão de engenheiro químico.

Assim parecia realizar-se um sonho que ele conta, um pesadelo de deportado: você volta para casa, conta com paixão e profusão de detalhes para o círculo familiar a experiência vivida, os sofrimentos passados. Mas ninguém acredita em você. Os seus relatos acabam criando uma espécie de constrangimento, provocando um silêncio que se avoluma. O seu círculo — a mulher amada, até, nas variantes mais angustiadas do pesadelo — acaba se levantando, dando-lhe as costas, saindo da sala.

Portanto, a história parecia lhe dar razão: seu sonho tornara-se realidade. Foi só longos anos depois que seu livro, *Isto é um homem?*, teve uma súbita repercussão, conquistou um vasto público, começou a ser traduzido no mundo todo.

Foi esse sucesso tardio que o impeliu a escrever um novo relato, *A trégua*.

Minha experiência foi diferente.

Se a escrita arrancava Primo Levi do passado, se acalmava a sua memória ("Paradoxalmente", ele escreveu, "minha bagagem de lembranças atrozes tornava-se uma riqueza, uma semente: parecia-me, ao escrever, crescer como uma planta"), a mim ela mergulhava mais uma vez na morte, me submergia. Eu me sufocava no ar irrespirável dos meus rascunhos, cada linha escrita me afundava a cabeça debaixo d'água, como se estivesse novamente na banheira do palacete da Gestapo, em Auxerre. Debatia-me para sobreviver. Fracassava na minha tentativa de contar a morte para reduzi-la ao silêncio: se tivesse prosseguido, a morte, provavelmente, é que teria me emudecido.

Apesar da diferença radical do percurso biográfico, das vivências, ainda assim existia uma coincidência, inquietante. Na verdade, o espaço de tempo histórico entre o primeiro livro de Levi — magistral sucesso no plano da escrita; fracasso completo no plano da leitura, da escuta do público — e seu segundo relato, *A trégua*, é o mesmo que separa minha incapacidade de escrever em 1945 de *A grande viagem*. Estes dois últimos livros foram escritos na mesma época, publicados quase simultaneamente: em abril de 1963 o de Levi, em maio, o meu.

Como se, além de toda e qualquer circunstância biográfica, uma capacidade de escuta tivesse amadurecido objetivamente, na opacidade quase indecifrável dos caminhos históricos. Amadurecimento tanto mais notável e apaixonante quanto coincide com os primeiros testemunhos sobre o gulag soviético que conseguiram vencer a tradicional barreira de desconfiança e de desconhecimento ocidental: o relato de Alexandre Soljenitsyn, *Um dia de Ivan Denissovitch*, saiu na mesma primavera de 1963.

Seja como for, em 11 de abril de 1987 a morte apanhou Primo Levi.

Por que, quarenta anos depois, suas recordações deixaram de ser uma riqueza? Por que ele perdeu a paz que a escrita parecia ter lhe devolvido? O que ocorreu na sua memória, que cataclismo, naquele sábado? Por que lhe foi de repente impossível assumir a atrocidade de suas recordações?

Uma última vez, sem recurso nem remédio, a angústia se impusera, pura e simplesmente. Sem esquiva nem esperança possíveis. A angústia cujos sintomas ele descrevia nas últimas linhas de A trégua.

"*Nulla era vero all'infuori del Lager. Il resto era breve vacanza o inganno dei sensi, sogno...*"

Nada era verdadeiro fora do campo, pura e simplesmente. O resto só terá sido breve vacância, ilusão dos sentidos, sonho incerto: é isso.

9

Ó, ESTAÇÕES, Ó, CASTELOS...

Por que essa jovem me fez pensar em Milena?

Hoje, quando me acontece olhar uma das fotos tiradas em Salzburgo naquele ano, distante — 1964 —, a semelhança não me parece impressionante, para dizer o mínimo.

A jovem está de perfil, numa mesa do jantar de gala. Vestida de preto, uma mecha sobre a testa, a mão direita pousada sobre a toalha, encolhida, frágil, o punho ornado de renda. A mão esquerda levantada, segurando um cigarro.

Um sorriso nos lábios, fino, apenas esboçado.

Somos vários em volta da mesa, nessa imagem fotográfica. É o final do jantar, visivelmente. Estamos no café, no charuto dos cavalheiros. Há essa jovem, outras jovens, dois cavalheiros, e mais eu mesmo. Um dos cavalheiros me é desconhecido, seu rosto não me lembra nada. O outro é George Weidenfeld.

Mas talvez ele já fosse lorde Weidenfeld, em 1964. Não saberia precisar.

A jovem que me fizera pensar em Milena era membro, parece-me, do séquito de Weidenfeld, fosse ele lorde ou não. Nessa velha fotografia, o editor londrino contempla-a com um sorriso de indulgente beatitude. Ou de cumplicidade, talvez.

Aliás, sorrimos todos.

O fotógrafo captou um instante de despreocupação, de conivência relaxada, de convivência. Apenas fazemos de conta, para o retrato? Como saber? O faz-de-conta seria a verdade dessa imagem, neste caso. O falso semblante ou a vera semelhança. É o final do jantar oficial, logo antes da entrega do prêmio Formentor. Está tudo correndo bem. Os editores que formam o júri do prêmio não vão demorar a se levantar, um depois do outro, para me entregarem, cada um, o exemplar da tradução em suas línguas de *A grande viagem*.

Mas não foi nesse momento que a jovem anônima me fez pensar em Milena Jesenskà. Sentada, aparentemente impassível, nem seu rosto nem sua imobilidade sorridente, plácida, podiam fazê-la, sequer falaciosamente, parecer-se com Milena.

Entretanto, antes do jantar, quando eu não sabia que iria encontrá-la em minha mesa, ela atravessara um dos salões do castelo de Salzburgo onde se realizava a cerimônia de entrega do prêmio Formentor. Seu andar, alguma coisa na sua silhueta, seu porte de cabeça, me fizeram pensar em Milena Jesenskà.

Ou melhor, para ser perfeitamente exato: numa frase de Kafka a respeito dela. Refletindo melhor, eu não havia pensado propriamente em Milena: esta só surgira no desvão de uma frase de Kafka.

"*Es fällt mir ein, dass ich mich an Ihr Gesicht eigentlich in keiner bestimmten Einzelheit erinnern kann...*"

"Percebo repentinamente que não posso na realidade me lembrar de nenhum detalhe particular do seu rosto. Só a sua silhueta, as suas roupas, no momento em que você saiu entre as mesas do café: isso, sim, eu ainda vejo..."

Com essas palavras termina a segunda carta que Franz Kafka escreve a Milena, em abril de 1920, quando está em tratamento em Merano.

A todos nos ocorreu observar primeiro a graça de um andar, a altivez de um porte, o balanço ondulante das roupas de uma mulher cujo rosto não distinguimos e que se movimenta entre as mesas de um café. Ou num *foyer* de teatro. Mesmo num vagão de metrô.

Em 1942, no Café de Flore, foram a silhueta e o andar de Simone Kaminker que reparei. Ela também se movimentava entre as mesas, e eu não podia distinguir seu rosto, naquele dia. Só vi de verdade seu rosto três anos depois, em 1945, no verão do meu regresso, na varanda desse mesmo café. A pequena Kaminker mudara de nome, mas seu olhar correspondia muito bem ao jeito altivo e dançante, que criava em torno de sua silhueta espaços móveis de luz e de silêncio, e que eu reparara na primeira vez.

A notação de Kafka é, portanto, sensata. Banal, ao fim e ao cabo. Ele se lembra de um movimento de Milena, de seu jeito, entre as mesas de um café de Praga. Ele lhe rememora essa lembrança, numa das primeiras cartas que lhe escreve. O que é alucinante é o que se segue. O que é alucinante é que, sem esperar para ver o rosto, para olhar o olhar de Milena, sem sequer sentir o desejo nem a necessidade disso, Kafka tenha conseguido, deliberadamente, com uma tenacidade desesperada, com a obstinação de uma fabulosa agressividade moral, por trás de seu aparente desespero, de seu jogo de derrelição condescendente, criar e cristalizar um amor exigente, exclusivo — miserável, porém, por sua incapacidade de cumprir suas apostas, menos ainda suas promessas, enfrentá-las, pagar o preço carnal que implicavam —, a partir deste único indício, deste sinal nebuloso de uma silhueta movimentando-se entre as mesas de um café.

"*Nur wie Sie dam zwischen den Kaffeehaustischen weggingen, Ihre Gestalt, Ihr Kleid, das sehe ich noch...*"

Um amor mortal se manifesta, nutrido unicamente de sua substância desencarnada, de sua violência autista, no qual o rosto da Amada (sua expressão, seu olhar, seu bater de cílios, a dobra repentina de sua boca, a leve sombra de uma tristeza, a luz de um prazer que aflora) não representa nenhum papel, não conta para nada. Um amor cuja violência estéril se baseia unicamente na lembrança de um corpo em movimento, imagem talvez obscuramente trabalhada pela proibição de representação da lei hebraica, transcendida pela arrogância de uma vontade abstrata de sedução, de posse espiritual.

Se eu não estivesse sentado na mesa de um jantar de gala, em Salzburgo, em 1964, logo antes da entrega do prêmio Formentor, se meu propósito não fosse elucidar as relações entre a memória da morte e a escrita (e a publicação de *A grande viagem* é a ocasião ideal para continuar a fazê-lo), de bom grado pegaria o caminho paradisíaco de uma digressão sobre Kafka e as que proclamava, porém, não se amar, por meio de seu amor pelo amor às mulheres. Uma digressão sobre Kafka e a sedução, em síntese. Quem seduz, quem é seduzido? Ou, quem suborna? Quem suja?

Mas estou em Salzburgo, o jantar oficial chega ao fim.

Ledig Rowohlt, com sua facúndia física de personagem de uma peça juvenil de Brecht — anterior à glaciação pedagógica do comunismo —, acaba de se levantar. É o primeiro dos doze editores que vão me entregar um exemplar de *A grande viagem*, sua tradução alemã, neste caso.

A jovem cujo nome não saberei, de quem sei apenas que é tcheca, que faz parte do séquito de Weidenfeld; cujo jeito, um pouco antes, me fez pensar numa frase de Kafka; a jovem que apelidarei de Milena, nome curto e legível, olha Ledig Rowohlt aproximar-se de mim após ter dito algumas palavras gentis a respeito do meu livro.

Lembro-me das *Cartas a Milena.*

O livro estava exposto no centro da vitrine de uma livraria da Bahnhofstrasse, em Zurique, alguns anos antes.

Para passar o tempo, ou, antes, fazê-lo passar, eu percorria essa rua central, de comércio, nos dois sentidos: da estação de trem até o lago e vice-versa. Estava no meu passeio de volta, andando para a estação de trem, na calçada da esquerda da Bahnhofstrasse, quando se está de costas para o lago.

No verão, na primavera, com certeza passaria o tempo passeando em volta do lago de Zurique, num dos barcos brancos de excursão. No embarcadouro de Wädenswil, teria me lembrado de Parvus, fabuloso personagem romanesco. Companheiro de Trotski no soviete de São Petersburgo em 1905, organizador em 1917 da viagem de Lênin no vagão chumbado alemão que o levou de volta para a Rússia, Parvus fora morrer ali, nessa aldeia suíça tão sossegada quanto pode ser uma aldeia suíça, lacustre.

Mas não era primavera. Verão tampouco. Era o mês de janeiro do ano de 1956. Um frio seco, um ar límpido e cortante, no qual pareciam turbilhonar cristais impalpáveis do gelo, reinavam sobre a cidade.

Vindo de Paris na própria manhã, eu trocara de identidade no toalete de um bar da Paradeplatz, entre as fachadas austeras mas suntuosas dos bancos suíços. Pusera meu passaporte uruguaio no fundo falso de uma bolsa de viagem depois de ter tirado dali documentos franceses. Para embaralhar as pistas, apagar os vestígios nos diferentes controles de polícia dos aeroportos.

Chegara de Paris, pegaria o avião para Praga algumas horas depois. Passava o tempo e vigiava minha retaguarda, entre a aterrissagem do avião de Paris e a decolagem do avião para Praga. Entre minha identidade de rapaz de família uruguaia e a de representante comercial francês.

Uma espécie de mal-estar um pouco repulsivo me invade hoje ao evocar esse passado. As viagens clandestinas, a ilusão de um futuro, o engajamento político, a verdadeira fraternidade dos militantes comunistas, a falsa moeda do nosso discurso ideológico: tudo isso, que foi minha vida, que terá sido também o horizonte trágico deste século, tudo isso parece hoje empoeirado: vetusto e ridículo.

Todavia, preciso evocar esse passado, ainda que brevemente, para a legibilidade deste relato, para a sua clareza moral. Aliás, não há melhor momento para evocá-lo.

Pois me encontro viajando pela minha memória entre o mês de maio de 1964, em Salzburgo, e o mês de janeiro de 1956, em Zurique: sendo o elo a imagem de Milena Jesenskà, sua evocação nas cartas que Kafka lhe enviou. Logo após esse mês de janeiro de 1956, por ocasião do XX Congresso do Partido Comunista Russo, a história vai balançar. Vai, pelo menos, começar a balançar, lentamente. Na Espanha também. É em fevereiro, na volta de minha viagem a Praga e a Bucareste, sobre as quais direi umas palavras, que as organizações ilegais de estudantes comunistas para cuja existência, dois anos antes, eu havia contribuído — talvez decisivamente — vão conseguir agitar a universidade de Madri, em seguida as ruas, provocando a primeira crise grave do regime franquista.

Excelente momento, há de se convir, para evocar essa pré-história política, esse último período de aparente imobilismo da guerra fria: banquisa parada na impetuosidade de uma corrente já engrossada pelo degelo.

Por outro lado, o próprio momento da escrita, o presente imediato em que se inscrevem as palavras, as frases, as rasuras, as repetições e as deficiências do texto, também vêm a calhar. Este livro, nascido de improviso numa vertigem da memória, no dia 11 de abril de 1987 — algumas horas antes de escutar no rádio a notícia do suicídio de Primo Levi —, estou corrigindo a sua última versão sete anos depois, quase no mesmo dia: na aflição que mais uma vez me desperta a passagem do mês de abril.

O céu anuncia tempestade nas planícies e nas florestas do Gâtinais. Pela minha janela, enxergo a superfície espelhada de um pântano. Galhos de árvore mexem-se no vento que se levanta. Um vento de noroeste, hoje. O vento que se levantou afinal sobre o império desmantelado do comunismo. A duração de uma só vida humana terá permitido assistir à ascensão, ao apogeu e ao declínio do império do comunismo.

Nem mesmo Goethe, cuja longevidade lhe terá permitido viver o fim do Antigo Regime, o fervilhar contraditório da Europa pós-revolucionária, a ascensão e a derrocada do Império napoleônico, poderia se gabar de ter passado por experiência semelhante.

A história deste século terá sido, pois, marcada a ferro e a fogo pela ilusão assassina da aventura comunista, que terá suscitado os sentimentos mais puros, os engajamentos mais desinteressados, os entusiasmos mais fraternos, para chegar ao mais sangrento fracasso, à injustiça social mais abjeta e opaca da história.

Mas eu estava em Zurique, no fim do mês de janeiro de 1956, portador de uma mensagem urgente.

No núcleo dirigente do Partido Comunista da Espanha, do qual na época eu participava, uma discussão bastante acerba acabava de estourar, a respeito de uma questão de estratégia política. Não contarei os termos nos detalhes. De toda maneira, vistos daqui, de hoje, pareceriam fúteis, ou indecifráveis: palimpsestos de uma escrita esquecida. Por mais fúteis que fossem, o que estava em jogo era grave: tratava-se do poder dentro das instâncias dirigentes.

Mas sempre se trata de poder, como se terminará percebendo.

Em quatro palavras: o grupo de dirigentes trabalhando em Paris em torno de Santiago Carrillo — que controlava as organizações clandestinas na própria Espanha, onde se localizava meu principal terreno de atividade — opunha-se acerca de um problema de análise estratégica à velha-guarda do partido, reunida em Praga e em Bucareste em torno de Dolores Ibarruri, a "Pasionaria". Carrillo mandava-me ao Leste para expor aos veteranos nossos desacordos, para tentar obter deles a convocação de uma reunião ampla a fim de discuti-los de modo mais aprofundado.

Em Zurique, por ora, na calçada da Bahnhofstrasse, não penso nessa delicada missão. Sei que Carrillo talvez tenha me mandado para a linha de fogo, que talvez sacrifique nessa missão um soldado da cavalaria ligeira, recém-chegado ao aparelho dirigente, alguém que não faz parte da corte. Sei também que essa singularidade me fornece e favorece alguns trunfos: sou desprendido, despojado, no jogo obscuro do poder entre as diversas gerações comunistas. Só me interesso pelas idéias e, portanto, serei mais convincente, porque mais convencido, do que um velho *apparatchik*. Carrillo não escolheu tolamente o seu emissário.

Mas por ora não penso nisso de jeito nenhum.

Estou diante da vitrine de uma livraria da Bahnhofstrasse e contemplo, maravilhado, radiante, a capa branca de um livro de Franz Kafka, *Briefe an Milena*.

Meu coração dispara, as mãos tremem.

Empurro a porta da livraria. A senhora que me atende tem um sorriso encantador, um rosto liso aureolado de cabelos grisalhos. Está visivelmente assustada com o fervor dos meus agradecimentos, quando agarro o livro que me entrega. "Não, não precisa embrulhar, obrigado, levo-o assim mesmo, mais uma vez obrigado!" Sorri quando me afasto da caixa, depois de pagar.

Na calçada da Bahnhofstrasse, pergunto-me fugazmente que cara vai fazer o responsável pela contabilidade quando vir na minha nota de despesas o preço desse livro de Franz Kafka. Quando vir o nome do autor, mais do que o preço, aliás, que é insignificante. Provavelmente não mencionarei o nome de Kafka, com certeza alegarei que esses poucos francos suíços foram destinados à compra de um livro de Marx.

Talvez seja mais simples.

De qualquer maneira, foi em Zurique que encontrei Milena Jesenskà, em janeiro de 1956. Ela me fez companhia durante toda a viagem.

Mas Ledig Rowohlt acaba de se levantar.

Faz-se silêncio na sala onde se passa o jantar de gala do prêmio Formentor. Rowohlt pronuncia algumas palavras gentis a meu respeito, depois se aproxima de mim para me entregar um exemplar da tradução alemã de *A grande viagem*.

Eu deveria estar emocionado, é um instante histórico. Quer dizer: para mim, na minha história, é um instante privilegiado. Mas estou distraído, penso num monte de outras coisas, múltiplos rostos surgem em minha memória, há um certo atropelo, não consigo me concentrar nesse momento histórico. No entanto, depois de Ledig Rowohlt, será a vez de Claude Gallimard. E depois, de Giulio Einaudi. E de Barney Rossett. E de George Weidenfeld. Doze entre os maiores editores do mundo vão um por um se aproximar de mim e me entregar um exemplar de *A grande viagem* nas suas línguas respectivas.

Nem assim consigo me concentrar nesse instante histórico. Sinto que vou perdê-lo, que ele vai passar, se evaporar, antes que eu tome consciência dele. Que eu tenha saboreado os seus sumos substanciosos e suculentos. Não devo ser dotado para os instantes históricos.

Pelo sim, pelo não, para não me emocionar, para não me inebriar com as palavras elogiosas, os aplausos, os sorrisos radiosos dos amigos que estão na sala, recito-me em voz baixa o texto do parecer de leitura que Jean Paulhan redigiu para o original do meu romance.

Isso, aliás, não me toma muito tempo. É um curtíssimo parecer de leitura. Tão curto que me lembro perfeitamente, que o sei de cor. Tão sucinto que Paulhan não precisou de uma lauda inteira para redigi-lo. Econômico no seu tempo, nas suas palavras e no seu papel, Paulhan cortou em quatro pedaços uma lauda de formato habitual e escreveu seu parecer de leitura de *A grande viagem* num desses quartos. É fácil verificar que foi cortado com tesoura, com cuidado, mas com as inevitáveis irregularidades desse gênero de operação.

Na parte superior desse quarto de lauda, Jean Paulhan escreveu meu nome, o título dos originais: *A grande viagem.* Sublinhou essas informações, e depois, com sua letra cuidada, toda redonda, perfeitamente legível, formulou sua opinião sobre o livro:

"É a viagem que leva à Alemanha os deportados, empilhados, esmagados uns contra os outros. As conversas do autor com o seu vizinho, o 'cara de Semur', são excelentes. Infelizmente, o cara de Semur morre antes da chegada, e o fim do relato é mais sem graça. Nada de muito notável. Nada de detestável tampouco, neste honesto relato".

O parecer traz, no final, a marca de um algarismo, um 2 bem grande, que decerto corresponde a um código de edição cujo significado desconheço. Esse 2 quer dizer que conviria publicar o manuscrito? Ou nem sim nem não? Quer significar que se pode perfeitamente dispensá-lo?

Ignoro. Mas repito para mim mesmo no silêncio do meu foro íntimo, em meio ao zunzum da cerimônia, as palavras de Jean Paulhan. Só para não me emocionar, para manter os pés na terra. No entanto, esse exercício de modéstia não me impedirá de observar que as conversas do autor com o cara de Semur são excelentes, Paulhan *dixit.* Assinalar que o cara de Semur só morre no fim do livro, e que assim a desculpa de Paulhan ("infelizmente o cara de Semur morre antes da chegada, e o fim do relato é mais sem graça") refere-se apenas a umas poucas páginas.

Os elogios paulhanianos são tanto mais reconfortantes quanto o cara de Semur é um personagem romanesco. Inventei o cara de Semur para me fazer companhia, quando refiz essa viagem na realidade sonhada da escrita. Provavelmente para me evitar a solidão que fora a minha, durante a viagem real de Compiègne a Buchenwald. Inventei o cara de Semur, inventei nossas conversas: a realidade muitas vezes precisa de invenção para se tornar verdadeira. Quer dizer, verossímil. Para conquistar a convicção, a emoção do leitor.

O ator que representou o papel do cara de Semur no filme de televisão que Jean Prat adaptou de *A grande viagem* teria preferido que seu personagem fosse real. Estava acabrunhado, triste quase, de que não o fosse. "Gostaria de ter realmente lhe feito companhia, durante a viagem", dizia-me Jean Le Mouël, misturando a ficção e o real. A fraternidade, porém, não é apenas um dado do real. Também é, sobretudo talvez, uma necessidade da alma: um continente a descobrir, a inventar. Uma ficção pertinente e calorosa.

Mas, afinal, não é Jean Paulhan que me distrai desse instante histórico em que vão me entregar as doze edições de *A grande viagem*: era só o que faltava!

O que me distrai, e a culpa é indiretamente de uma jovem tcheca que acompanha George Weidenfeld, é a lembrança de uma viagem com Milena, em janeiro de 1956. Ou melhor, com as *Cartas a Milena*, de Franz Kafka.

Em Praga, naquele ano, eu havia exposto a Vicente Uribe e a Enrique Lister, dois chefes históricos, dois dinossauros do comunismo espanhol, nossos desacordos com a velha-guarda. Estarrecidos com o fato de que o grupo de Paris desaprovava um texto político que haviam elaborado com a "Pasionaria", embaraçados com a minha insistência, que deviam achar um tanto arrogante, resolveram se submeter à autoridade incontestável da "Pasionaria": era ela que, em última instância, decidiria como proceder em face dessa divergência.

Ora, ocorre que Dolores Ibarruri, voltando de sei lá que congresso de Berlim Oriental no trem especial da delegação romena — naquele ano, Dolores escolhera Bucareste como residência de inverno —, ia passar na estação de Praga justo no dia seguinte. Portanto, ficou decidido que eu também tomaria esse trem oficial, se os romenos estivessem de acordo, para acompanhar a "Pasionaria" a Bucareste, expor-lhe no caminho as críticas do grupo de Carrillo, e aguardar sua decisão ou seu veredicto, que eu comunicaria na volta ao núcleo parisiense do *bureau* político do PCE.

O que foi feito.

Se eu não estivesse em Salzburgo, no dia 1º de maio de 1964, no final do jantar de gala do prêmio Formentor; se não estivesse vendo, nesse momento, depois de Ledig Rowohlt e de Claude Gallimard, Giulio Einaudi vir em minha direção para me entregar um exemplar da edição italiana de *A grande viagem*, com certeza aproveitaria a ocasião que me é oferecida de fazer uma digressão a respeito da viagem de Praga a Bucareste. Mas não farei essa digressão, por mais brilhante que pudesse ser, assim como também não fiz um *excursus* a respeito de Kafka, há pouco.

Às vezes, é preciso saber se conter, deixar o leitor insatisfeito.

Direi simplesmente que a viagem foi interminável, pois a média horária do trem não ultrapassava os sessenta quilômetros. Direi simplesmente que a viagem foi apaixonante. Quer dizer, foi, de certo ponto de vista, de um tédio mortal, mas aprendi coisas apaixonantes quanto ao funcionamento da nomenclatura comunista.

Na luxuosa cabine individual do trem especial romeno que me foi destinada, tive tempo para ler à vontade as cartas de Franz Kafka a Milena Jesenskà.

Mais tarde, quando me ocorreu analisar as razões que me impediram sucumbir à imbecilidade comunista — quando nada, sucumbir totalmente —, sempre me pareceu que a leitura de Kafka era uma delas, e não das menores. Decerto, não só a leitura de Kafka. A leitura em geral. Certas más leituras em particular. Como a de Franz Kafka.

Não é por acaso nem por capricho despótico que a leitura de Kafka foi proibida, ou pelo menos vista como suspeita, e praticamente impossível, por falta de edições de suas obras, durante todo o período stalinista na Tchecoslováquia. Tampouco é um acaso se os primeiros sinais precursores, ainda tímidos, da efêmera Primavera de Praga tornaram-se visíveis durante o colóquio internacional sobre Kafka, organizado nessa cidade em 1963, após tantos anos de ostracismo.

Pois a escrita de Kafka, pelos caminhos do imaginário menos enfático que exista, mais impenetrável, tamanha é a sua transparência acumulada, conduz permanentemente ao território da realidade histórica ou social, decapando-a, desvendando-a com uma serenidade implacável.

Nascido em 1883, ano da morte de Karl Marx, falecido em 1924, ano da morte de Lênin, Kafka nunca terá explicitamente levado em conta as realidades históricas da época. A esse respeito, seu *Diário* é de uma vacuidade espantosa: nele, nenhum eco do ruído nem da fúria do mundo parece repercutir. Entretanto, todas as suas obras, escritas dando as costas para os problemas e as premências do ambiente histórico, arrancadas dolorosamente aos nacos e aos pedaços de um bloco glacial de coerência irreal, pelo menos na sua essência e qualquer que seja a forma equivocadamente naturalista de sua aparência; todos os seus textos, na verdade, levam à densidade, à opacidade, à incerteza, à crueldade do século, aclarando-as de modo decisivo. E não, ou não apenas, porque Kafka atinge, na modéstia desconcertante de sua empreitada narrativa, o próprio núcleo, metafísico, da condição humana, sua verdade intemporal.

A obra de Kafka não é intemporal no sentido de que pairaria acima do tumulto dos tempos; tem valor e pretensão de eternidade, o que é completamente diferente. Mas é de fato deste tempo, impensável fora deste tempo, o qual, porém, ela transcende em permanência e em todos os aspectos.

No registro que lhe é próprio, que é o da literatura e não o da análise sociológica, a obra de Kafka é obviamente contemporânea da de Max Weber ou de Robert Michels, para mencionar apenas dois autores que se empenharam em elucidar os mistérios da vida social burocratizada.

Assim, durante todo aquele período, as ficções de Franz Kafka me conduziam à realidade do mundo, enquanto a realidade constantemente invocada no discurso teórico ou político do comunismo não passava de uma ficção, incômoda sem dúvida, asfixiante às vezes, mas cada vez mais desprovida de qualquer fundamento concreto, de qualquer verdade cotidiana.

Seja como for, durante a interminável viagem do trem especial de Praga a Bucareste, passei boa parte do tempo com Kafka e Milena, naquele mês de janeiro de 1956, algumas semanas antes de o XX Congresso do Partido Comunista Russo começar a desvendar, parcialmente ainda, com extrema prudência dialética, a realidade kafkiana do universo stalinista.

Saía de minha cabine várias vezes por dia. Nas horas das refeições, para ir encontrar no luxuoso vagão-restaurante a "Pasionaria" e seus anfitriões romenos, dos quais o mais alto na hierarquia e no poder era um certo Chivu Stoica, quase totalmente careca e com um jeito bonachão — mais para rústico —, cercado todavia por um círculo de pegajosa bajulação. Todos os romenos que o acompanhavam à mesa riam barulhentos a cada anedota tristemente banal que ele contava, extasiavam-se com o relato de suas recordações de militante operário.

Devo dizer que a "Pasionaria" observava tudo isso com ares de desencanto, com uma impaciência que gestos repetidos para arrumar seu penteado tornavam perceptível. Mas decerto não era o ritual cortesão dessas refeições que nunca terminavam, na sucessão de pratos refinados e de bebidas fortes, que tanto a aborrecia. Era com certeza por considerar que Chivu Stoica não merecia tanto estardalhaço e tantas loas. Pois assim que a atenção se concentrava nela, e freqüentemente era o caso, assim que, por sua vez, ela podia evocar recordações da guerra civil espanhola — sua época de celebridade universal —, a "Pasionaria" recuperava sorriso, entusiasmo e facúndia, para nos saturar de historietas ora pitorescas ora heróicas, nas quais lhe cabia o papel de destaque, é evidente.

Mas não posso continuar a contar essa travessia da Europa Central no trem especial de uma delegação comunista romena, em janeiro de 1956.

Na sala de jantar do castelo de Salzburgo, Carlos Barral acaba de se levantar para me trazer um exemplar da edição espanhola de *A grande viagem*. Aproveito o fato de que Barral está sentado numa mesa distante da minha, que portanto vai levar alguns segundos até atravessar a vasta sala de jantar, para concluir provisoriamente.

Para dizer que a coisa mais importante dessa viagem, a única verdadeiramente importante, ao fim e ao cabo, terá sido a descoberta de Milena. Ou melhor, para ser mais exato, a descoberta de Milena por meio da loucura de Kafka a seu respeito.

"*Es fällt mir ein, dass ich mich an Ihr Gesicht eigentlich in keiner bestimmten Einzelheit erinnern kann...*"

"Percebo repentinamente que não posso na realidade me lembrar de nenhum detalhe particular do seu rosto. Só a sua silhueta, as suas roupas, no momento em que você saiu entre as mesas do café: isso, sim, eu ainda vejo..."

Em cima dessa aparição fugaz, indistinta, de uma silhueta em movimento em meio ao zunzum de um café de Praga, Franz Kafka construiu o edifício literário, aéreo, fantástico e pungente de um amor estéril, destruidor, alimentando-se exclusivamente da ausência, da distância, da falta; desfazendo-se tristemente, miseravelmente, a cada encontro real, a cada instante de presença física. Edifício literário tão fantástico e pungente que gerações de leitores — de leitoras, sobretudo, pois as mulheres de qualidade têm com demasiada freqüência o funesto hábito de desvalorizar o prazer carnal, de considerá-lo subalterno, se não grosseiro, para exaltar, em contrapartida, o prazer espiritual de uma relação intensa mas dolorosa, transcendida pela perturbadora bem-aventurança do fracasso e da incompletude — e uma longa legião de escoliastas entorpecidos aceitaram considerar como amor líquido e certo esse exercício ou exorcismo literário, citando como exemplo sublime essa paixão desencarnada, loucamente narcisista, brutalmente indiferente ao outro: ao olhar, ao rosto, ao prazer, à vida mesma do outro...

Mas Carlos Barral chegou à minha mesa. Entrega-me um exemplar da edição espanhola de meu livro, *El largo viaje.*

Volto para a realidade agradável do jantar de gala, em Salzburgo, no dia 1º de maio de 1964, por ocasião da entrega do prêmio Formentor. Esqueço por um instante Milena Jesenskà. Levanto-me para receber Carlos Barral, abraçá-lo e em seguida pegar de suas mãos um exemplar de meu livro.

Não estou alegre, porém.

Quer dizer, debaixo da alegria evidente desse instante, invade-me uma profunda tristeza. *Tristeza* talvez não seja o termo, aliás. Sei que nesse instante minha vida muda: que mudo de vida. Não é uma proposição teórica, a conclusão de uma introspecção psicológica. É uma impressão física, uma certeza carnal. Como se durante um longo passeio eu saísse de repente da sombra de uma floresta para o sol de um dia de verão. Ou o contrário. Em suma, mudo de vida como se passa da sombra ao sol, ou do sol à sombra, num instante preciso, que instaura uma diferença física, à flor da pele, uma diferença tênue mas radical entre o antes e o depois, entre o passado e o futuro.

No momento em que Barral tiver me entregado o exemplar espanhol de *A grande viagem*, no momento em que eu estiver com o livro na mão, minha vida terá mudado. E não se muda de vida impunemente, sobretudo se a mudança se faz na claridade, na consciência aguda do acontecimento, do advento de um futuro outro, em ruptura radical com o passado, seja qual for a sorte que ele lhe reserva.

Na verdade, semanas antes dessa cerimônia do prêmio Formentor, em outro castelo, que não pertencera aos Hohenlohe, como o de Salzburgo, mas aos antigos reis da Boêmia, realizou-se uma longa reunião da direção do Partido Comunista Espanhol, no final da qual eu havia sido excluído do comitê executivo. Um processo, cujo desfecho não deixava dúvidas, fora iniciado para a minha exclusão definitiva do partido.

Mas não vou evocar esse episódio.

Não é por falta de tempo que não vou evocá-lo, ainda que Carlos Barral já tenha chegado à minha mesa e que esteja me entregando um exemplar do meu romance. Pois sou eu quem escreve, sou o deus todo-poderoso da narração. Fosse este o meu alvedrio, e eu poderia parar Carlos Barral na sua atitude presente, poderia imobilizá-lo num presente tão prolongado quanto me aprouvesse. Barral ficaria ali, sem se mexer, com um sorriso no rosto que acabaria ficando apalermado por causa dessa imobilidade, a esperar pela minha boa vontade de narrador. A esperar que eu tivesse acabado de contar essa reunião do comitê executivo do Partido Comunista Espanhol num antigo castelo dos reis da Boêmia.

Mas não farei nada disso. Não contarei esse episódio de minha vida que mudou minha vida. Que, de certa maneira, me devolveu à vida. Primeiro, porque já o fiz: basta se reportar ao livro que se dedica ao assunto, *Autobiografia de Federico Sanchez*. E além do mais, e sobretudo, isso não interessa a mais ninguém. Sou o primeiro a desinteressar-me desse episódio. O fato de ter tido razão em 1964, como a história o comprovou amplamente, não tem mais nenhum interesse: é uma razão historicamente improdutiva. Mesmo se na época minha razão houvesse triunfado nas nossas discussões, tivesse ganho de causa, mesmo se a maioria do comitê executivo — hipótese completamente absurda — houvesse nos dado razão, a Fernando Claudín e a mim, isso não teria adiantado nada. Nada a não ser termos tido razão, podermos nos consolar ou nos satisfazer com esse fato. Mas não é por isso que a história teria mudado uma vírgula. Por sinal, ter sido derrotado na discussão, em 1964, ter sido excluído, jogado nas trevas externas poupou-me anos de ilusão improdutiva, anos de combates estéreis para a renovação e a reforma do comunismo, que é, por essência, por natureza histórica, incapaz de se renovar, impossível de reformar.

Carlos Barral está na minha frente. Entrega-me um exemplar de meu livro em espanhol, *El largo viaje*. Diz-me alguma coisa que não compreendo logo. Que realmente não entendo. Ainda estou imerso nas minhas recordações de Praga, nas imagens íntimas de meu último passeio por Praga, algumas semanas antes.

No final da discussão do comitê executivo do PCE, Dolores Ibarruri, a "Pasionaria", proferira o veredicto. Em poucas frases, tinha-nos propriamente executado, a Claudín e a mim. Suas últimas palavras — e com isso pretendia talvez explicar todos os nossos maus passos — foram para nos tratar de "intelectuais de cabeça de vento" (*intelectuales con cabeza de chorlito*).

Em seguida, Carrillo sugeriu que ficássemos na Tchecoslováquia ou num outro país do Leste, nós dois. Assim, aguardando que o comitê central examinasse as questões debatidas e ratificasse as sanções aplicadas contra nós, poderíamos dedicar nosso tempo a uma reflexão autocrítica, num ambiente adequado.

Recusamos, evidentemente. Primeiro, era pouco provável que estivéssemos dispostos a uma reflexão autocrítica, vistos os termos da divergência. Depois, não considerávamos que o ambiente do socialismo real fosse o mais adequado, de jeito nenhum. Acrescentei, quanto a mim, que me aguardavam em Salzburgo, umas semanas mais tarde, para me entregarem o prêmio Formentor e que minha ausência provocaria algum rebuliço.

Nossa recusa foi registrada com um silêncio aborrecido. Mas os tempos tinham mudado, era impossível que nos impusessem uma obediência disciplinar, *perinde ac cadaver*. Apesar da involução do movimento de reformas surgido no XX Congresso Soviético, certas coisas não eram mais possíveis.

Não podendo impedir minha partida, a vingança dos homens do aparelho foi mesquinha: deram-me uma passagem de avião para Roma apenas, e nem um centavo de viático. Eu que me virasse para depois chegar a Paris. Virei-me muito bem: tinha suficientes amigos nos círculos dirigentes do Partido Comunista Italiano para que a continuação da viagem não criasse nenhum problema.

Em Praga, no último dia, eu havia percorrido, com o temor angustiado de nunca mais revê-los, os locais privilegiados da minha memória da cidade.

Assim, fui ao túmulo de Franz Kafka, no novo cemitério judeu de Strašnice. Estive diante de uma tela de Renoir, exposta na Galeria Nacional, dentro do recinto do Castelo. Diversas vezes havia contemplado esse retrato de moça risonha e de cabeleira castanho-dourada. Havia me encantado com o movimento de seu colo, a dobra de um tecido sobre seu ombro, a brancura daquele ombro pressentido, o seio firme e redondo sob o tecido.

Certa vez, em 1960, durante uma de minhas temporadas em Praga, veio-me a súbita idéia, diante desse quadro de Renoir, de que provavelmente Milena Jesenskà devia tê-lo contemplado. Essa recordação de Milena reaparecera, quatro anos depois, durante meu último passeio por Praga. Lembrei-me do tremor que me invadira diante da idéia de que provavelmente Milena devia ter estado mais de uma vez naquele mesmo local, imóvel, contemplando a tela de Renoir. Lembrei-me de uma lembrança de neve cintilando à luz dos holofotes, lembrança pungente que a lembrança da própria Milena acabava de explodir como um fogo gelado: Milena Jesenskà, morta no campo de concentração de Ravensbrück. Lembrei-me dessa lembrança de neve caindo sobre as cinzas de Milena Jesenskà. Lembrei-me da beleza de Milena dispersada pelo vento, junto com a fumaça do crematório.

E depois, para terminar o périplo pelas minhas recordações de Praga, aonde eu não sabia quando retornaria — se é que um retorno seria possível enquanto eu vivesse —, fui revisitar o velho cemitério judeu de Pinkas e a sinagoga ao lado.

Ali, entre as lajes tumulares superpostas, pensei no amanhecer distante do mês de agosto de 1945, na rua Schoelcher, em casa de Claude-Edmonde Magny. Quase vinte anos depois, lembrei-me de nossa conversa, da longa carta que ela me lera a respeito do poder de escrever. Pensei, entre as lajes tumulares de

Pinkas, que ia receber em Salzburgo, semanas mais tarde, o prêmio Formentor dado ao livro sobre o qual conversáramos, naquele dia distante, e que eu demorara quase vinte anos para escrever.

Mas não vou fazer Carlos Barral esperar mais tempo.

Ele está de pé perto da minha mesa, há um tempo indefinido, com o exemplar espanhol do meu romance na mão. Um sorriso nos lábios, parado. Vou novamente dar vida, cores, movimento a Carlos Barral. Vou até ouvir as palavras que ele tenta, até agora em vão, que eu ouça. É muita magnanimidade minha: não é freqüente que um deus da narração conceda a palavra aos personagens secundários do seu relato, temeroso de que abusem, só façam o que lhes dê na veneta, imaginando-se os protagonistas, e perturbando assim o andamento da narrativa.

Carlos Barral explica-me a singularidade do livro que está segurando, que vai me entregar.

Com efeito, ocorre que a censura franquista proibiu a publicação de *A grande viagem* na Espanha. Desde que o prêmio Formentor me foi concedido, há um ano, os serviços de Manuel Fraga Iribarne, ministro da Informação do general Franco, fizeram campanha contra mim; atacaram os editores que compõem o júri internacional — e muito particularmente o italiano Giulio Einaudi — por terem distinguido um adversário do regime, um membro da "diáspora comunista". Sendo assim, Barral foi obrigado a mandar imprimir o livro no México, numa co-edição com Joaquin Mortiz. Como essa edição ainda não está pronta, não haverá exemplares disponíveis antes de várias semanas.

Apesar disso, e a fim de poder cumprir com o rito de entrega de um livro ao autor premiado, Barral mandou fabricar um exemplar único do meu romance. O formato, a encadernação, o número de páginas, a sobrecapa ilustrada: tudo é idêntico ao modelo da futura edição mexicana. Não fosse um detalhe: as páginas do meu exemplar de hoje estão brancas, virgens de qualquer sinal de impressão.

Carlos Barral folheia o livro na minha frente, para que eu veja a sua brancura imaculada.

A emoção me ganha, finalmente.

O instante único que eu pensava ter perdido, cujo sentido me achava incapaz de perceber, que se esvaíra entre os meus dedos como água, areia, fumaça, reencontra sua intensidade, sua densidade rutilante.

Volta a ser um instante único, na verdade.

No dia 1º de maio de 1945, uma borrasca de neve caíra sobre as bandeiras vermelhas do desfile tradicional, no momento exato em que uma coorte de deportados de roupa listrada chegava à praça de la Nation. Naquele instante, naquele primeiro dia da vida de volta, a neve turbilhonante parecia me lembrar que seria, para sempre, a presença da morte.

Dezenove anos depois, tempo de uma geração, no dia 1º de maio de 1964, em Salzburgo, a neve de antigamente caiu de novo sobre a minha vida. Apagou os traços impressos do livro escrito de uma assentada, sem que eu parasse para respirar, em Madri, num apartamento clandestino da rua Concepción-Bahamonde. A neve de antigamente recobria as páginas do meu livro, sepultava-as numa mortalha algodoada. A neve apagava o meu livro, pelo menos na sua versão espanhola.

Era um sinal fácil de interpretar, uma lição fácil de tirar: eu ainda não havia conquistado nada. Esse livro, que levei quase vinte anos para poder escrever, desaparecia de novo, mal terminado. Teria de recomeçá-lo: tarefa interminável, decerto, essa de transcrição da experiência da morte.

De todos os exemplares de *A grande viagem* que eu já havia recebido naquela noite, que ainda receberia, o espanhol era o mais bonito. O mais significativo, a meu ver, por sua vacuidade vertiginosa, pela brancura inocente e perversa de suas páginas a serem reescritas.

Carlos Barral acaba de se afastar da minha mesa. É a vez de Barney Rossett, da Grove Press, trazer-me um exemplar da edição norte-americana do romance.

Folheio deliciado as páginas em branco do livro espanhol, enquanto Barney Rossett se aproxima.

A neve de antigamente não cobriu um texto qualquer, penso eu. Não sepultou uma língua qualquer, entre todas as que estão representadas aqui. Nem o inglês, nem o alemão, nem o sueco, nem o finlandês, nem o português, sei lá eu, até chegar a uma dúzia. Apagou a língua originária, sepultou a língua materna.

Por certo, ao anular o texto de meu romance na sua língua materna, a censura franquista limitou-se a redobrar um efeito do real. Pois não escrevi *A grande viagem* na minha língua materna.

Não o escrevi em espanhol, mas em francês.

Contudo, naquela época eu vivia em Madri a maior parte do tempo. Reencontrara com a língua da minha infância toda a cumplicidade, a paixão, a desconfiança e o gosto do desafio que fundamentam a intimidade de uma escrita. Para completar, já sabia (ao passo que os pequenos poemas que tanto encantavam Claude-Edmonde Magny não passavam de uma lembrança, apenas uma lembrança: só sobreviviam alusivamente no texto de sua *Carta sobre o poder de escrever* que me acompanhava em minha viagens, que eu lia de vez em quando; ao passo que a peça de teatro que escrevi em fins dos anos 40, *Soledad*, foi apenas um exercício íntimo, para provar a mim mesmo que não era por impotência ou por preguiça que não escrevia, mas por intuito deliberado), já sabia que no dia em que o poder de escrever me fosse restituído — em que novamente eu me apoderasse dele — poderia escolher minha língua materna.

Para falar a verdade, tanto quanto o espanhol, o francês era a minha língua materna. Pelo menos, se tornara. Eu não havia escolhido o lugar do meu nascimento, a terra matricial da minha língua originária. Essa coisa — idéia, realidade — pela qual tanto se lutou, pela qual tanto sangue terá sido derramado, as origens, é a que menos lhe pertence, da qual a parte de você mesmo é a mais aleatória, a mais casual: a mais besta, também. Besta de besteira e de bestialidade. Eu não havia, pois, escolhido minhas origens, nem minha língua materna. Ou melhor, havia escolhido uma, o francês.

Podem me objetar que fui obrigado a isso pelas circunstâncias do exílio, do desenraizamento. É verdade só em parte, em parte bem pequena. Quantos espanhóis recusaram a língua do exílio? Conservaram seu sotaque, sua estrangeirice lingüística, na esperança patética, insensata, de permanecerem eles mesmos? Quer dizer, outros? Limitaram deliberadamente o emprego correto do francês a fins instrumentais? Quanto a mim, eu havia escolhido o francês, língua de exílio, como uma outra língua materna, originária. Escolhi-me novas origens. Fiz do exílio uma pátria.

Em suma, já não tinha propriamente língua materna. Ou então tinha duas, o que é uma situação delicada do ponto de vista das filiações, há de se convir. Ter duas mães, assim como ter duas pátrias, isso realmente não simplifica a vida. Mas talvez eu não tenha uma queda pelas coisas simples demais.

Em todo caso, não foi por facilidade que preferi escrever em francês *A grande viagem*. Ter-me-ia sido igualmente fácil — se é que se pode qualificar com tal adjetivo frívolo esse trabalho — ou igualmente difícil escrevê-lo em espanhol. Escrevi-o em francês porque o transformara em minha língua materna.

Um dia, pensei comigo mesmo desde aquela noite em Salzburgo, um dia reescreveria esse livro nas páginas em branco do exemplar único. Reescreveria em espanhol, sem levar em conta a tradução existente.

— Não é uma má idéia — disse-me Carlos Fuentes, pouco tempo depois.

Foi em Paris, num bar de Saint-Germain-des-Prés.

— Aliás — ele acrescentou —, você mesmo deveria fazer a versão espanhola. Você não iria simplesmente traduzir, poderia se permitir trair-se. Trair o seu texto original para tentar ir mais longe. Assim, surgiria um livro diferente, do qual você poderia fazer uma nova versão francesa, um novo livro! Como você mesmo diz, essa experiência seria inesgotável...

Rimos dessa conclusão, num dia de aguaceiros parisienses de primavera, como num poema de César Vallejo.

— Desse modo — concluía Carlos Fuentes —, você teria realizado o sonho de todo escritor: passar a vida escrevendo um só livro, permanentemente renovado!

Rimos. O aguaceiro batia nas vidraças do bar onde havíamos nos abrigado.

Mas não realizei esse projeto. As páginas do exemplar único que Carlos Barral me ofereceu em Salzburgo, no dia 1º de maio de 1964, permaneceram brancas, virgens de toda escrita. Ainda disponíveis, portanto. Gosto do seu augúrio e do seu símbolo: que esse livro ainda esteja por ser escrito, que essa tarefa seja infinita, essa palavra, inesgotável.

Entretanto, há algum tempo sei o que vou fazer, com que preencher essas páginas. Vou escrever nessas páginas brancas, para Cécilia Landman, a história de Jerzy Zweig, um garotinho judeu de Buchenwald.

Cécilia tinha três anos, eu a segurava em meus braços, recitava-lhe poemas. Era a melhor maneira de acalmá-la, à noite, de serenar suas aflições noturnas, sua recusa do sono nulificante.

Recitava-lhe Ronsard, Apollinaire, Aragon. Recitava-lhe também "A viagem", de Baudelaire, era seu poema predileto. O tempo passava, ela o sabia de cor, recitava-o ao mesmo tempo que eu. Mas eu sempre parava antes da estrofe que começa com "Ó, morte, velho capitão...". Não só para evitar as perguntas que sua curiosidade suscitaria. Sobretudo porque era aquela estrofe que eu havia sussurrado no ouvido de Maurice Halbwachs, agonizante no estrado do block 56 de Buchenwald.

Eu segurava a garotinha nos braços e ela me olhava com um olhar atento, cheio de confiança. Os versos de Baudelaire haviam sido para Halbwachs uma espécie de oração dos agonizantes. Um sorriso esboçou-se em seus lábios quando os escutou. Mas estava com Cécilia nos braços, recitava-lhe Baudelaire e a lembrança se esfumava. Ou por outra, se transformava. A fetidez, a injustiça, o horror da morte antiga extinguiam-se, restavam a compaixão, um sentimento agudo, perturbador de fraternidade.

Recitava para a garotinha os versos que eram uma incitação à viagem da vida e parecia-me que o rosto de Halbwachs se descontraía. Na minha lembrança, uma grande paz parecia iluminar seu olhar, naquele domingo de outrora. Segurava nos braços Cécilia Landman, minha esplendorosa pequena quarterona judia, em cujo coração corria o sangue de Czernowitz, cidade natal de Paul Celan, e as lembranças atrozes pareciam serenar.

Escreverei para ela, nas páginas em branco de *A grande viagem*, a história de Jerzy Zweig, a criança judia que salvamos, que reencontrei em Viena, anos mais tarde, numa outra vida: na vida.

10

RETORNO A WEIMAR

— Não, ele não escreveu isso!

O homem falou com voz firme, categórica até, mas sem estridência: voz quase baixa. Como se a verdade que enunciava nessa forma negativa não precisasse de uma voz alteada, de um tom categórico, para ser afirmada sem contestação possível.

Todos nós viramo-nos para ele.

O homem tem uns quarenta anos, barba ruiva, olhar atento mas discreto. Tímido, quase. Até agora foi bastante lacônico.

Sob o fogo cruzado de nossos olhares surpresos, detalha sua informação.

— Ele não escreveu "estudante", mas uma coisa totalmente diferente!

O homem disse *Student*, não disse *étudiant*. Pois fala alemão, está acontecendo em alemão, essa conversa. O que, afinal de contas, é natural, já que estamos na Alemanha.

O homem esboça um gesto em direção do bolso interno do casaco. Talvez vá tirar dali a prova de sua informação, está com todo o jeito.

Nós o olhamos, perplexos.

Era na praça de chamada de Buchenwald, num domingo do mês de março. Em 1992: quarenta e sete anos depois de meu último dia no campo.

Umas semanas antes, um jornalista alemão, Peter Merseburger, me telefonara. Ia fazer um programa de televisão sobre Weimar, cidade de cultura e de campo de concentração. Queria que eu fosse uma das testemunhas principais dessa exploração do passado. Quanto ao campo de concentração, é claro. Propunha-me gravar uma entrevista comigo no próprio local de Buchenwald.

Logo recusei, sem me dar tempo de refletir.

Nunca havia retornado a Weimar, nunca tive vontade. Sempre havia recusado, quando se apresentara a ocasião.

Mas, na noite seguinte, novamente sonhei com Buchenwald. Uma voz me acordava no meio da noite. Ou melhor, uma voz estourava no meu sono. Eu ainda não tinha acordado, sabia que estava dormindo, que estava tendo o sonho habitual. Uma voz sombria, masculina, irritada, iria dizer, como de costume: "*Krematorium, ausmachen!*". Mas que nada! A voz que eu esperava, já trêmulo, já transido, no instante de sair de um sono profundo para entrar nesse sonho atormentado, não se fazia ouvir. Muito pelo contrário, era uma voz de mulher. Uma bonita voz de mulher, um pouco rouca, quente: a voz de Zarah Leander. Entoava uma canção de amor. De toda maneira, nunca a bela voz metálica de Zarah Leander cantou senão canções de amor. Pelo menos em Buchenwald, no circuito dos alto-falantes de Buchenwald, aos domingos.

So stelle ich mir die Liebe vor,
ich bin nicht mehr allein...

Escutava no meu sonho a voz de Zarah Leander no lugar daquela, esperada porém, habitual, repetitiva e lancinante, do *Sturmführer* SS pedindo que se apagasse o forno crematório. Ouvia-a prosseguir sua canção de amor, como em tantos domingos de outrora em Buchenwald.

Schön war die Zeit da wir uns so geliebt...

Então, acordei. Compreendi o recado que mandava para mim mesmo, nesse sonho transparente. Bem cedinho, iria telefonar para Peter Merseburger, em Berlim, e lhe dizer que aceitava.

Que queria muito retornar a Weimar, fazer com ele a entrevista desejada.

Em suma, por esses caminhos transversos — um projeto da televisão alemã que não era meu nem minha iniciativa; um sonho quase fácil demais de decifrar —, eu me impunha terminar o livro tanto tempo, tantas vezes rechaçado: *A escrita ou a morte...*

Ele nascera de uma alucinação de minha memória, no dia 11 de abril de 1987, aniversário da libertação de Buchenwald. Dia da morte de Primo Levi: aquele em que a morte o apanhara. Um ano mais tarde, larguei-o com satisfação, quando Felipe González me pediu que participasse do seu governo. Ao retornar dessa etapa ministerial, larguei-o mais uma vez, depois de certo tempo, para escrever um livro sobre a minha experiência no Ministério da Cultura espanhol, *Federico Sanchez vous salue bien.* Este não era um livro previsto. Nem sequer era previsível: em princípio, minha decisão era só escrever sobre esse assunto alguns anos mais tarde.

Mas a voz de Zarah Leander me chamava à ordem, atraía-me para Buchenwald. Era uma voz inteligente, conquanto de além-túmulo. Pois, de fato, o único meio de me forçar a terminar o relato tanto tempo sublimado era me atrair para Buchenwald.

No aeroporto de Roissy, no dia de minha ida para Berlim, cruzei com Dany Cohn-Bendit. Encontro de bom presságio, pensei. Dany nasceu em abril de 1945, no momento exato em que eu voltava da morte. Sua vida começou quando a minha recomeçou: os dias que me distanciavam da morte, semana após semana, ano após ano, eram dias que se somavam à sua vida. Como se não bastasse, Dany Cohn-Bendit nasceu em Montauban, uma cidade onde estrangeiros encontraram refúgio, durante os anos negros de Pétain, graças a um prefeito de esquerda. A cidade, Montauban, onde morreu Manuel Azaña, o último presidente da República, um dos maiores escritores espanhóis do século XX. É evidente que isso criava laços entre nós, toda essa morte, toda essa vida.

De bom presságio, portanto, o encontro.

Eu viajava a Weimar com Thomas e Mathieu Landman, meus netos pelos laços do coração. Um parentesco que vale tanto quanto outro qualquer, que pode inclusive impor-se a qualquer outro. Mas acho que já disse isso. Disse também por que os escolhi para me acompanhar?

Com eles, era possível evocar a experiência de outrora, o *vécu* daquela antiga morte, sem ter uma impressão de indecência ou de fracasso. Fórmula talvez chocante em francês: o "vivido" da morte, isso sonha estranho. Em alemão, seria luminoso, independentemente do que Wittgenstein pensasse: *das Erlebnis dieses Todes.* Em espanhol também, aliás: *la vivencia de aquella antigua muerte.* Só mesmo a língua francesa é que não tem um substantivo ativo para designar as experiências da vida. Convém, um dia, procurar as razões.

Seria porque Thomas e Mathieu haviam sido bem-educados? Não penso, espero que se tenha compreendido, na boa educação das boas maneiras: penso na elevação do espírito, na sua abertura, ensinadas pelo exemplo, pela ternura, e pela longa impaciência parental. Bem-educados, portanto, para a escuta e a inquietação, para não enfrentarem a vida como ela se apresenta, mas com garra. Seria porque tinham um quarto — providencial — de sangue judeu de Czernowitz nas veias? Suficiente sangue judeu para terem curiosidade pelo mundo, por suas misérias e por suas grandezas na fase minguante do século? Ou seria, mais banalmente, porque a idade deles e o relacionamento comigo — cheio de necessidades e de exigências mas isento de qualquer obrigação — possibilitava-lhes um questionamento que um filho jamais teria a coragem para se permitir (nem sequer, naturalmente, o desejo)? O fato é que Thomas e Mathieu Landman, ao chegar a época adolescente das perguntas, cada um na sua vez, já que uns dez anos os separam, sentiram necessidade de saber a que se ater a meu respeito. A respeito da minha antiga experiência dos campos.

De modo que me acompanhavam nesse mês de março de 1992. Nesse sábado de março de 1992.

No aeroporto de Berlim, um carro nos esperava para nos levar a Weimar, onde tínhamos encontro com Peter Merseburger, sua mulher Sabine e a equipe de televisão.

Logo, logo, o mau estado da estrada e a multiplicação de obras de recapeamento fizeram-nos compreender que nos embrenhávamos pelo território da antiga RDA.

Eu olhava a paisagem, os nomes das aldeias e das cidades indicados nas placas rodoviárias, no entroncamento das saídas da auto-estrada. Em dado momento, uma sensação de mal-estar ou de aflição começou a se manifestar. Não sabia por quê, mas fazia algum tempo que cada novo nome de cidade avistado numa daquelas placas aumentava o mal-estar. Compreendi subitamente: em cada cidade daquelas houve, no passado, um kommando externo ou um campo secundário dependendo da administração central de Buchenwald. Eu trabalhava no *Arbeitsstatistik*, no arquivo central, e registrava as informações provenientes de todos aqueles campos externos. Quarenta e sete anos depois, os nomes voltavam-me à memória. Aquelas cidades perdidas na planície ou escondidas no matagal verde tinham nomes de antigos campos externos de Buchenwald.

Portanto, estávamos nos aproximando de Weimar. Entrávamos no território da antiga morte.

— *Das hat er nicht eingeschrieben, Student... Etwas ganz anderes hat er geschrieben...*

O homem tem uns quarenta anos, à primeira vista. Tem uma barba mais para ruiva, um olhar atento, porém melancólico. Quebrou o silêncio ao qual havia nos habituado, desde o início da visita a Buchenwald, para nos dizer isso, em voz baixa mas categórica: "Ele não escreveu 'estudante', mas uma coisa totalmente diferente!".

Um domingo de março. Um belo domingo de março, frio e ensolarado. Um domingo em Buchenwald, de novo. O vento sopra sobre a colina do Ettersberg, como nos domingos de antigamente. O vento da eternidade sobre a colina eterna do Ettersberg.

Na véspera, o carro nos deixara, Thomas, Mathieu e eu, na praça do mercado de Weimar, em frente ao Hotel do Elefante, onde Peter Merseburger nos esperava.

Desci na calçada, dei alguns passos para esticar as pernas, olhei ao redor. A praça era de uma calma provinciana, suas fachadas eram elegantes. Era bonita e estranhamente familiar: parecia-se com todos os tipos de praças de mercado de velhas cidades da Europa Central que eu já tinha visto.

Eu continuava a contemplar a paisagem urbana, atento aos detalhes, com uma impressão de familiaridade, de *déjà vu*, transtornado contudo por um difuso mal-estar, uma ponta de desespero, quando meu coração disparou, loucamente.

Um *déjà vu*, é claro!

Eu tinha estado ali, numa vida anterior, num dia de abril de 1945, com o tenente Rosenfeld. Havia esquecido a escapada a Weimar com Rosenfeld. A tal ponto esqueci que na primeira versão deste relato não escrevi uma palavra sobre isso. Teria de reintroduzir o tenente Rosenfeld no meu relato sobre aqueles dias de outrora. Tinha de reinventar Rosenfeld, de certa maneira: fazê-lo renascer do nada confuso da minha memória obnubilada, abolida.

Observei a Marktplatz de Weimar com um olhar novo. Compreendia de onde me vinha a impressão de familiaridade e também a sensação de estranheza, de desespero. Quase meio século depois, a praça estava mais viçosa, mais nova do que para o olhar dos meus vinte anos. Em 1945, a praça estava parcialmente coberta de poeira e de entulho, todo o lado norte destruído pelos bombardeios aliados.

Então, convoquei o fantasma do tenente Rosenfeld para perto de mim. Ia tentar viver aqueles dias com ele. Com a lembrança dos meus vinte anos, em suma. Pois agora sabia a que esse retorno a Weimar estava obscuramente destinado. Ele devia me permitir reencontrar fugazmente a força dos meus vinte anos, sua energia, sua vontade de viver. Assim, com certeza, talvez, reencontrando-me eu encontraria a força, a energia, a vontade de ir até o fim dessa escrita que se esquivava permanentemente, que me escapava. Ou melhor: da qual eu me esquivava permanentemente, escapava ao menor pretexto.

Acompanhado por Thomas e Mathieu Landman, e pelo fantasma de um jovem judeu alemão que fora o tenente Rosenfeld do exército americano, cruzei a porta do Hotel do Elefante.

Uma vez instalado no meu quarto, e antes de ir encontrar meus netos para almoçar com eles, coloquei sobre a mesa os três livros que trouxera nessa viagem.

O primeiro era um romance de Thomas Mann, *Charlotte em Weimar*. Era um volume da coleção creme da NRF, traduzido do alemão por Louise Servicen. Publicado em Paris no início do ano de 1945, esse romance de Thomas Mann foi o primeiro livro que comprei na minha volta de Buchenwald. Havia entrado numa livraria do bulevar Saint-Michel, num dia qualquer do mês de maio. Queria conferir se o panorama literário era mesmo aquele que me descrevera Marc, o oficial francês. Se ele não tinha esquecido ou desprezado algum autor novo. Aliás, era Laurence que me acompanhava. O que situa esse dia qualquer do mês de maio em que entrei numa livraria do bulevar Saint-Michel depois do dia 8, quando conheci Laurence.

Devo confessar que nessa época era mais Laurence que me acompanhava às livrarias e Odile aos quartos de dormir. Não por escolha, mas assim era. Não estou seguro de que teria preferido o contrário, simplesmente lamento não ter tido a ocasião de ir às vezes de uma livraria para o quarto de dormir, ou vice-versa: mas a vida não é perfeita, como se sabe. Pode ser um caminho de perfeição, mas está longe de ser perfeita.

Havia entrado num dia qualquer do mês de maio — depois do dia 8 — numa livraria, com Laurence, e comprado *Charlotte em Weimar*, de Thomas Mann. Por causa de Thomas Mann, um pouco. Por causa de Weimar, sobretudo. Sabia que a Charlotte em questão era a de Goethe, do *Werther* de Johann Wolfgang von Goethe, e este fora um personagem de minha vida em Buchenwald. Por causa dos seus passeios pelo Ettersberg com Eckermann e por causa de Léon Blum.

Porém, não sabia, ao comprar o livro, que o hotel de Weimar onde ia se hospedar Charlotte Kestner, Buff de solteira, de Hanover, a Lotte de *Werther*, era o do Elefante. Não sabia, mas o detalhe ficou gravado em minha memória.

De sorte que, ao receber de Merseburger o roteiro de nossa conversa filmada em Buchenwald e ao inteirar-me de que íamos nos hospedar no Elefante, logo procurei na minha biblioteca o volume de Thomas Mann. Que encontrei, talvez não exatamente onde deveria estar, se a minha biblioteca tivesse sido catalogada de forma racional, mas mesmo assim encontrei. Em companhia de certos outros livros que não tinham nenhuma relação com Thomas Mann, nem mesmo com Goethe, mas que tinham uma relação com Buchenwald, como se uma obscura premonição me tivesse levado a incluí-lo naquele contexto, que se afigurava legível tantos anos depois.

Assim sendo, acabei encontrando *Charlotte em Weimar* ao lado de um relato de Serge Miller, meu companheiro do block 62 do Pequeno Campo de quarentena, *Le laminoir* (prefaciado, diga-se de passagem, por François Mitterrand, pois Serge fizera parte do MNPGD). Ao lado também de *L'enfer organisé*, de Eugen Kogon, talvez o relatório mais objetivo e mais exaustivo — embora tenha sido escrito imediatamente após a libertação do campo — sobre as condições de vida, de trabalho e de morte em Buchenwald.

O exemplar de Thomas Mann que encontrei em tão estranha mas significativa companhia não era o que eu havia comprado em 1945, no mês de maio (depois do dia 8 desse mês). Era um exemplar da décima quarta edição, publicada em outubro de 1948. O que prova que sempre fiz questão de ter esse livro perto de mim e que, depois de perder o exemplar original, provavelmente durante uma das minhas inúmeras mudanças de domicílio — se é que se pode chamar de domicílios os lugares de passagem onde eu me encostava na época —, eu havia comprado outro. O que levei para Weimar, justamente, no mês de março de 1992.

Desnecessário dizer que o Elefante tinha mudado muito, desde o outono de 1816, quando ocorreu a visita a Weimar de Charlotte Kestner, Buff de solteira, se nos remetemos à descrição feita por Thomas Mann em suas páginas. Em 1938, particularmente, o hotel foi reformado por dentro, segundo o gosto da época, que não era inocente, longe disso. Mais para hitlerista, ou seja, de uma pureza germânica viciada pela grandiloqüência, pois exibindo-se com exagero.

O tenente Rosenfeld não me fizera visitar o Hotel do Elefante durante nossa escapada a Weimar, no dia de são Jorge, em 1945. No entanto, eu podia imaginar o discurso que teria me feito, se tivesse havido a visita. Teria me contado a história do hotel, desde 1696, ano da sua construção. Teria me contado a vida e a obra de todos os que ali haviam estado, uma vez ou outra, desde Goethe e Schiller, Bach e Wagner, até Tolstoi e Gropius. Sem esquecer Adolf Hitler, é claro, nem os escritores franceses dos anos negros, vindos para os congressos da *Propagandastaffel* a fim de discutir sobre a nova Europa a alguns quilômetros do forno crematório de Buchenwald.

Se o tenente Rosenfeld não teve a possibilidade de me contar, com a sua erudição brilhante e irônica, a história do Elefante, estou certo, porém, de que aprovaria a escolha dos meus livros-companheiros de viagem. Quanto a *Charlotte em Weimar*, nem precisa dizer. Mas também ficaria satisfeito com os dois outros.

Na verdade, o segundo reunia a correspondência entre Martin Heidegger e Karl Jaspers, de 1920 a 1963, publicada por Klostermann e Piper.

Desde 1941 eu havia começado a discutir *Sein und Zeit* com Claude-Edmonde Magny. Na mesma época, Heidegger também foi tema, pelo menos ocasionalmente, de minhas conversas com Henri-Irénée Marrou, igualmente conhecido pelo pseudônimo literário de Davenson, com o qual assinava, em especial as suas crônicas musicais. Marrou era um gigante bonachão, com um saber universal, pedagógico quando devia, mas nunca pedante, porque temperado pela ironia e pela tolerância, virtudes cardeais dos grandes espíritos. Marcava encontro comigo na Dauphine, uma confeitaria-salão de chá do bulevar Saint-Germain que só oferecia sucedâneos, naquela época de restrições da Ocupação, mas com requinte e bom gosto. Dali saíamos para longas caminhadas a pé até os confins de Paris — meu conhecimento aprofundado das portas, poternas, fortificações e subúrbios próximos menos verdejantes data dessa época — e ele ia mordiscando o espaço, incansável, com seu passo típico de montanhês, enquanto me falava de Aristóteles e de santo Agostinho. E de Heidegger, vez por outra.

Mas foi com o tenente Rosenfeld que iniciei a análise das relações do filósofo de Todtnauberg com o nazismo. Análise interminável, esta também.

Levei para Weimar o volume da correspondência entre Heidegger e Jaspers — cujo pano de fundo é o desenrolar de quatro decênios trágicos e decisivos da história alemã — porque me pareceu oportuno reler essas cartas na emoção lúcida do retorno a Buchenwald. Retorno ao único lugar do mundo que os dois totalitarismos do século XX, o nazismo e o bolchevismo (o integrismo islâmico causará os estragos mais maciços se não lhe opusermos uma política de reforma e de justiça planetárias, no século XXI), terão marcado com o seu estigma.

O terceiro livro que escolhi para essa viagem também mereceria a aprovação do tenente Rosenfeld, posso jurar. Se Rosenfeld tivesse continuado a perseverar no seu ser, a se parecer com o rapaz que eu havia conhecido, não há nenhuma dúvida de que um dia descobriria e amaria a poesia de Paul Celan.

Era um livro de poemas de Celan que eu levava, em terceiro lugar. Livro algo especial: uma seleção de poemas em edição bilíngüe — alemão e inglês — cuja tradução era de Michael Hamburger. Após longos anos de decifração paciente dos poemas de Paul Celan na sua língua original — ou pelo menos que ele, poeta romeno, quis que fosse a originária, a inaugural, até — e de leitura comparada das traduções existentes nas línguas que me são acessíveis, parece-me que o inglês é a que mais se presta a uma aproximação convincente.

Antes de sair do meu quarto para encontrar Thomas e Mathieu, abri ao acaso o volume de Celan, numa das páginas de canto virado porque continham os poemas que eu relia com mais freqüência. Mais uma vez, o acaso estava bem inspirado: era a página de *Todtnauberg*.

Esse poema é o único vestígio que nos resta, ao que eu saiba, da conversa entre Celan e Heidegger, na cabana-refúgio deste último na floresta Negra. Vestígio hermético — a poesia atinge aqui a sua mais densa e forte obscuridade irradiante — e no entanto impregnado de transparência. Paul Celan, conforme se recorda, queria obter de Martin Heidegger uma formulação clara sobre sua atitude perante o nazismo. E mais exatamente sobre o extermínio do povo judeu nos campos hitleristas. Não obteve, conforme provavelmente também se recorda. Obteve apenas esse silêncio que alguns tentam esquecer, ou ocupar com conversas superficiais: o silêncio definitivo de Heidegger sobre a culpabilidade alemã. Silêncio que certas cartas de Karl Jaspers evocam com um rigor filosófico devastador, apesar da cortesia de suas palavras.

Resta-nos, porém, esse vestígio, palpitante. Alguns versos de Paul Celan:

die in das Buch
— wessen Namen nahms auf
vor dem meinen? —
die in dies Buch
geschriebene Zeine von
einer Hoffnung, heute,
auf eines Denkenden
kommendes
Wort
im Herzen...

Assim, no livro dos visitantes de Martin Heidegger — que nome foi escrito ali antes do seu?, pergunta-se ou finge se perguntar Celan —, este escreveu uma linha para expressar sua expectativa do momento, sua esperança do dia em questão:

einer Hoffnung, heute...

A esperança de uma palavra do pensador que venha do coração. A propósito de que, essa palavra esperada vinda do coração? A propósito do assunto da conversa dos dois, que acaba de terminar, provavelmente. De chegar ao silêncio do coração. Do espírito também, sem dúvida, mas foi ao coração do filósofo que Paul Celan se dirigiu. Uma palavra do coração a propósito do não-dito dessa conversa, em suma. Do não-dito heideggeriano por excelência: o não-dito da culpabilidade alemã. Esse que Martin Heidegger contrapôs, disfarçadamente, mas com notável tenacidade, com constância evidente, ao longo dos anos de correspondência, às tentativas corteses por parte de Jaspers de obter dele uma opinião sobre o seu ensaio a respeito da culpabilidade alemã, *Die Schuldfrage*. Opinião que o pensador de Todtnauberg recusa-se a dar, tanto a Jaspers quanto a Paul Celan. Da qual temos o reflexo negativo, o vestígio em baixo-relevo, nas cartas do primeiro e no poema do segundo, "Todtnauberg".

No meu quarto do Elefante, recito para mim mesmo, em voz alta, os versos de Paul Celan:

einer Hoffnung, heute,
auf eines Denkenden
kommendes
Wort
im Herzen...,

as palavras de um poeta judeu de Czernowitz. Recito para mim mesmo em voz alta o poema de Celan e penso no destino da língua alemã, língua de comando e de latidos ss — "*der Tod ist ein Meister aus Deutschland*", Celan escreveu: "a morte é um mestre da Alemanha" — e língua de Kafka, de Husserl, de Freud, de Benjamin, de Canetti, do próprio Paul Celan — de tantos outros intelectuais judeus que fizeram a grandeza e a riqueza da cultura alemã dos anos 30 deste século: língua de subversão, portanto, de afirmação universal da razão crítica.

Einer Hoffnung, heute...

A esperança inscrita naquele dia no livro dos visitantes de Martin Heidegger não mereceu resposta. Nenhuma palavra do coração do pensador veio ocupar aquele silêncio. Paul Celan atirou-se no Sena, algum tempo depois: nenhuma palavra do coração o segurou.

Era no dia seguinte, domingo, na praça de chamada de Buchenwald.

Todos nós tínhamos nos virado, perplexos, para o barbudo meditativo e lacônico que nos acompanhara, durante toda a visita ao campo.

O vento de outrora, de sempre, soprava sobre a eternidade do Ettersberg.

Tínhamos vindo de carro, com Sabine e Peter Merseburger. A equipe da televisão esperava-nos no local. Chegamos pela avenida das Águias que vai dar na entrada de Buchenwald. Mas não havia mais águias hitleristas, mais altas colunas para erguê-las ao céu por onde subiam outrora as fumaças do crematório. Havia a estrada, alguns acampamentos da zona SS tinham subsistido. O portão monumental continuava lá, tendo ao alto a torre de controle. Cruzamos o portão, com o guia barbudo que nos esperava à entrada. Toquei com minha mão as letras da inscrição trabalhada no ferro fundido da grade do portão, JEDEM DAS SEINE: "a cada um o que lhe cabe".

Não posso afirmar que estava emocionado, a palavra é fraca demais. Soube que estava voltando para casa. Não era a esperança que eu tinha de deixar, na porta daquele inferno, muito pelo contrário. Deixava a minha velhice, as minhas decepções, as agruras e rasuras da vida. Voltava para casa, quer dizer, para o universo dos meus vinte anos: suas iras, suas paixões, sua curiosidade, seus risos. Sua esperança, sobretudo. Deixava todas as desesperanças mortais que se acumulam na alma, ao longo de uma vida, para reencontrar a esperança dos meus vinte anos que a morte rondara.

Tínhamos cruzado o portão, o vento do Ettersberg bateu-me no rosto. Não podia dizer nada, minha vontade era correr como um louco, atravessar na carreira a praça de chamada, descer correndo até o Pequeno Campo, até o lugar do block 56 onde Maurice Halbwachs morrera, até o barracão da enfermaria onde eu fechara os olhos de Diego Morales.

Não podia dizer nada, fiquei imóvel, tomado pela beleza dramática do espaço que se oferecia à minha vista. Pousei a mão no ombro de Thomas Landman, que estava perto de mim. Havia lhe dedicado *Que belo domingo!* para que ele pudesse, mais tarde, depois da minha morte, recordar-se da minha recordação de Buchenwald. Agora, ser-lhe-ia mais fácil. Mais difícil também, decerto, porque menos abstrato.

Pousei a mão no ombro de Thomas, como uma transferência de testemunho. Chegaria um dia, relativamente próximo, em que não restaria mais nenhum sobrevivente de Buchenwald. Não haveria mais memória imediata de Buchenwald: mais ninguém saberia contar com as palavras vindas da memória carnal, e não de uma reconstituição teórica, o que terão sido a fome, o sono, a angústia, a presença ofuscante do Mal absoluto — na exata medida em que ele está aninhado em cada um de nós, como liberdade possível. Mais ninguém teria em sua alma e seu cérebro, indelével, o cheiro de carne queimada dos fornos crematórios.

Um dia fiz Juan Larrea, um personagem de romance que morreu em meu lugar, em *A montanha branca*, dizer as seguintes palavras: "Pensei que minha lembrança mais pessoal, menos partilhada... aquela que me faz ser o que sou... que me distingue dos outros, pelo menos, de todos os outros... que inclusive me separa, embora me identificando, da espécie humana... com algumas centenas de exceções... que queima na minha memória com uma chama de horror e de abjeção... de orgulho também... fosse a lembrança vivaz, teimosa, do cheiro do forno crematório: insípido, repugnante... o cheiro da carne queimada sobre a colina do Ettersberg...".

Entretanto, num dia próximo ninguém mais terá a lembrança real desse cheiro: não será mais do que uma frase, uma referência literária, uma idéia de cheiro. Inodoro, portanto.

Pensava em tudo isso, caminhando para o centro da praça de chamada de Buchenwald, num domingo de março, em 1992. Lembrei-me de Juan Larrea, que tomara o lugar que a morte guardara para mim ao seu lado, desde sempre. E pousei a mão no ombro de Thomas Landman.

A mão leve como a ternura que sentia por ele, pesada como a memória que lhe transmitia.

Certa manhã de agosto, quase meio século antes, na véspera da destruição de Hiroshima, eu saíra da rua Schoelcher, do ateliê de Claude-Edmonde Magny. Caminhara até a rua Froidevaux, até uma das entradas secundárias do cemitério Montparnasse. Precisava me recolher um instante no túmulo de César Vallejo.

> *...no mueras, te amo tanto!*
> *Pero el cadáver ¡ay! siguió muriendo...*

Mal tivera tempo de pensar nas palavras de Vallejo:

> *...não morras, te amo tanto!*
> *Mas o cadáver, ai! continuou morrendo...*

três meses antes, numa sala da enfermaria de Buchenwald, quando Diego Morales morrera nos meus braços.

O poeta peruano repousava, como se diz, na sua sepultura de Montparnasse. Que podíamos florir, ocasionalmente: C.-E. Magny o fizera durante minha ausência. Que podíamos visitar, para ali nos recolhermos. Em todos os sentidos da palavra, inclusive no mais forte. Inclusive no sentido de uma meditação que transcendesse e recolhesse todos os fragmentos esparsos e distraídos de nós mesmos.

Mas ele, Diego Morales, o vermelho espanhol, irmão dos que freqüentam os derradeiros poemas de Vallejo, não repousava em lugar nenhum. Entretanto, não partira em fumaça sobre a floresta do Ettersberg, como tantos milhares de outros combatentes: o céu não fora a sua mortalha, pois o forno crematório não funcionava mais. Morales fora enterrado numa das valas comuns que os norte-americanos escavaram para sepultar as centenas de cadáveres que empestavam o ar do Pequeno Campo. Em suma, não repousaria em lugar nenhum, no *no man's land*, já que não há expressão francesa para a "terra de ninguém". *Niemandsland*, em alemão. *Tierra de nadie*, em espanhol.

Precisava me recolher um instante no túmulo de César Vallejo.

Justo antes de me acompanhar até a porta, Claude-Edmonde Magny folheara uma última vez as páginas datilografadas de sua *Carta sobre o poder de escrever*. Encontrara a frase que procurava: "Direi de bom grado: ninguém pode escrever se não tiver o coração puro, quer dizer, se não estiver suficientemente desgarrado de si mesmo...".

Fitara-me em silêncio.

Decerto, haveria muito o que dizer. Não é apenas na escrita que um escritor pode alcançar essa pureza de coração que ela evocava? A única ascese possível do escritor não é procurar justamente na escrita, apesar da indecência, a felicidade diabólica e a infelicidade fulgurante que lhe são consubstanciais?

Haveria muito o que dizer, mas eu não tinha mais forças, naquele dia. De qualquer maneira, não se devia isolar essa frase do contexto global da *Carta*. O sentido era claro, nesse contexto: a escrita, se pretende ser mais do que um jogo, ou do que uma jogada, não passa de um longo, interminável trabalho de ascese, um modo de se desgarrar de si agarrando-se a si: tornando-se si mesmo, porque o escritor terá reconhecido, posto no mundo o outro que ele continua a ser.

Lembrei-me das palavras de Claude-Edmonde Magny, na praça de chamada de Buchenwald, num domingo de março, tantos anos depois.

Estava parado, emocionado com a beleza dramática do espaço que se estendia diante de mim.

Sabia que as autoridades da República Democrática Alemã haviam construído um conjunto comemorativo, monumental, na encosta do Ettersberg que dá para a cidade de Weimar, a seus pés. Tinha visto fotos, era horroroso. Uma torre, grupos de esculturas, uma alameda ladeada por muros cobertos de baixos-relevos, escadarias monumentais. *Asqueroso* seria o qualificativo mais apropriado: o gênero Arno Breker, revisto e melhorado pelo realismo socialista. A não ser que um e outro gênero pudessem ser superpostos, já que idênticos na sua essência, o que não era impensável.

Mas não sabia o que haviam feito com o próprio campo, com a monótona fileira de barracões e de blocks de cimento. De modo que a surpresa foi total.

Tinham conservado a cerca de arame farpado, os miradouros de vigilância que a margeavam a intervalos regulares. A torre de controle que ficava no alto do portão estava em seu lugar, idêntica à lembrança que dela eu guardava. Assim como as construções do crematório, das duchas e do armazém central de roupas. Todo o resto fora demolido, mas, como num sítio arqueológico, a localização e as fundações de cada um dos barracões, de cada block de cimento estavam assinaladas por retângulos de cascalho cinza cercados por uma beirada de pedra, sendo que num dos ângulos um marco recordava o número atribuído outrora à construção desaparecida.

O resultado era de uma força dramática incrível. O espaço vazio assim criado, rodeado pela cerca de arame farpado, dominado pela chaminé do crematório, varrido pelo vento do Ettersberg, era um santuário da memória, perturbador.

Eu estava ali, imóvel. Mathieu tirava as suas fotografias, Thomas afastara-se ligeiramente, compreendendo minha necessidade de solidão.

Tinha eu, agora, o coração puro? Tinha me desgarrado o suficiente de mim mesmo? Deu-me a impressão que sim, naquele instante. Toda a minha vida se me tornara transparente, numa espécie de bem-aventurada vertigem. Ali tive vinte anos, era ali que a minha vida se realizava, por esse retorno à época em que fora apenas futuro.

Foi então que ouvi o sussurro múltiplo dos cantos dos pássaros. Tinham voltado ao Ettersberg, afinal. O alarido de seus pios cercava-me como um rumor oceânico. A vida voltara à colina do Ettersberg. Dediquei essa notícia ao tenente Rosenfeld, onde quer que ele se encontrasse no vasto mundo.

Nós todos tínhamos nos virado, perplexos, para o quarentão lacônico e barbudo que nos acompanhara durante toda a visita a Buchenwald.

Uma ou outra vez, eu tinha captado o seu olhar, detectando-lhe um espanto algo admirativo. Na certa ele se espantava com a precisão das minhas lembranças. Balançava a cabeça, para aprovar em silêncio as minhas explicações.

O homem já trabalhava em Buchenwald no regime anterior, que transformara o campo num lugar de turismo político. Um museu fora instalado ali, no andar térreo da antiga *Effektenkammer*, o armazém geral das roupas.

Portanto, o quarentão, barbudo, melancólico e provavelmente ex-comunista, deixou-me falar, enquanto percorríamos o campo. Tentei ser o mais objetivo possível, evitei os adjetivos e os advérbios, mantendo-me distante das minhas emoções.

No final, depois do percurso, voltando para a praça de chamada, contei aos Merseburger, a Thomas e a Mathieu a noite da minha chegada ao campo, em janeiro de 1944.

O quarentão barbudo, de olhar triste, escutava-me atento.

Meio século antes, praticamente, eu já havia contado esse episódio ao tenente Rosenfeld. A exaustão, a sede, a ducha, a desinfecção, a corrida pelo subterrâneo entre o prédio dos chuveiros e o da *Effektenkammer*, totalmente nus, o balcão comprido de onde nos lançavam peças de roupas descombinadas. E, para terminar, o preso alemão que não queria me inscrever como estudante, que queria a todo custo me dar uma outra profissão.

O tenente Rosenfeld achara que era um bom começo. Começo de quê?, eu havia perguntado. Começo da experiência e do relato que eu poderia fazer, ele me respondera.

Quase meio século depois, acabava de contar essa mesma história, diante do olhar atento do quarentão barbudo.

— Então, decerto furioso com a minha teimosia, ele me fez um sinal para ir embora, para dar a vez ao próximo... E escreveu "estudante" na minha ficha, com um gesto que me pareceu raivoso...

Foi aí que o quarentão falou, com uma voz igual, calma, mas categórica.

— Não — disse —, ele não escreveu isso!

Tínhamos nos virado para ele, perplexos.

— Ele não escreveu "estudante", mas uma coisa totalmente diferente!

Fez um gesto em direção do bolso de dentro do casaco e dali tirou um pedaço de papel.

— Li os seus livros — disse-me. — O senhor já fez alusão a esse episódio em *Que belo domingo!* Então, sabendo que vinha hoje, fui buscar a sua ficha de admissão nos arquivos de Buchenwald.

Deu um sorrisinho.

— Como o senhor sabe, os alemães gostam da ordem! Portanto, encontrei a sua ficha, tal como foi preenchida na noite da sua chegada...

Entregou-me a folha de papel.

— Aqui está uma fotocópia! O senhor poderá verificar que o camarada alemão não escreveu "estudante"!

Peguei a folha de papel, minhas mãos tremiam.

Não, ele não havia escrito *Student*, o camarada alemão desconhecido. Levado talvez por uma associação fonética, havia escrito *Stukkateur*.

Eu olhava a ficha, minhas mãos tremiam.

44 904
Semprun, George Polit.
10.12.23 Madrid Span.
Stukkateur
29. Jan. 1944

Era assim que se apresentava a minha ficha pessoal preenchida na noite da minha chegada a Buchenwald.

Impresso previamente, 44 904 era o número de matrícula que me era destinado. Quero dizer: que era destinado ao deportado, fosse quem fosse, que houvesse chegado naquele exato momento diante do homem encarregado de preencher a ficha.

Por acaso, fui eu. Por sorte, melhor dizendo.

O simples fato de ter sido inscrito como "estucador" provavelmente me salvou das transferências para Dora, maciças na época. Ora, Dora era o canteiro de obras de uma fábrica subterrânea onde iam ser fabricados os foguetes V1 e V2. Um canteiro de obras infernal, onde o trabalho esfalfante, na poeira dos túneis, era dirigido a pauladas pelos próprios *Sturmführer* SS, sem outros intermediários com os deportados que não os presos comuns, que exageravam mais ainda nas cretinices e na brutalidade, para consolidarem seu poder. Evitar Dora, em síntese, era evitar a morte. Evitar, pelo menos, a multiplicação das chances de morrer.

Por certo, só soube disso mais tarde. Só soube mais tarde como funcionava em janeiro e em fevereiro de 1944 o sistema das transferências maciças para Dora. Assim que um novo contingente de deportados chegava a Buchenwald, naqueles meses, fazia-se uma primeira triagem entre os homens atirados nos barracões do Pequeno Campo, de quarentena. Dessa primeira seleção cega só eram excluídos os deportados que possuíssem uma qualificação, uma experiência profissional utilizável no conjunto produtivo de Buchenwald.

Ele tinha razão, o comunista anônimo que se esforçava para que eu entendesse essa realidade: para sobreviver, em Buchenwald, era melhor ser operário qualificado, *Facharbeiter*.

Ora, o trabalho de estucador era um trabalho qualificado. Os estucadores tinham vindo da Itália, séculos antes, no Renascimento. Traziam consigo a competência e o renome que os qualificavam. Decoraram em Fontainebleau e nas margens do Loire os castelos dos reis da França.

Assim, era provável que num daqueles dias de fevereiro de 1944 — o frio era terrível; a neve cobria o campo, como recobriria mais tarde minha memória; os trabalhos pesados eram atrozes —, ao fazer a lista de uma transferência para Dora, alguém tivesse topado com o meu nome e tivesse me excluído porque eu era estucador. Eu poderia decorar, se não os castelos dos reis da França, quando nada os palacetes luxuosos dos chefes da divisão SS Totenkopf.

Estava segurando a minha ficha na mão, meio século depois, e tremia. Todos tinham se aproximado de mim, os Merseburger, Thomas e Mathieu Landman. Olhavam, estarrecidos com o desfecho imprevisto da minha história, essa palavra absurda e mágica, *Stukkateur,* que talvez tenha me salvado a vida. Lembrava-me do olhar de além-morte do comunista alemão tentando explicar por que era melhor ser trabalhador qualificado em Buchenwald. Minha ficha passou de mão em mão, todos soltavam exclamações.

Busquei o olhar do quarentão barbudo e melancólico. Nele, uma luz brilhava, nova. Uma espécie de orgulho viril iluminava seu olhar.

"No que se refere à sobrevivência", disse Primo Levi, numa entrevista com Philip Roth, "interrogo-me com freqüência sobre esse problema, e é uma pergunta que muitos me fizeram. Insisto no fato de que não havia regra geral, a não ser a de chegar ao campo em boa saúde e saber alemão. Fora isso, a sorte se incumbia do resto. Vi sobreviver gente astuciosa e gente idiota, corajosos e poltrões, 'pensadores' e 'malucos'."

Eu estava em boa saúde, chegando a Buchenwald. E sabia alemão. Era inclusive o único deportado espanhol a saber a língua dos mestres, o único, portanto, a poder ser nomeado para um kommando de trabalho administrativo.

Como Primo Levi também o faz, em sua extraordinária conversa com Philip Roth, eu acrescentaria a esses elementos objetivos um fator subjetivo: a curiosidade. Ela o ajuda a agüentar, de um modo não avaliável, decerto, mas provavelmente decisivo.

"Lembro-me de ter vivido aquele ano em Auschwitz", prossegue Primo Levi, "num estado de excepcional ardor. Não sei se isso vinha da minha formação profissional, de uma resistência insuspeita ou de um instinto profundo. Nunca parava de observar o mundo e as pessoas ao meu redor, a tal ponto que até hoje tenho uma visão precisa de tudo isso. Sentia o desejo intenso de compreender, estava constantemente tomado por uma curiosidade que, mais tarde, alguém na verdade qualificou nada menos que de cínica."

Ter boa saúde, curiosidade a respeito do mundo e saber alemão: a sorte se incumbiria do resto, de fato.

Durante toda a minha vida — minha sobrevida —, eu havia pensado assim. Mesmo quando não falava dessa experiência. Daí minha incapacidade de ter um sentimento de culpa. Culpado de estar vivo? Nunca tive esse sentimento — ou ressentimento? —, conquanto sendo perfeitamente capaz de concebê-lo, de admitir-lhe a existência. De debatê-lo, portanto.

Mas naquele domingo de março, em 1992, na praça de chamada de Buchenwald, o aparecimento da ficha preenchida no dia da minha chegada, e essa palavra incongruente, *Stukkateur*, obrigavam-me a nova reflexão.

Decerto, foi o acaso que me colocou defronte do comunista alemão de olhar glacial, sobrevivente dos anos terríveis de Buchenwald. Outro comunista alemão — conheci numerosos deles, numerosos demais, que teriam agido assim — poderia, furioso com a minha arrogância intelectual, inscrever-me como *Student*. Talvez até sem tentar me dar a menor explicação sobre o universo do campo. Furioso, e, afinal, nem um pouco preocupado em mandar para Dora um jovem burguês. "Que ele se arranje, esse merdinha! Que aprenda a viver, esse fedelho! De qualquer maneira, eles nunca saberão realmente como é isto aqui: os campos agora não passam de uns sanatórios!"

Quantas vezes não ouvi, mais tarde, em situações se não idênticas, pelo menos comparáveis, expressões como essas na boca de velhos presos alemães?

Não faz mal: meu comunista alemão desconhecido reagiu como um comunista. Quero dizer: em conformidade à idéia do comunismo, quaisquer que tenham sido as suas peripécias históricas, um tanto sangrentas, asfixiantes, moralmente destruidoras. Reagiu em função de uma idéia de solidariedade, de internacionalismo. Em função de uma idéia generosa do homem. Não sabia nada a meu respeito, viu-me passar alguns segundos na sua vida, como tanto milhares de outros desconhecidos, ao longo daqueles anos terríveis. Talvez até, depois, tenha se esquecido desse gesto que fez, dessa palavra que encontrou por associação fonética. Talvez até, depois, tenha se esquecido completamente de mim.

Não faz mal: porque esse alemão anônimo era comunista, salvou-me a vida.

Sei — antes, adivinho ou suponho, a partir da minha experiência: os documentos e os testemunhos verídicos ainda não estão totalmente acessíveis —, adivinho muito facilmente a que ponto a história da organização do KPD, o Partido Comunista Alemão, foi complexa em Buchenwald. A que ponto foi sórdida e heróica, sangrenta e generosa, assassina e mortal.

Imaginemos, ainda que por um instante.

Esses homens foram presos após a tomada do poder pelos nazistas, em 1933. Após uma derrota política vergonhosa, na qual a parcela de responsabilidade deles era imensa. Na qual, melhor dizendo, era imensa a responsabilidade de Stalin e do Komintern, cuja política aventureira, sectária e cheia de guinadas absurdas levara ao desastre e à desmoralização dos militantes. Mais tarde, em 1937, portanto, em sua maioria — uma das especificidades de Buchenwald terá sido a concentração nesse campo dos dirigentes comunistas e social-democratas, o que permitiu a predominância posterior dos políticos sobre os presos comuns da administração interna — eles se acham desmatando uma encosta do Ettersberg para ali construir o campo. Mal terminada essa construção, mal instalada a sua estrutura de resistência e de sobrevivência, os comunistas vêem desabar sobre si a notícia do pacto germano-soviético. Pode-se fazer o esforço de imaginar o que isso representa, ser um fiel comunista em Buchenwald, em 1939, no momento do pacto entre Hitler e Stalin? Que discussões, que aflições, que enfrentamentos esse episódio deve ter produzido nas organizações ilegais de Buchenwald!

Não é impossível imaginar a história terrível que se escondia e se mostrava ao mesmo tempo nos olhares, nos silêncios, nas meias palavras dos comunistas alemães que conheci em Buchenwald. Que por vezes achei detestáveis, por vezes admiráveis. Mas dos quais sempre respeitei a parte de sombra, de horror existencial abominável, ainda que respeito — espero que se tenha compreendido — não equivalha a perdão. E menos ainda a esquecimento.

Naquela noite longínqua de janeiro, foi o acaso que me conduziu à frente desse comunista anônimo, com um olhar de mais além de qualquer sofrimento, qualquer morte, qualquer compaixão. Foi talvez o acaso também que fez dele um comunista. Minha sorte, porém, terá sido que ele o fosse. Que fosse capaz, naquele momento, de ser atento ao Outro: a mim mesmo. Atento a sei lá o que no meu rosto, nas minhas palavras. Atento à idéia de homem que fez dele um militante, em tempos idos, na vida do lado de fora: uma idéia que ainda brilhava como uma pequena chama bruxuleante no seu espírito, que nada conseguira abafar. Nem o horror, nem a mentira, nem a morte.

Uma idéia de fraternidade opondo-se ainda à instalação funesta do Mal absoluto.

Stukkateur, portanto: era a senha que me reabrira as portas da vida.

No meu quarto do Elefante, naquela noite de domingo, a neve caíra de novo sobre os meus sonhos.

A entrevista propriamente dita só devia ser filmada no dia seguinte, segunda-feira, nos locais de Buchenwald que havíamos escolhido de manhã, e, assim, passei a tarde perambulando por Weimar com Thomas e Mathieu Landman.

O fantasma do tenente Rosenfeld nos acompanhava. Num dado momento do passeio, fiquei imaginando se Rosenfeld havia conhecido a obra de Jean Giraudoux. Tínhamos conversado sobre Giraudoux, nós dois, naqueles distantes dias de abril de 1945? Não me lembrava. Não era, porém, impossível. Rosenfeld conhecia bem a literatura francesa e discorremos sobre a atitude dos escritores franceses na época da Ocupação. Em todo caso, Jean Giraudoux não fora a Weimar, aos colóquios da *Propagandastaffel*. Lembrei-me de Giraudoux porque ele poderia ter escrito um belíssimo monólogo para o espectro do tenente Rosenfeld, que nos acompanhava naquela tarde.

O fato é que Thomas, Mathieu e eu visitamos o *Gartenhaus* de Goethe, do outro lado do Ilm, assim como a sua casa na cidade, no *Frauenplan*. Demos a volta pela cidadezinha, parando para contemplar os principais monumentos, as residências históricas, ou para beber cervejas e cafés, ou para conversar nas raras lojas onde objetos apresentáveis podiam ser negociados como *souvenir*.

À noite, Peter e Sabine Merseburger nos convidaram para jantar num restaurante típico. Foi simpático, descontraído, caloroso. Entretanto, o *Stukkateur* não deixou de fazer uma fugaz aparição: a história visivelmente impressionara meus amigos alemães.

E a neve caíra de novo sobre o meu sono.

Não era a neve de outrora. Ou melhor, era a neve de antigamente, mas havia caído hoje, sobre a minha última visão de Buchenwald. A neve caíra, no meu sono, sobre o campo de Buchenwald tal como ele me aparecera naquela manhã.

Uma coisa me chamou a atenção, logo depois de ouvir o alarido multicor dos pássaros que tinham voltado ao Ettersberg. É que não se via mais, ao sopé da encosta, o lugar do Pequeno Campo da quarentena. Que os barracões tivessem sido demolidos, como no resto do recinto, isso não me surpreendia. Mas o espaço vazio não fora conservado: a floresta tornara a crescer no lugar do Pequeno Campo.

A floresta cobria agora o block 56 onde eu tinha visto Halbwachs e Maspero morrerem. Cobria o local do block 62, onde eu chegara no dia 29 de janeiro de 1944, onde eu começara a aprender a decifrar os mistérios de Buchenwald. A descobrir os segredos da fraternidade. A contemplar, cara a cara, o horror resplandecente do Mal absoluto. A floresta cobria o lugar onde se erguera o galpão das latrinas coletivas, local de liberdades múltiplas no mais distante círculo do inferno.

Só mais tarde tive uma explicação para esse fenômeno.

Em 1945, alguns meses apenas depois da liquidação do campo nazista — os últimos deportados, iugoslavos, haviam saído dali em junho, ao que parece —, Buchenwald fora reaberto pelas autoridades de ocupação soviéticas. Sob o controle do KGB, Buchenwald tornara-se novamente um campo de concentração.

Eu já o sabia, conhecia esse fato.

Em 1980, em Hanover, durante um debate com os leitores da tradução alemã de *Que belo domingo!*, uma jovem mulher refugiada do Leste já me falara disso. Mais tarde, em 1983, recebi um curto romance de Peter Pöttgen, *Am Ettersberg*, no qual a história dos dois campos de Buchenwald, o campo nazista e o campo stalinista, é narrada em meio à história de uma família alemã, os Stein.

Em compensação, o que eu ignorava era que, durante os cerca de cinco anos em que o campo stalinista funcionou — foi extinto em 1950, por ocasião da criação da República Democrática Alemã, que mandou construir o infame memorial que mencionei —, milhares de mortos foram sepultados nas valas comuns, ao sopé do Ettersberg. A floresta renascida não cobria apenas o antigo campo de quarentena: cobria e ocultava os cadáveres desses milhares de mortos, desses milhares de vítimas do stalinismo.

Assim, de um lado, numa das encostas da colina, um memorial de mármore grandiloqüente e monstruoso devia lembrar ao bom povo o apego falacioso, pois puramente simbólico, do regime comunista ao passado das lutas antifascistas européias. De outro, uma nova floresta avançara por cima dos ossários do comunismo, para apagar seus vestígios da memória humilde e tenaz da paisagem, se não da dos homens.

Tínhamos saído do recinto propriamente dito do campo, naquela manhã, pelo caminho da ronda que ladeava os antigos edifícios da fábrica DAW (*Deutsche Ausrüstungswerke*), desde então desaparecidos. Tínhamos penetrado nessa floresta de árvores novas que escondiam a antiga morte stalinista. Um pouco mais adiante, numa espécie de clareira, algumas famílias de desaparecidos haviam fincado crucifixos com os nomes de seus próximos. Algumas dezenas de cruzes para milhares de mortos enterrados nas valas comuns.

Mathieu Landman tirou fotografias dessa clareira, desse comovente conjunto de cruzes disparatadas. Às vezes, contemplo-as. Conjecturo que a Alemanha reunificada, democrática — um dos assuntos sobre os quais Heidegger e Jaspers não conseguiam chegar a um acordo, na sua correspondência, na medida em que Heidegger negava-se obstinadamente a conceber a questão da culpabilidade alemã —, conjecturo que a Alemanha nova, saída da dupla tragédia do século XX, ancorada na Europa e ancoradouro possível desta no futuro, devia fazer do local de Weimar-Buchenwald um santuário da memória e da cultura internacional da Razão democrática.

A singularidade da Alemanha na história deste século é evidente: ela é o único país europeu que teve de viver, de sofrer, de assumir criticamente também, os efeitos devastadores das duas empresas totalitárias do século XX: o nazismo e o bolchevismo. Deixo aos sábios doutores em ciências políticas o cuidado de assinalar ou salientar as indiscutíveis diferenças específicas entre essas suas empreitadas. Não é o meu propósito, por ora, neste instante em que recordo, no meu quarto do Elefante, a neve que caiu sobre o meu sono. Meu propósito é afirmar que as mesmas experiências políticas que fazem da história da Alemanha uma história trágica também podem lhe permitir colocar-se na vanguarda de uma expansão democrática e universalista da idéia de Europa.

E o local de Weimar-Buchenwald poderia se tornar o lugar simbólico da memória e do futuro.

Mas a neve caíra sobre o meu sono.

Ela recobria a floresta nova que crescera sobre o local do Pequeno Campo. Sobre os milhares de cadáveres anônimos, que não tinham se ido em fumaça, como seus irmãos de outrora, que se decompunham na terra da Turíngia.

Eu caminhava na neve profunda, entre as árvores, com Thomas e Mathieu Landman. Dizia-lhes onde ficava o block 56. Falava-lhes de Maurice Halbwachs. Dizia-lhes onde havia sido o galpão das latrinas, contava-lhes nossas sessões de declamação de poesias, com Serge Miller e Yves Darriet.

De súbito, não conseguiram mais me acompanhar. Ficaram para trás, patinhando na neve profunda. De súbito, eu tinha vinte anos e andava rapidíssimo pelos turbilhões de neve, ali mesmo, mas anos antes. Naquele distante domingo em que Kaminski me convocou para a reunião na qual escutamos o sobrevivente do *Sonderkommando* de Auschwitz.

Acordei, no quarto do Elefante.

Não sonhava mais, havia retornado para esse sonho que fora minha vida, que será a minha vida.

Estava no cubículo envidraçado de Ludwig G., o *Kapo* do barracão dos contagiosos, na enfermaria de Buchenwald. Estava sozinho, todos os outros compaheiros tinham ido embora.

A luz de uma lâmpada iluminava, fraca, as mãos de Ludwig espalmadas sobre a mesa. Não dizíamos nada e nesse silêncio ainda vibrava o eco do relato do sobrevivente de Auschwitz.

Sua voz monocórdia, sua fala irregular, ora lenta, minuciosa, repetitiva, ora acelerada, como sob o impacto de uma emoção de súbito forte demais (curiosamente, era no momento em que ele se detinha num detalhe: olhar perdido de uma mulher, por exemplo, fitando algum próximo, familiar, de quem a seleção feita na plataforma de chegada acabava de separá-la; acesso de revolta de alguém, homem ou mulher, nas vizinhanças do prédio da desinfecção para onde a longa coorte dos selecionados era levada, como se uma obscura premonição o advertisse dos perigos iminentes, revolta dominada com uma terrível doçura racional pelos próprios companheiros do revoltado, que terminava se deixando arrastar, quase carregar, apoiado em braços caritativos que o conduziam à morte inconcebível das câmaras de gás; era no momento em que ele se fixava num desses detalhes que a sua voz se acelerava, ao passo que permanecia igual, precisa e neutra quando relatava o horror de uma visão de conjunto, globalmente: horror coletivo, abstrato, em que os indivíduos se dissipavam, de certa forma se desvanecendo na corrente de lava que os arrastava para um desaparecimento programado), a voz do sobrevivente do *Sonderkommando* ainda vibrava surdamente no silêncio que se prolongava.

Pouco antes, num tom severo, Kaminski nos pedira para jamais esquecermos o relato do sobrevivente de Auschwitz, jamais esquecermos a culpabilidade alemã.

Eu havia murmurado alguns versos de Bertolt Brecht: "*O Deutschland, bleiche Mutter...*".

Fora Julia, a jovem judia austríaca do aparelho militar da MOI, que me ensinara esse poema de Brecht.

— Como, como? — disse Ludwig.

Ele não conhecia, aparentemente.

Todavia, diversas vezes me falara de Brecht, Ludwig G. Recitara-me alguns de seus versos. Assim, acabei conhecendo de cor os seus *Elogios*. O do partido, o do trabalho clandestino, o dos clássicos do marxismo. Mas não sabia que esses poemas eram tirados de *A decisão*, uma das peças didáticas de Brecht: a obra mais violenta, mais lúcida — ou a mais cínica? — que jamais se escreveu sobre a essência totalitária do Espírito-de-Partido.

O Deutschland, bleiche Mutter!
Wie sitzest Du besudelt
Unter den Völkern...

Mas ele não conhecia, Ludwig G. Lembrava-se de um outro poema de Brecht, dos anos 20:

Deutschland, du Blondes, Bleiches
Wildwolkiges mit sanfter Stirn!
Was ging vor deinen lautlosen Himmeln?
Nun bist du das Aasloch Europas.

Falamos da Alemanha, pois, mãe pálida cujos filhos, segundo Brecht, tinham sido o motivo de chacota ou o espantalho dos povos. Ou, como no poema mais antigo que ele acabava de me recitar, loura e pálida Alemanha, de fronte suave coberta de nuvens, que se tornara o depósito de lixo da Europa.

Apitos estridentes de súbito interromperam nossa conversa, prosseguida na penumbra do barracão dos contagiosos. A hora havia passado, esses apitos anunciavam o toque de recolher.

Eu precisava voltar depresssa para o meu block.

Lá fora, a noite era clara, a borrasca de neve acabara. Estrelas cintilavam no céu da Turíngia. Andei com um passo alerta sobre a neve chiando, entre as árvores da pequena mata que circundava os pavilhões da enfermaria. Apesar do som estridente dos apitos, ao longe, a noite era bonita, calma, serena. O mundo oferecia-se a mim no mistério fulgente de uma escura claridade lunar. Tive de parar, para retomar fôlego. Meu coração batia muito forte. Lembrar-me-ei toda a minha vida dessa felicidade alucinante, disse para mim mesmo. Dessa beleza noturna.

Ergui os olhos.

Na crista do Ettersberg, chamas alaranjadas ultrapassavam o alto da chaminé acachapada do crematório.

ESTA OBRA FOI COMPOSTA PELA TYPE-LASER DESENVOLVIMENTO EDITORIAL EM GARAMOND LIGHT E IMPRESSA PELA GRÁFICA EDITORA HAMBURG EM OFF-SET SOBRE PAPEL PÓLEN SOFT DA COMPANHIA SUZANO PARA A EDITORA SCHWARCZ EM OUTUBRO DE 1995.